Texte © 1996 - 2024 by Rolf Gänsrich
Verlag: BoD · Books on Demand GmbH, In de Tarpen 42,
22848 Norderstedt
Druck: Libri Plureos GmbH, Friedensallee 273,
22763 Hamburg

ISBN: 978-3-7693-1643-8

Rolf Gänsrichs
Prenzlberger Ansichten
3. Nachschlag

Vorwort

Himmel, dass das solche Mengen an Texten für die Zeitung sind, hätte ich nicht gedacht. Hier also die gedruckten Artikel von 2015 – 2024 und einige ab 2010.

Und wieder zeitlich bunt gemischt nach dem jeweiligen Dateinamen auf meinem Rechner geordnet. Aber auch hier kann es wieder zu kleinen textlichen und inhaltlichen Differenzen zu den in der Zeitung tatsächlich erschienenen Artikeln geben, weil ich auf meinem PC nur die Originalfassungen habe, aber von der Redaktion manch Spitze von mir entfernt wurde. Außerdem sei mit der Hinweis gestattet, dass Sie hier drei deutsche Rechtschreibungen finden, die alte, die neue und meine. Die Interpunktion erfolgt dem Klangbild nach aus dem Bauch heraus.

Viele werden sich jetzt sicher auch Fragen, warum der 3. Band als Letzter erscheint! Hat einen einfachen Grund: ich wollte hier auch die Artikel von mir mit aufnehmen, die in den letzten Ausgaben der Zeitung erschienen. Deshalb hab ich diesen Band hier, der am 25.5.2024 inhaltlich bereits soweit fertig war, noch "vor sich hin dampfen" lassen und zunächst den Band 4 veröffentlicht, der aus Artikeln von mir besteht, die von der Redaktion, oft sogar aus für mich im Nachhinein nachvollziebaren Gründen, abgelehnt wurden und somit nie erschienen.

Am Ende dieses dritten Bandes hier weichen, etwa auf den letzten siebzehn Textseiten hier, die von mir angedachten, dann aber tatsächlich gedruckten Artikel doch erheblich von meinen ursprünglichen Ideen ab. Zudem hab ich „als Zugabe" noch einen Radiotext aus dem OKbeat und einen Text nur für dieses Buch hier, der meine Befindlichkeit mit den letzten Texten für die Zeitung spiegelt, mit eingefügt.

Und nun, auf geht's!

Rolf Gänsrich am 21. + 25.5. + 13.7. + 20.11.2024

*

Unbekannte Ecken - Januar 2016 - die Dänenstraße
am 16./18./19.12.2015

So ganz und gar unbekannt ist die Dänenstraße ja nun doch nicht, wie mir letztens ein Ureinwohner erklärte. Und was ist mit den anderen mindestens achtzig Prozent „Neubürger", die in den letzten Jahren an den Prenzlauer Berg gezogen sind?

Einmalig ist die Dänenstraße auf jeden Fall. Sie ist nur einseitig bebaut und führt komplett entlang des Ringbahngrabens, angefangen vom ehemaligen Kaufhaus Fix bis zur hin zur Malmöer. Im Kaufhaus Fix, heute das Eckcafé an der Schönhauser, bekam man, so ich mich recht entsinne, Sportbekleidung wie z.B. Turnschuhe. Für Fans der Berliner S-Bahn war eine Wohnung hier schon immer das Sahnehäubchen in ihrem Leben, alle anderen fühlen sich vermutlich genervt. „Aber man gewöhnt sich dran!", erzählt mir ein Anwohner.

Seit dem 4.Juli 1904 trägt die Straße diesen Namen, davor war es die „Straße Nr.12, Abt. XI des Bebauungsplanes". Die Autobrücke zur Sonnenburger Straße im Gleimkiez wurde während der letzten Kriegstage durch Panzer zerschossen, um den Vormarsch der Sowjetarmee in die Innenstadt zu behindern. Die einstigen Brückenlager sieht man noch. Wiederaufgebaut wurde sie nach dem Krieg nur für Fußgänger.

Ganz am Ende der Dänenstraße und rein postalisch zur Malmöer Straße gehörend, liegt direkt entlang der Bahn das Wohnprojekt „M 29".

Auf seiner Homepage steht: „Wir sind ein Neubauprojekt, aber keine Baugruppe. Der Unterschied ist: ... wir haben keine Eigentumswohnungen gebaut, sondern ein dauerhaft kollektiv selbstverwaltetes Mietshaus. In diesem Haus gibt es stabile Mieten, Räume für gemeinsames Wohnen jenseits von Vereinzelung, sowie Projektflächen für politische und kulturelle Arbeit im Stadtteil."

Die Straße dominierend ist hingegen die, so Wikipedia „...
katholische Kirche St. Augustinus ...“ sie „ ... ist ein
spätexpressionistisches Bauwerk der Architekten Josef
Bachem und Heinrich Horvatin aus den Jahren 1927/1928
und steht unter Denkmalschutz. Seit dem Jahr 2003 gehört
sie zum Pfarrbezirk Heilige Familie in Prenzlauer Berg. ...“
Ab dem 25.Dezember 1952 wurden etwa ab Höhe Driesener
Str. die Gütergleise der Bahn mit einer Stromschiene
„benagelt“. Dies machte es möglich, dass fort an S-Bahnen
von Schönhauser Allee direkt zum Bf. Pankow fahren
konnten. Vorher war das nicht möglich („Jesundbrunnen!
Pankow umsteijen!“, kennt der Urberliner noch als
Bahnhofsansage).
Damit brauchten Ostberliner Genossen nicht mehr den
Umweg über „den Westen“ zu nehmen. Allerdings war auf
Grund des hohen Güterverkehrs nur ein 40-min-Takt
möglich.
Erst nach dem Mauerbau wurde die sogenannte
„Ulbrichtkurve“ zwischen Pankow und Schönhauser Alle
am 10.Dezember 1961 fertig gestellt. In Höhe Dänenstraße /
Malmöer tuteten die Züge laut, sie beschleunigten meist auf
Höchstgeschwindigkeit und hatten die Strecke mit
mindestens 40 km/h zu durchfahren.
Die Notbremsen wurde ausgeschaltet. 1984 gelang dennoch
jemandem, aus einem Schnellzug, der die Notbremse nicht
abgestellt hatte, über die Grenzanlagen Richtung Westen zu
fliehen. Bis zum Wiederaufbau des Rings konnte man von
der Dänenstraße aus noch alte Stellwerksgebäude und
Kehranlagen von vor dem Mauerbau sehen, denn der Bf.
Schönhauser Allee galt bis zum 13. August 61 als „letzte
Station im demokratischen Sektor“.
Letzteres ist nachzulesen im Buch „Ring über Ostkreuz“
von Erich Wildberger von 1953.

*

Unbekannte Ecken – Juli 2015 - Glaßbrennerstraße
am 21.6.2015

In unsere heutije Reihe jehts ma wieda im Berlina-Slang rund. Jrund dafür is, det die Straße, um die et hia jeht, nach ehm Mann benannt wurde, der als ersta die Berlina Mundart inne Literatur einjeführt hat. George Adolf Theodor (Pseudonym. Adolf Brennglas) Glaßbrenner, jeborn 27.3.1810 Berlin, jestorben 25.9.1876 ooch in Berlin, war Schriftsteller und Redakteur, u.a. 1841 beim „Courier".

Von 1832 bis 1850 editierte Glaßbrenner unter dem Pseudonym Adolf Brennglas die Taschenhefte "Berlin, wie es isst - und trinkt" in denen er den Berliner Dialekt einführte. Schon 1840 tauchte Eckensteher "Nante" in Glaßbrenners literarischen Werken uff. Ferdinand Stumpf, jeboren 1803 in Berlin, Spitzname „Nante", war Dienstmann und eene real existierende Berliner Figur.

Er fiel vor allem durch sein' Humor uff. Karl von Holteis nahm ihn als Kunstfigur 1831, Friedrich Beckmann 1833, Albert Hopf 1848 und eben Adolf Glaßbrenner 1840 in ihre Werke uff. Glaßbrenner gilt als der Begründer des Berliner Witzes. Sein Hauptwerk war der 1846 erschienene "Neue Reineke Fuchs". In Preußen wurden Glaßbrenners "Freien Blätter" 1848 verboten und erst zehn Jahre später durfte er nach Berlin zurück.

Die hier jenannte Straße trächt seit dem 23.1.1913 seinen Namen. Det is ooch jenau die Zeit, in der det Jebiet rund um den Humannplatz herum endjültich bebaut wurde. Die Straße war vorher die Straße Nr. 18 b, Abt. XII des Hobrechtschen-Bebauungsplanes.

… so und jetzt wieder hochdeutsch weiter … Berlinisch schreibt sich nämlich genauso anstrengend, wie es sich liest …

Die Glaßbrennerstraße geht von der Wisbyer Str. zur hin Kuglerstr. ab und ist in Richtung Prenzlauer Allee die letzte Querstraße vor der Stahlheimer Straße. Die eigentliche

Bebauung erfolgte erst ende der zwanziger Jahre, etwa zeitgleich mit der Errichtung der Carl-Legien-Siedlung an der Ostseestraße. Die Glaßbrennerstraße ist etwa einhundertzwanzig Meter lang und nach dem französischen System nummeriert (erkläre ich gern bei meinen Führungen). An der Kuglerstraße endet sie am Spielplatz der Carl-Humann-Grundschule mit der Sporthalle (links), die sowohl von der Schule, als auch vom „Preussischen Ringverein" genutzt wird. Das Schulgebäude steht unter Denkmalschutz und wird derzeit saniert.

In der Glaßbrennerstraße gibt es kein Gewerbe. Auffällig sind hingegen Schilder an den Hauswänden neben jedem Eingang, die das Anlehnen von Fahrrädern an diese Wände verbieten.

*

Unbekannte Ecken - am 15.Mai 2015

Heute geht es in eine Straße, wie es sie langweiliger wohl kaum ein zweites mal am Prenzlauer Berg gibt und die dennoch oder gerade deshalb wohl ein ganz besonderes Flair umgibt: die Angermünder Straße, die parallel zur Schönhauser Allee verläuft, aber kaum zweihundert Meter lang ist. Die Angermünder beginnt direkt an der Torstraße und endet bereits an der Lottumstraße. „Ist denn das überhaupt noch Prenzlauer Berg?", wird jetzt sicher der eine oder andere fragen. Ja, ist es.

Das Gebiet entlang der Torstraße zwischen Schönhauser Allee und Gormannstraße (das ist etwa zwei Drittel der Strecke vom Rosa-Luxemburg-Platz bis zum Rosenthaler Platz), von der Berliner Innenstadt aus gesehen aufwärts, gehört noch zum Bezirk Pankow. Und genau wie auch die parallel verlaufenden Christinen- und Gormannstraße, so geht es auch in der Angermünder recht stramm aus dem Berliner Urstromtal bergauf. Vorn an rechts ist eine private Sprachenschule, etwa auf halber Straßenlänge ist links an einem Hauseingang ein Schild mit fünf blauen Buchstaben angebracht, die weder ein volles Wort noch sonst einen Sinn ergeben. Alles andere sind Wohnhäuser aus der Gründerzeit. Es fällt auf, dass es in dieser Straße keinen einzigen Baum gibt. Die Häuser, schick saniert, zeigen bis auf das Eckhaus an der Lottumstraße, das Farbbild, das sie auch schon bei ihrer Erbauung ende des 19.Jahrhunderts hatten. Dem Putz war damals nur ein leichter Gelbton beigemischt und so ist die Straße einheitlich gelb. Stadtauswärts im Hintergrund, in der Fehrbelliner Straße 99 gelegen, sieht man die Turmspitze der katholischen Herz-Jesu-Kirche.

Die Angermünder Straße wurde bereits 1863 vom Großgrundbesitzer Wilhelm Griebenow neu angelegt. Sie hieß von 1827 an Eselsweg oder Eselsgang, weil Griebenow hier einige Esel auf einem Grundstück hielt, die er gegen ein geringes Entgelt an Interessierte zum reiten verlieh.

Das besondere Flair dieser Straße besteht in ihrer Einheitlichkeit und in der Steigung. Genau so sahen im Berlin der Kaiserzeit viele innerstädtische Quartiere aus.

Es gibt in Berlin eine weitere Angermünder Straße in Lichtenrade.

*

Unbekannte Ecken – vorerst letzter Teil – am 15.5.2016
Prenzlauer Berg

Die Straße „Prenzlauer Berg", auf älteren Stadtplänen gern als „Am Prenzlauer Berg" bezeichnet, war ursprünglich Teil der Friedenstraße und wurde erst am 23.Januar 1913 so benannt. Hier entlang führte die ursprüngliche Akzise-, die Zollmauer. Wobei „Mauer" deren Zustand arg beschönigt, denn es handelte sich lediglich um einen Palisadenzaun. Die Straße führt vom ehemaligen „Königstor" an der Greifswalder Straße zum einstigen „Prenzlauer Tor" an der Prenzlauer Allee. Mit dem in Kraft treten des Gesetzes zur Gründung Groß-Berlins am 1.Oktober 1920 wurden u.a. aus vier Verwaltungsgebieten der „Königsstadt" bzw. „Königlichen Vorstadt" ein neuer Bezirk, der nur im ersten

Jahr seines Bestehens nach dem fünfzig Jahre zuvor abgerissenen Prenzlauer Tor hieß und 1921 (verschiedene Quellen) in Prenzlauer Berg umbenannt wurde. Vom Königstor kommend, so wie auch die vermutliche, recht undurchsichtige Hausnummerierung verläuft, hat man rechter Hand zuerst den ab 1814 angelegten Friedhof I der Georgen-Parochialgemeinde.

Zwischen den vielen interessanten und auch nagelneuen Gräbern findet man auf ihm fast alle Zweige der Familie Bötzow, darunter genau den Brauereibesitzer, in einer Gruft mit darin befestigter Gedenktafel den Gründer der ersten Blindenschule Deutschlands Johann August Zeune, in Form einer dorischen Tempelruine (groß wie ein Flügel des Brandenburger Tors) den Erfinder der Berliner Gaslaterne Julius Pitsch und das Mausoleum von Carl Ludwig Zeitler mit einem in Stein gehauenen Bericht über soziale Auseinandersetzungen zu Zeiten der Reichsgründung.

Anschließend erstreckt sich eine moderne Skaterbahn und ein Spielplatz in der Straße „Prenzlauer Berg", bevor man an einer Eck-Tankstelle am Prenzlauer Tor landet. Geht man „Prenzlauer Berg" zurück hat man den am 27.Juli 1802 eröffneten „St.Marien- & St. Nicolaifriedhof I" auf dem Leute wie z.Beispiel die Famlie Stargardt oder der Fabrikant (Großwäscherei) Wilhelm Spindler, nachdem ja ein ganzer Stadtteil in Köpenick benannt wurde, mit seiner Familie liegen. Hinter dem Friedhof geht es in Richtung Königstor relativ steil bergab in den Kiez an der Mendessohnstraße.

Dies hier ist der vorerst letzte Teil der „unbekannten Ecken". Ich weiß, viele Straßen und Ecken habe ich noch nicht erwähnt. Diese Serie schreit also förmlich nach einer Fortsetzung, die irgendwann kommen wird. Ab der nächsten Ausgabe der Prenzlberger Ansichten führe ich Sie über mehrere Monate genau entlang den Grenzen unseres Ortsteils. Dabei sei mir ein Blick über den Tellerrand, auf die andere Straßenseite zum Beispiel, erlaubt.

*

Unbekannte Ecken - Heinz-Bartsch-Straße [1]

am 20.4.2015

Liebe Leser, heute geht es in dieser kleinen Reihe um die Heinz-Bartsch-Straße. Erstmals ist nicht nur der Text, sondern auch die Bilder von mir. Die Straße hieß von 1905 bis 1974 Schneidemühler Straße (Schneidemühl = eine Stadt in der ehemaligen preußischen Provinz Posen). Bartsch, Heinz (eigentlich Heinrich), * 13.9.1906 Gelsenkirchen, + 11.10.1944 Sachsenhausen b. Oranienburg, war Walzwerker und Widerstandskämpfer gegen das NS-Regime.

Die Straße zweigt in Höhe der Danziger Str. 200 ab in Richtung Conrad-Blenkle-Straße. Dominierend ist die evangelische Advent-Kirche. Es handelt sich um einen mit Klinkern verblendeten Mauerwerksbau, der nach Entwürfen der Architekten August Dinklage und Ernst Paulus in den Jahren 1910–1911 errichtet wurde.

Die Kirche wurde zwar im Krieg schwer zerstört, aber schon unmittelbar nach Ende der Kriegshandlungen in Berlin (Kapitulation Berlins am 2.Mai 1945, Kapitulation Deutschlands am 8.Mai 1945) fand bereits am 6.Mai 1945 hier wieder der erste Gottesdienst statt. Es brauchte bis ins Jahr 1952 ehe das Gotteshaus, in vereinfachter Form, wieder hergestellt war. Die Kirche ist heute Heimat der Advent-Zachäus-Gemeinde.

Der weitere Straßenverlauf der Heinz-Bartsch-Straße ist eher unspektakulär. An der Ecke zur Ernst-Fürstenberg-Str. (einer Parallele zur Danziger) stehen Häuser, die sowohl

---

1   ... erstmals machte ich für einen meiner Texte mit dem Handy auch die passenden Bilder selbst, biete bis heute immer mindestens zwei Dutzend der Redaktion an und wundere mich dann, welches davon genommen wird. Es lässt sich aber für mich heute nicht mehr nachvollziehen, welches Bild da zu welchem Text war, auch weil sich das Mobilfunkgerät im Verlauf der Jahre immer mal änderte.

von der Architektur her, als auch vom Anstrich denen aus dem Weltkulturerbe in der Erich-Weinert-Str. verblüffend ähneln und die vermuten lassen, dass auch hier nach Plänen des großartigen Bauhaus-Architekten Bruno Taut gebaut wurde. Das Carrè von der Heinz-Bartsch-Straße, über die Conrad-Blenkle-Straße, die Ernst-Fürstenberg und die Erich-Boltze-Straße wird komplett von den „Kindergärten Nordost" eingenommen.

*

Unbekannte Ecken – Mai 2016 - Die Schieritzstraße
am 19.4.2016

In dieser Folge möchte ich mich mit einer unscheinbaren und dennoch wichtigen Straße befassen. Sie hieß von 1931 – 1933 Döblinweg, von da an bis 1952 Zeebrüggestraße und wurde anschließend nach Otto Schieritz, einem Sozialdemokraten, umbenannt. Am 2.5.1945, nur ganz wenige Stunden vor der Kapitulation Berlins, hisste Schieritz an seinem Wohnhaus in der Senefelderstraße 33 die rote Fahne und wurde deshalb noch von der SS erschossen.

So viele bauliche Unterschiede auf so engem Raum findet man bei kaum einer anderen Straße. Es beginnt mit später Gründerzeit an der Ecke zur Greifswalder Straße, danach Bauten aus den 30ern, die Feuerwache, auf die ich hier noch kommen werde, dann geht es über die Hosemannstraße hinweg, auf der einen Seite ist das große Areal der Staatlichen Schule für Ballett und Artistik, auf der anderen sind Bauten, die an die legendären Q3A, die erste große Plattenbauserie in der DDR, erinnern, wobei ich mir nicht sicher bin, ob es nicht tatsächlich doch Q3A sind und die Schieritzstraße endet schließlich an der Gubitzstraße, vor einem Durchgang in den Weltkulturerbebauten des Architekten Bruno Taut, durch den man zur Sodtkestraße gelangt.

Die „Freiwillige Feuerwehr Prenzlauer Berg FF1310" hat derzeit 27 aktive Mitglieder. In der Jugendfeuerwehr sind 4 Mädchen und 18 Jungen aktiv. Die Einsatzfahrzeuge sind je ein Lösch- und Hilfeleistungsfahrzeug, ein Löschgruppenfahrzeug, ein Tragkraftspritzenanhänger und ein Einsatzleitwagen (durch zwei Beamte der Berufsfeuerwehr besetzt). Es gibt die Wache seit 1956. An jedem Donnerstagabend ist Übungs- und Ausbildungsdienst. Auf ihrer Webside heißt es:

„Wir sind eine Freiwillige Feuerwehr vom Typ B. Das heißt, wir müssen spätestens 30 Minuten nach der Alarmierung einsatzbereit sein. Unsere primäre Aufgabe ist die Unterstützung der Berufsfeuerwehr bei besonderen Einsatzlagen wie z.B. Unwetter, Großbränden oder zu Silvester. … Um Einsatzerfahrung zu sammeln, müssen wir monatlich mindestens 10 Stunden Einsatzdienst leisten. Diese Einsatzdienste finden in der Regel am Wochenende statt. Für diesen Zeitraum sind wir permanent auf der Wache. Alle Einsätze, die zu dieser Zeit in unserem Ausrückbereich anfallen, werden von uns abgearbeitet." Und weiter: „...Die Wache ist ein Typenbau aus der DDR. Sie besteht aus einer KFZ-Halle mit 3 Stellplätzen. ..." Grundsteinlegung war am 06.11.1983, übergeben wurde sie am 27.09.1984. Bereits bei der Übergabe war die Wache für die damals 80 Mitglieder viel zu klein. Vorgesehen war das Gebäude für eine Wehr mit 30 Mitgliedern. ..." Die heutige Wehrstärke liegt bei 39 Mitgliedern. Die Jugendfeuerwehr gibt es seit dem 23. Juni 1990.

*

Unbekannte Ecken – Teil-Nr. Weiß ich nicht – März 2016 – die James-Hobrecht-Straße – am 15./16.2.2016

James Friedrich Ludolf Hobrecht, geboren am 31.Dezember 1825 in Memel, gestorben am 8.September 1902 in Berlin, ist wohl eine der Lichtgestalten in der Berliner

Stadtentwicklung. Ihm haben wir den ersten systematischen Bebauungsplan, die Traufhöhe von 22 m und die Berliner Stadtentwässerung zu verdanken. Aber der Reihe nach.

James Hobrecht wurde als Sohn eines Gutsbesitzers geboren. Im Jahr 1834 zog die Familie nach Königsberg um. Nach dem Abbruch seiner Schulausbildung 1841 begann er mit einer Geodät-Lehre. Er durchlief mehrere Examen und war bis 1847 mit Separationsarbeiten bei der Coeln-Mindener Eisenbahn beschäftigt.

Während der Märzrevolution 1848 war er Beteiligter an der studentischen Bürgerwache im Berliner Stadtschloss. James Hobrecht studierte an der Berliner Bauakademie. Nach einer landwirtschaftlichen und Bauingenieurausbildung legte er 1858 die Wasser-, Wege- und Eisenbahnbaumeisterprüfung ab und wurde im selben Jahr als Regierungsbaumeister bei der damals für Baufragen zuständigen Königlichen Polizei (Baupolizei) angestellt.

Ab 1859 wurde er Leiter der Kommission zur Ausarbeitung des Bebauungsplans der Umgebungen Berlins.

Eine Inspektionsreise 1860 nach Hamburg, Paris und nach London und in andere englische Städte diente dem Kennenlernen des neuesten Entwicklungsstandes für das Vorhaben eines modernen Kanalisations- und Entwässerungssystems.

Der von ihm maßgeblich entwickelte Bebauungsplan der Umgebungen Berlins, der so genannte Hobrecht-Plan, sah als Fluchtlinienplan ein Konzept von Ring- und Ausfallstraßen für die Städte Berlin und Charlottenburg sowie umliegende Gemeinden vor. 1862 trat der Plan in Kraft, der bis heute eine Grundlage der Berliner Bebauungs- und Verkehrsstruktur bildet.

Die Traufhöhe von 22 Metern geht auch auf diesen Plan zurück. Das hing mit der Straßenbreite von 22 m zusammen. Man wollte damit verhindern, dass ein Haus, das wegen einer Katastrophe umstürzt (z.B. Brand) nicht das Haus auf der gegenüber liegenden Straßenseite beschädigen kann.

Auch die Länge der Leitern der Feuerwehren wurden in der Folge an diese Traufhöhe angepasst.

Mit Unterstützung seines Bruders Arthur, der ab 1872 Berliner Oberbürgermeister war und des Arztes Rudolf Virchow wurde James Hobrecht 1869 mit der Umsetzung seiner Pläne einer Kanalisation für Berlin mit 12 Radialsystemen betraut.

"Das ist die Berliner Luft, Luft, Luft, wo nur selten was verpufft, pufft, pufft", diese Textzeile von Paul Lincke geht auf James Hobrechts Abwasserkanalsystem zurück.

Dieses war indes von seiner Kapazität her so groß und vorausschauend gebaut, dass es der seitdem ja sehr gewachsenen Stadt noch immer genügt.

Neben Stettin und Berlin half er Potsdam und etwa 30 weiteren deutschen Gemeinden sowie Moskau, Tokio und Kairo bei der Abwasserbeseitigung. Zwischen 1872 und 1874 hatte Hobrecht auch einen Lehrauftrag an der Bauakademie inne. 1884 wurde er als Nachfolger von Carl Theodor Rospatt für zwölf Jahre als Stadtbaurat der Stadt Berlin für Straßen- und Brückenbau gewählt. Mit dem Bau von Ufermauern entlang der Spree zwischen Oberbaum und Unterbaum ermöglichte er die Schifffahrt durch die Berliner Innenstadt. James Hobrecht sprach der bewussten sozialen Vermischung der Bewohner in Vorder- und Hinterhäusern, Keller-, Dach- und Beletage-Wohnungen eine gesellschaftliche Wirkung zu.

Nach dem Abbruch nicht Denkmal geschützter Gebäude auf dem ehemaligen Zentralviehhofsareals an der Eldenaer Straße wurde eine der neu angelegten Straßen am 23.Oktober 2000 nach James Hobrecht benannt.

*2

---

2 *Manchmal ist das mit der Optik auf den Seiten so'n Ding! Zwei Zeilen plus Überschrift kannste unten nicht stehen lassen, denn „ es sieht nicht aus ". Lässt du aber unten zu viel weißes Blatt, wundert sich der Leser auch.*

Unbekannte Ecken – der Einsteinpark - am 14.9.2015

Unsere Reihe beginnt heute mit dem Hinweis: alles ist relativ und dieser Park ist relativ unbekannt. Ohne das kleine Sommerfest der SPD im August hätte ich diesen Park als solchen nie wirklich wahr genommen, obwohl ich hier am Prenzlauer Berg schon sehr lange wohne, länger, als der Park alt ist. Für mich war er immer nur „die schöne Wiese vor dem Seniorenheim".

Diese freie Fläche liegt zwischen dem Pieskower Weg und der Einsteinstraße, die bitte nicht mit der Albert-Einstein-Str. in Adlershof verwechselt werden sollte.

Das Gelände wurde ursprünglich als Festwiese der nordöstlich gelegenen Kleingartenanlagen genutzt. Die Bebauung des Gebietes südlich der Michelangelostraße, unter Abriss der Kleingärten, erfolgte zwischen 1973 und 1983 überwiegend mit Wohnungen vom Typ WBS70, die sich an die 60er-Jahre-Bauten vom Typ Q3A an der Einsteinstraße anschlossen, die ihrerseits gleichfalls auf dem Boden einstiger Kleingärten stehen.

Nach der Nutzung als Festwiese entstand auf der Freifläche des heutigen Einsteinparks ein großer Spielplatz für die Kinder der Häuser in der Einsteinstraße und in der Schule am Pieskower Weg. Das ist heute die Paul-Lincke-Grundschule mit einer musikalischen Ausrichtung. Sie ist benannt nach dem Komponisten, der für Berlin die selbe Bedeutung hat, die Johann Strauß für Wien hat. Lincke (7.Nov. 1866 – 3.Sept. 1946) war Operettenkomponist. Sein Schlager von 1904 „Das ist die Berliner Luft", nach einem Text von Heinrich Bolten-Baeckers, ist die heimliche Hymne unserer Stadt.

Erst am 2.Juli 1988 wurde der Park unter seinem heutigen Namen eingeweiht. Direkt mitten im Park, auf offener Wiese, stehen zwei Bronze-Plastiken von Anna Franziska Schwarzbach, die den jungen und den im Alter etwas weiter fort geschrittenen Albert Einstein in einem Dialog mit sich selbst zeigen. Sie sind von 1998. Assoziatorische Anklänge an das britische Stonehenge finden sich im Pavillon aus Granit von Yvonne Kohlert aus dem Jahre 1996. Der Pavillon lädt zum Sitzen auf den gestalteten Steinen ein und gleichzeitig zum Studium der an den Stützen und Balken eingeschlagenen Formeln. Darüber hinaus gibt es einen großen, kommunalen Spielplatz. Die an den Platz grenzende Seniorenanlage ist idyllisch gelegen.

*

Unbekannte Ecken - Oktober 2015 - **der Liszt-Platz** am 14.9.2015

In unserer heutigen Folge ist das auch für den Autoren unbekanntes Terrain, an dieser Stelle Exklusives für unsere Leser, und dabei keinerlei Möglichkeit, mir aus unterschiedlichen Quellen Material zusammen zu suchen, weil es da bisher einfach nichts gibt, aus dem man was Neues zaubern könnte.
Der Liszt-Platz war schon im legendären „Hobrechtschen Bebauungsplan" von 1862 vorgesehen, so Frau Benjamin vom BA Pankow, Straßen- und Grünflächenamt am 9.September. Er erstreckte sich, so eigene Recherchen, auf der Berliner Feldmark entlang eines mittleren „Communicationsweges" zur Feldmark nach Weißensee und Heinersdorf bis hin zu einem äußeren dieser von Hobrecht geplanten Straßen-Ringe.
Zur Zeit dieser Planung, war die Ringbahn zwar schon angedacht, jedoch bei weitem nicht in vollem Konzept, Umfang und Lage. Das war auch beim „Siechenheim", dem heutigen Bürgeramt und bei der „Palme", dem städtischen Obdachlosenheim für ca. zehntausend Menschen, heute ist darin eine Zweigstelle des Vivantesklinikums, der Fall. Beim Namen ist aus den alten Unterlagen auch nicht zu ersehen, ob es sich um den Musiker Liszt oder den Ökonomen List handelt. Die Schreibweise des Namens lässt

jedoch ersteren vermuten. Mit der Bebauung durch Bruno Taut um 1929 verschwand schließlich der Name und die Idee dieses Platzes, allerdings müssen dazu im Straßen- und Grünflächenamt entsprechende Dokumente vorhanden sein. Auf jeden Fall wird von dieser Behörde der Name Liszt-Platz auf eine Spielecke angewendet, die sich zwischen der Kita in der Preußstraße und den Mietergärten an der Erich-Weinert-Str. / Gubitzstraße befindet. Wie in dieser Ausgabe in den Kurzmeldungen berichtet, soll eben jener Spielplatz bis Ende 2016 umgestaltet, aufgewertet und mit einer geschotterten Straßenanbindung für Fahrzeuge des Grünflächenamtes (zur Pflege der Anlage) versehen werden.

*

Unbekannte Ecken - die Straßenbrücke am S-Bf. Greifswalder Straße – am 18.8.2015

In unserer heutigen Folge geht es um eine gänzlich unbenannte Brücke, um die Straßenbrücke ohne Namen am S-Bahnhof Greifswalder Straße. Die Bahnbrücke wurde mit der Ringbahn nach dem Krieg gegen Österreich 1867 begonnen und spätestens mit dem Bau des Personen-bahnhofs 1875 in Betrieb genommen. Dieser spezielle Bahnhof befand sich auf der anderen Seite der Greifswalder Str., etwa dort, wo heute der Parkplatz von Aldi ist.
Erst vierzehn Jahre später, 1889, wurde er an den heutigen Ort verlegt. Der Bahnhof hieß von seiner Gründung bis 1946 „Weißensee", danach „Greifswalder Straße".
Im Zuge der Schließung des Gaswerks 1981 und dem Bau des Wohnviertels am Thälmannpark bekam der Bahnhof endlich ein Empfangsgebäude, alle Bahnbrückenteile wurden zwischen 1983 und 1985 sukzessive erneuert und der Bahnhof selbst ein Stück auf die Greifswalder hinauf geschoben. Das Verschieben des Bahnhofs um ca. 5 m hatte zum einen den Grund, dass man an dieser Stelle eine Gleisverbindung von der S-Bahn zur Fernbahn als Weiche

mit einbaute und weil dadurch die kleine Betriebskantine, die sich am Ende des Bahnhofs befand, für die Zugführer näher heran rückte.

Gleichzeitig wurde diese Straßenbrücke neben dem S-Bahnhof, die es damals noch nicht gab, neu gebaut. Bei all diesen baulichen Veränderungen wurde die Brücke von einst 23 m auf nun 49 m verbreitert.

Der Neubau dieser Straßenbrücke geschah aus mehrerlei Aspekten. Die Greifswalder Straße war damals die „Protokollstrecke" auf der Erich Honecker und Konsorten von Wandlitz kommend morgens in die Stadt ein- und abends wieder hinaus „schwebten". Alle Ampeln waren in dieser Zeit von Hand geregelt, der kreuzende Verkehr für diese Zeit, etwa für 'ne Dreiviertelstunde, gesperrt und ein links abbiegen von der Greifswalder war nirgends möglich.

Diese neue Straßenbrücke ermöglichte es nun wenigstens mit Umweg von der Grellstraße zur Storkower zu kommen. Andererseits kam man über sie, aus der Innenstadt kommend, auch nach links ins Wohngebiet am Thälmann-park. Nicht zu vergessen ist der große Güterumladebahnhof der ja noch heute von Baufirmen genutzt wird und auf dem damals zusätzlich noch u.a. Briketts, aber auch Leitungsmasten für die Oberleitungselektrifizierung ab 1984 gelagert wurden und der ja noch heute von Baufahrzeugen rege genutzt wird.

*

Unbekannte Ecken – Folge: weeß ick nich - Langer Jammer - am 15.2.2016

Was ist denn das für ein bescheuerter Straßenname, wird sicher manch neuer Bewohner auf dem frisch bebauten Areal bei sich denken. Der einstige Name des S-Bahnhofes Storkower Straße, nämlich "Zentral-Viehhof", kommt dem schon näher. Die Straße gibts als Bezeichnung für eine Fußgängerbrücke, die vor ein paar Jahren, (war es 2001?) zum Teil abgerissen wurde. Von 1937 bis Juli 1940 entstand quer über den Viehhof eine 420 Meter lange, vier Meter breite und sechs Meter hohe Fußgängerbrücke aus Stahl, die an der Eldenaer Straße in einem aus Backsteinen gebauten Treppenturm mündete. Um die Arbeiten auf dem Viehhof nicht zu behindern, stand sie auf 22 Stützen, die teilweise zwischen 20 und 32 Meter Abstand zueinander hatten. Auf einem südlichen Abschnitt wurden die Stützen beim Bau einfach in das Dach einer der Rinderställe gebaut, wodurch die Brücke über das Gebäude hinweg führte.

Die Brücke war überdacht und ab Hüfthöhe milchverglast, damit deren Benutzer nicht das Elend der hier lebenden Tiere, aber auch sicher nicht die ganzen Ratten sahen. Von 1976 bis 1977 wurde die Brücke umfangreich repariert und auf 505 Meter verlängert, indem ein 85 Meter langes Stück vom S-Bahnhof zum neuen Lichtenberger Wohngebiet Fennpfuhl angebaut wurde.

Offiziell hieß das Ding nur "Fußgängerbrücke", der "lange Jammer" kommt aus dem Volksmund.

Vierhundertzwanzig Meter unter Milchglas, zwei von drei Leuchtstoffröhrenlampen demoliert. Klappernde Herrenschuhe im Nacken und von vorn kommt einem ein Besoffener entgegen. Ausweichen kann man ihm nicht, und zurück hat es wohl auch keinen Zweck. Eine Falle? So regelmäßig meine Gedanken, wenn es wirklich unumgänglich war, den Langen Jammer zu benutzen. Oder verbotener Weise mit dem Rad rüber, das ging schneller. Die pöbelnden Junkies erwischten einen dennoch, regelmäßig.

*

Interview mit einer Rentnerin - am 21.1.2009

Im Februar wird die rüstige und im Kiez sehr bekannte und beliebte Rentnerin Charlotte van der Meer neunzig Jahre alt. Die Prenzelberger Ansichten gratulieren! Grund genug für Rolf Gänsrich am 21.Januar 2009 ein kurzes Interview mit der Jubilarin zu machen.

> Hallo! Wann wurden sie geboren?

>> Am 28.2.1919 in Rostock. Seit 1937 bin ich in Berlin.

> Sagen sie, so rüstig, wie sie sind, gehen sie glatt noch für unter siebzig weg. Wie schaffen sie das?

>> Durch arbeiten. Ich habe mein Leben lang immer hart gearbeitet!

> Man hört ja immer wieder von hundertjährigen, dass die dann regelmäßig ihr Gläschen Wermut ... oder so ...?

>> Nein, ich habe mein Leben lang keine Zigaretten und keinen Alkohol zu mir genommen. Nein, ich halte mich wirklich mit der Arbeit fit. Ich habe erst eine höhere Handelsschule besucht, war dann Kontoristin, dann habe ich in der DDR an einem Lehrerstudium teilgenommen und war dann dreißig Jahre lang an der 3.Oberschule in der Driesener Straße. Davon fünf Jahre als stellvertretende Direktorin. Und auch noch als Rentnerin habe ich dort ausgeholfen, unterrichtet und die Halbtagsstelle im Sekretariat ergänzt. So war ich dann von 1954 bis 1991 an der Schule. Noch immer habe ich gute Kontakte zu meinen Schülern. Wir hatten jetzt erst vor ein paar Tagen ein Klassentreffen mit ehemaligen Schülern, die vor fünfzig Jahren entlassen wurden. Viele nun auch schon Großeltern.*

> Wie haben sie, Frau van der Meer, gelebt?

>> Ich war immer allein erziehend. Heute habe ich drei Kinder, sechs Enkel und einen Urenkel.

> Ich bin beeindruckt, von dieser Begegnungsstätte hier. Welche Rolle spielen Sie darin?

>> Wir haben zur Leitung der Einrichtung einen Beirat gegründet, der aus sieben Personen besteht. Ich bin dessen erste Vorsitzende.

> Wie schaffen sie es, so vital zu sein?

>> Na, ich habe viel Freude an der Arbeit. Wir organisieren in dieser Begegnungsstätte sehr viel. Jeden Dienstag gibt es hier kulturelle Veranstaltungen. Leider sind sie manchmal schlecht besucht. Die Leute wissen oft nicht, was hier alles statt findet. Im Februar gibt es zum Beispiel einen Literatur-

Chanson-Abend. ... Na und Donnerstag kann man bei uns Skat spielen .... Dann arbeiten wir auch mit der Zeitschrift "Pankower Brücke" zusammen. ...
> Wow! Was machen Sie sonst noch?
>> Ich bin kulturell noch sehr interessiert. Schon seit Jahrzehnten habe ich ein Abo für das Rundfunk-Symphonie-Orchester**.
> Ich bedanke mich für das sehr nette und unterhaltsame Gespräch und wünsche ihnen auch weiterhin alles Gute!

*[3] Bitte rechnen Sie nicht nach! Ich habe es irgendwann aufgegeben!
** andere Schreibweise: Rundfunk-Sinfonie-Orchester / Abkürzung: RSO

*

Unbekannte Ecken - Zum langen Jammer
am 17.12.2013

Warum das ehemalige Schlachthofgelände, ein Filetstück bei dem Wohnungsmangel mit solch flachen Apartment-häusern bebaut ist, ist mir unklar.
Wer noch vor fünfundzwanzig Jahren mit der Ringbahn entlang Landsberger Allee und Storkower Straße fuhr, bekam regelmäßig herzhaft stinkenden Stallgeruch in die Nase und hörte das aufgeregte Quieken erschreckter Schweine.
Ursprünglich sollte ab 1867 ein Gelände entlang der Weddinger Voltastraße zum großen, zentralen Vieh- und Schlachthof Berlins werden. Das Areal wurde allerdings nicht als dem Zweck entsprechend erachtet und ab 1881 siedelte sich deshalb dort u.a. die AEG an.
Am 28. Oktober 1876 erwarb deshalb Berlin einen Teil (38,62 ha) der Lichtenberger Feldmark, um darauf den Central-Vieh- und Schlachthof zu errichten. Auf der Basis Virchowscher Hygienevorstellungen begannen am 26.

3 Fußnoten im damaligen veröffentlichten Zeitungstext

November 1877 die Bauarbeiten. Am 30. März 1878 wurde das Gelände von Berlin eingemeindet, da sonst das Schlachtzwanggesetz nicht hätte angewandt werden können. Die Eröffnung fand am 1. März 1881 statt. Von 1937 bis Juli 1940 entstand quer über den Viehhof eine 420 Meter lange, vier Meter breite und sechs Meter hohe Fußgängerbrücke aus genietetem Stahl, die an der Eldenaer Straße in einen aus Backsteinen gebauten Treppenturm mündete.

Die Brücke wurde errichtet, um den Zugang zur Ringbahn zu ermöglichen, ohne dass man aus hygienischen Gründen, direkt das Schlachhof-Gelände zu betreten brauchte. Letztes Überbleibsel ist am ehemaligen Ausgang in der Eldenaer Straße das „Eisbeineck", in dem schon zur Kaiserzeit die Schlachter zechten.

Von 1976 bis 1977 wurde die Fußgängerbrücke vom S-Bahnhof zur Storkower Straße um 85 m auf 505 m verlängert und der einstige S-Bf. „Zentralviehhof" umbenannt.

Direkt über dem Schlachthof hatte die Brücke nur Milchglasscheiben, um den Reisenden das blutige Drama unter sich optisch zu ersparen. Das Quieken der Schweine in Todesangst hörte man trotzdem. Als Fußgänger hatte man immer ein leicht mulmiges Gefühl im Bauch., ... der Weg zog sich und gerade abends in halbdunkler Beleuchtung schallten oft ferne Schritte unheimlich ans eigene Ohr.

Der Schlachthof wurde 1991 geschlossen. Ab 1995 gab es Planungen für ein neues Stadtquartier. Die dort heute noch existierenden alten Gebäude stehen durchweg unter Denkmalschutz. Im Jahr 2003 wurde ein groß Teil der Brücke abgerissen. Eine kleine, neue Straße erinnert heute an die im Volksmund so genannte Fußgängerbrücke „Zum Langen Jammer".

*

Bereits so oft über das Viertel geschrieben. Allmählich ist da die Erinnerung an die „guten , alten Zeiten" erschöpft, das Prenzlauer Berg Archiv geschröpft, … ich kann nur noch mit „Vor-Ort-Recherche" schreiben. Aus der Erinnerung ist von mir alles gesagt, alles aufgeschrieben, alles festgehalten … ach … „meine" DDR …

Wobei es einem die Erinnerung da sehr leicht machte, denn früher war alles viel schöner, … schon immer, schon seit Generationen, und selbst die alten Griechen behaupteten dies schon vor tausenden Jahren von ihrer eigenen jüngeren Vergangenheit.

Nun komme ich also nicht drum herum, muss auf die Straße, selber kieken und, wenn gar nichts mehr geht, sogar Leute anquatschen … was für mich der gefährlichere Teil ist, denn im Ansprechen fremder Menschen war ich noch nie gut. … Ich trau mich nicht! …

So mache ich mich auf zum neu entstehenden „Leise-Park" am St. Marien- St. Nicolai-Friedhof, Eingang von der Prenzlauer Allee aus.

Der Name „Leise-Park" ist eine Idee der Schüler der Grundschule „An der Marie". „Leise-Park" klingt kindlich-naiv, macht aber Sinn. Kinder liegen mit ihrer Intuition meist richtiger, treffsicherer, als wir angeblich Erwachsenen. Aber richtig Krach machen doch eigentlich nur die jugendlichen Touris aus den gehobenen Vorort-Siedlungen, die denken, nun in der großen Stadt Berlin könnten sie mal über die Stränge schlagen....

So wie bereits im letzten Jahr, so empfängt mich am Eingang des Friedhofs in der Prenzlauer Allee der vertraute Dschungel. Lianen ranken über Gräber, Efeu schlängelt sich an Gedenksteinen hoch, sogar einige frische Grabstätten sind vorhanden. Offenbar, so verkündet es zumindest ein Schild am Eingang, finden auch in der nächsten Woche wieder neue Beerdigungen statt.

Ich suche, leise, den Leise-Park. Schlage mich durch Gestrüpp, über Felder von Brennnesseln (Achtung! Neue Rechtschreibung! Brennnesseln mit drei „N" sieht bescheuert aus, ist aber richtig! Früher war halt wirklich alles besser!....), an umgestürzten Baumriesen vorbei und bekomme den Schock meines Lebens.

Stehe plötzlich vor einem zweieinhalb Meter hohen, massiven Stahlgitterzaun aus Daumen dicken Lanzen mit pieksenden Spitzen an den oberen Ende, der den entstehenden Leise-Park vom Restfriedhof trennt. Ein Stahlgittertor in diesem Zaun ist verschlossen. Was ich sehe macht mich wenig froh, … im Gegenteil würde ich sagen, dass jetzt nur noch Galgenhumor (auf dem Friedhof) weiter hilft: Man hat den Dschungel im entstehenden Park entfernt! Deutsch, akkurat, im Rechteck sind Wege angelegt, der Rasen ist, wo er nicht neu angelegt wurde, gestutzt, nagelneue Bänke stehen in geharkten Einlassungen.

Es sieht steril aus, nach spießiger Vorgartenidylle.

Mir fehlt bei diesem Anblick eigentlich nur noch die Überwachungskamera, der Postenturm, der Wach-Posten, der „Kumpel Polizist" mit seiner Wumme und schusssicheren Weste.

Wir Deutschen sind einfach spitze im Zäune bauen, im Rasen harken, im bewachen von Objekten!

Finde Bilder im Internet auf denen neu aufgestellte Spielgeräte aus Holz in diesem Park zu sehen sind und frage mich, wer die denn dann mal pflegen soll. In spätestens fünf Jahren sind die doch verrottet und dann verschwinden sie genauso heimlich still und leise, wie im Thälmannpark.

Nächster Schritt: Leute anquatschen einen Tag später. Diese „kurze Umfrage" ist ein probates Mittel sowohl im Fernsehen, als auch im Hörfunk, wenn einem O-Töne oder die richtigen Bilder fehlen.

Da macht man dann halt 'ne kurze Umfrage zu dem Thema, das man da beackert. Ist Ihnen das auch schon aufgefallen? Achten Sie mal drauf! Macht die „Berliner Abendschau" ganz viel und auch die ganzen „Magazine" die bei ARD & ZDF nach 17 Uhr laufen.

Nun also icke, allein auf der Straße mit der Frage: „Was wissen Sie über den >Leise-Park<?"

Julian treffe ich an der Heinrich-Roller- Ecke Winsstraße. Er arbeitet dort in einem Geschäft und wohnte mal vor zehn Jahren auch in der Straße. Ja, er habe schon mal was von dem Park gehört, weiß aber nicht, wie man da hinein gelangt. Von der Heinrich-Roller-Str. aus sieht man erneuerte Mauern und ein verschlossenes, großes Gittertor. Da hat er auch schon mal hinein geschaut und sich nur gewundert, dass dort alles so schön ordentlich aussieht. Aber Menschen in diesem Park habe er noch nicht gesehen. Und dann erzählt er, dass er, als er noch vor einigen Jahren mit seiner Familie in dieser Straße wohnte, an Ostern seine Tochter auf dem Friedhof jedes Jahr hat Ostereier suchen lassen. Die Eier und kleinen Nester habe er dann in dem verwilderten Garten des Friedhofs hinter Grabsteinen, auf gefallenen Baumriesen oder unter kleinen Hecken versteckt. So kenne er das Gelände noch. So als verwilderten „Schlossgarten."

Eine Ecke weiter, in der Prenzlauer Allee, lässt sich Roswita auf ein Gespräch mit mir ein. Sie ist Anwohnerin des Friedhofs schon seit vielen Jahren. Dass auf einem Teil desselben mal ein Park entstehen soll, davon habe sie etwas gehört. Dass das ganze „Leise-Park" heißt, weiß sie nicht. Am Friedhofseingang ist darüber ja auch nichts ausgeschildert. Die Idee zu diesem Park findet sie sehr gut, besser auf jeden Fall, als die einstmals geplante und von den Anwohnern erfolgreich verhinderte Bebauung in der Heinrich-Roller-Straße mit großen Wohnneubauten.

Sie bedankt sich bei mir für die Information und geht weiter ihres Weges.

Am Eingang zum Friedhof, ich war drauf und dran, nochmals über den Friedhof zu schlendern, begegnet mir Andreas, mit dem ich mich unterhalten kann.

Er kennt den Leise-Park bereits, spaziert öfter über die Friedhöfe bis zur Greifswalder Straße hinüber.

„Nach meinem Verständnis sind die Bauarbeiten in diesem Park abgeschlossen.", sagt er. Und dass er sich sehr darüber wundert, dass alles noch so verschlossen ist. „Ist alles fertig! Es sieht so aus, als wenn man nur noch auf die große Eröffnungsparty wartet.", erklärt er. Dann muss er aber weiter, … sein Job, … ich verstehe doch sicher.

Ich nicke und bedanke mich für ein weiteres nettes Gespräch an diesem Nachmittag.

Nun nochmals zu harten Fakten

Ich drücke es jetzt mal einfach aus. Der St.Marien- & St. Nicolai-Friedhof II, an dessen Ende zur Heinrich-Roller-Straße der „Leise-Park" entsteht, gehört zur Marienkirche, die am Alexanderplatz neben dem Neptunbrunnen, gegenüber vom Roten Rathaus, steht und zur Nicolai-Kirche, das ist die im „Nicolaiviertel", diesem Touristen-magneten in der Innenstadt mitsamt der Keimzelle Berlins, mit den Gaststätten „Zur Rippe" und „Zur Letzten Instanz" und mit dem letzten Futzelchen Berliner Stadtmauer. Als dieser neue Friedhof der beiden Kirchengemeinden kurz vor der Akzisemauer und dem Prenzlauer Tor angelegt wurde, lag er am Rande der Stadt an den Windmühlenbergen direkt an der Berliner Feldmark.

Dieser Teil des Friedhofs wurde von den Gemeinden der Marienkirche und der Nikolaikirche innerhalb der Akzisemauer am 27. Juli 1802 eröffnet und 1814 und 1847 jeweils erweitert - auf insgesamt 35.400 m².

Bereits im Jahre 1804 überschritt die Weltbevölkerung die magische Zahl von einer Milliarde Individuen. Es gibt eine Robbenart, die Krabbenfresserrobbe, die mit vierzig Millionen Tieren nach dem Menschen die höchste Individuenzahl unter den großen Säugetieren aufweist. Mehr Tiere dieser Art verkraftet das Öko-Sytem Erde nicht. Wissenschaftler haben vor Jahren einmal ausgerechnet, dass es vom Menschen, so wie er die Erde derzeit ausbeutet,

nicht mehr als zwölf Millionen geben sollte.Und da regen wir uns über Hunger in der Welt auf? … egal.
Im Jahre 1858 wurde unweit in der Prenzlauer Allee Nr. 7 ein neues Grundstück gekauft, der Neue bzw. der St. Marien- und St. Nikolai-Friedhof II. An dessen Ende befindet sich nun der „Leise-Park"
In den letzten Jahren wurde der ursprüngliche Friedhof aufwändig restauriert. Vor allem die fast geschlossene Ostwand mit Erbbegräbnissen unterschiedlicher Baustile hat sich erhalten. Die Nordwand wurde beim Endkampf um Berlin im II.Weltkrieg zerstört.

*

Winsviertel – August 2011 - am 11./19./20.7.2011

Liebe Leser, bevor ich mich heute mit dem Winsviertel beschäftige, möchte ich für die zahlreiche Leserresonanz und die diesbezüglich konstruktive Kritik bedanken. Ist es nicht schrecklich, dass wir in unserer Demokratie noch immer gezwungen sind, eine spezielle Gruppe von Menschen explizit zu schützen? Dass in der Synagoge auch heute noch eine Schule untergebracht ist, hatte ich zwar in meinen Notizen zum Kiezspaziergang, aber leider ist diese Info „auf dem Weg zum Artikel" bei mir „irgendwie verschwunden". Danke für den Hinweis des Lesers! Bleiben wir gleich beim Thema „jüdisches Leben" und kommen im nächsten Kiez hier zur Familie Rosenthal, die in der Winsstraße 63 lebte. Eine Gedenktafel am Haus erinnert daran. Sie sehen hier Originaldokumente der Perversität Systems in den 30er Jahren. Die ständige Bespitzelung durch Nachbarn und Freunde, das alltägliche Denunziantentum war normal. Das systematische Fertig machen von Menschen, die nur wegen ihrer Ahnen zu etwas Andersartigem, zu angeblichen Staatsfeinden gemacht wurden, gipfelte in „stink normalen" bürokratischen Tätigkeiten und in entsprechendem Schriftverkehr.

Von Dr.j.Wildangel – Wohnungsverwaltungen an Frau Ella Rosenthal
vom 14.3.1942:
„Von dem Erhalt Ihres Schreibens habe ich Kenntnis genommen. Wie mir mitgeteilt wird, soll Herr Rosenthal, der inzwischen von der Staatspolizei verhaftet worden sein soll, Möbel und Gegenstände aus der früheren Wohnung Rosenthal gegen mein ausdrückliches Verbot beseitigt haben. Ich bitte, mir innerhalb von 3 Tagen mitzuteilen, welche Sachen aus der Wohnung entfernt worden sind. Sollte ich nach Ablauf dieser Frist keine ausreichende Antwort erhalten, werde ich diese Angelegenheit an die Geh.Staatspolizei weiterleiten."

Antwort von Frau Ella Rosenthal an diese Wohnungsverwaltung vom 16.März 1942
„Betr. Winsstr. 62 – Rosenthal
In Beantwortung Ihres Schreibens vom 14.or.teile ich Ihnen mit, daß die Sachen an diesem Sonntag vormittag abgeholt worden sind und nicht, wie Sie der Geh.Staatspolizei mitteilten, bei nacht und Nebel. Ich bitte Sie daher, sich bei evtl. weiteren Mitteilungen an die Stapo, mehr an die Tatsachen zu halten. Im übrigen liegt das Geld für die Schönheitsreparatur bereit auch möchte ich die ganze Angelegenheit dem Vormund überlassen, da ich nicht weiß inwieweit Sie, lt.Vertrag mit den verstorbenen Eheleuten Isaak berechtigt sind, Schönheitsreparaturen zu verlangen. Heil Hitler!"

Gruslig oder? Alle machten mit, aber keiner will hinterher was davon gewusst haben.
Weil es nach dieser Lektüre im Prenzlauer Berg Museum so gut passte, bin ich auf Anregung eines Lesers hin auf den Friedhöfen in der Prenzlauer Allee, St. Marien & St. Nicolai

und dann noch hinüber zum St. Georgen Friedhof herum gewandert. Es soll dort ein „Park der Stille" entstehen. Na hoffentlich ist die dort geplante Bebauung mit Lofts endlich wirklich gestorben! Berlin will „Klimafreundlich" werden, bebaut aber alle... wirklich ALLE !!! ... letzten Freiflächen, auf denen sich noch Natur behauptet.

St. Marien & St. Nicolai das ist herrlich alter Baumbestand, in dem man nun aber leider schon einige gefällte Bäume findet. Mannshohes Gras wechselt mit Gestrüpp und alten Farnen.

Der Eingang ist recht unscheinbar in der Prenzlauer Allee stadtauswärts einige Meter hinter dem EWA-Frauenzentrum Von der Straße aus sieht man nur Gestrüpp. Direkt hinter dem Eingang links ist ein alter Steinmetz. Man sieht viele gestürzte Grabsteine. Dazwischen uralte Familiengruften – kunstvoll geschmiedete Einfassungen, polierter Marmor, außer Form geratene Wacholderbüsche und alles überrankt von Lianen aus Efeu. Man kommt sich vor, wie in so einem verwunschenen Schlossgarten aus Grimms Märchen.

Es ist fast wie ein Stück Dschungelparadies mitten in der Stadt, das unbedingt erhalten werden muss. Ich dachte schon, der Friedhof sei insgesamt „tot", fand dann aber zum Georgenfriedhof hin auch einige frische, gepflegte Gräber.

Auf dem St. Georgenfriedhof hat mich am meisten ein Familiengrab, ... was sag ich, das ist weder ein Grab, noch 'ne bloße Gruft, sondern eher ein Mausoleum beeindruckt. Säulen, so hoch wie auf der Akropolis, ein riesiger Wandelgang, in der Mitte extra nochmals kleinere Grabsteine.

Alles angelegt wie ein Tempel. Ruhestätte der Familie Pintsch. Das ganze Monument hat die Ausmaße, wie ein ganzer Flügel des Brandenburger Tores am Pariser Platz!

Nun möchte ich mit Ihnen ans andere Ende der Winsstraße gehen. Ursprünglich wurde sie noch über die Danziger Straße fortgesetzt und verlief vermutlich einige Meter neben der heutigen Ella-Kay-Straße zu einem Nebeneingang der Gasanstalt. Die Parkanlage dort an der Danziger Str. entstand in den 30er Jahren. Der Baumbestand ist alt. Wie schon an der Ecke Prenzlauer Allee / Danziger Str., so wurde auch in dieser Parkanlage erst vor wenigen Wochen ein alter Baum gefällt, ohne Ersatz dafür zu pflanzen. In dem grauen Eckhaus Diesterweg/Danziger Str. war 1983 noch ein Wehrkreiskommando der Nationalen Volksarmee..

Wenn man damals innerhalb der DDR umzog, musste MANN sich nicht nur bei der Polizei amtlich ummelden, sondern auch beim Wehrkreiskommando.

Ich zog am 1.März 1983 in den Prenzlauer Berg. Allerdings klappte die Ummeldung auf eben diesem Wehrkreiskommando nicht und ich wurde von einem Wachhabenden dort abgewimmelt, so mit den Worten: „... wissen se' ... heute ist doch > Tag der NVA < da arbeitet doch hier keiner. Komm'se morjen wieda." Ich dachte indes: „Ihr hattet eure Chance!" und hoffte darauf, ich war damals schließlich schon zweiundzwanzig, dass mich die NVA vielleicht „vergessen" würde und mich nicht mehr zum Grundwehrdienst einziehen würde. Ich wurde aber leider nicht vergessen und rückte am 2.Mai 85 als „Vermesser" bei der „Geschosswerferabteilung 1" in Klietz ein.

Das Gaswerk Prenzlauer Berg begann war von 1871 bis 1981 in Betrieb. Bis dahin lag über allen angrenzenden Straßen und auch noch hinter der S-Bahn ständig eine dicke Schicht Kohlestaub, die einen zum all wöchentlichen Fensterputzen verurteilte. Die Gasometer sollten ursprünglich erhalten bleiben, sie standen wohl auch unter Denkmalschutz. Das Planetarium an der Prenzlauer Allee sollte in einem der Behälter unter kommen.

Aber angeblich, so die Gerüchte damals, wollte dessen Architekt lieber einen Neubau und so wurden wirklich bei Nacht und Nebel mitten im Juli 84 die Gasometer heimlich gesprengt. Ich saß in jener Nacht mit meinem Nachbarn

Mario bei einem guten Tropfen auf seinem Balkon, als es mehrfach rummste.

Als ich am nächsten morgen früh gegen halb sechs das Haus verließ, um zur Arbeit zu fahren, sah man an allen Ecken im Prenzlauer Berg sehr aufgeregte Polizisten, die eiligst Losungen wie „Gasometer sprengt man nicht!" an Häuserwänden und Litfaßsäulen übertünchten.

Ursprünglich standen übrigens mehr, als nur diese zwei gesprengten Gasbehälter auf dem Gelände. Ein weiterer soll noch Greifswalder / Danziger gestanden haben und auch ein vierter lässt sich auf älteren Luftbildaufnahmen noch erahnen.

*

Wer liegt „Six feed under"?
Winskiez – Mai 2013 – am 16. + 20.4.2013

Ich hatte ja im letzten Monat damit begonnen, zu berichten, dass Füchse im Leisepark an der Heinrich-Roller-Straße Gebeine ausgegraben hätten.

Wie tief liegt man denn da? Man kann tatsächlich mit dem Namen der amerikanischen Bestatter-Serie "Six feet under" antworten. Die Särge werden im Schnitt etwa 1,8 Meter bis 2,2 Meter tief bestattet.

Dies ist aber keine generelle Regelung, da es kein Bundesbestattungsgesetz gibt. Das ist Ländersache.Wie tief wiederum auf einem einzelnen Friedhof beerdigt wird, hängt von den Bestimmungen für diesen Friedhof ab. Und das hat was mit dem Grundwasser zu tun, manchmal aber auch mit der generellen Bodenbeschaffenheit. So ergeben sich sehr viele unterschiedliche Möglichkeiten, wie tief ein Sarg oder eine Urne bestattet wird. Grundsätzlich liegt man mit der Annahme, dass ein Sarg zwischen 180 und 220 cm tief bestattet wird, vollkommen richtig.

Die WinS- müsste eigentlich WinZstraße heißen, denn es gibt in ihr überdurchschnittlich viele Weinhandlungen. Die Straße ist benannt nach Thomas Wins oder Wyns, der vor

1392 Berlin geboren wurde und um 1465 in Berlin starb. Die Familie Wyns (Wins) wurde zum Teil 1067 von Kaiser Heinrich IV. geadelt. Thomas Wins war 1447 Bürgermeister Berlins. Er gehörte zu den reichsten Bürgern. Beim Berliner Aufruhr 1448 fielen auch die Wins in Ungnade, kamen aber nach vorübergehender Bestrafung glimpflich davon. Die reiche Patrizierfamilie unterstützte um 1500 finanziell den Deutschen Ritterorden. (Quelle u.a. Luise Berlin). Immer weniger Menschen haben heute noch einen direkten Bezug zu ihrem Kiez, weil sie hier nicht aufgewachsen und eher entwurzelt sind.

Einer der letzten Ureinwohner erzählte mir, dass es früher mal viele Schreinereien, Fleischereien und Bäckereien die ihr Brot selber buken, im Kiez gegeben hat.

Für diesen Artikel hier bin ich mal die ganze Winsstraße herunter gelaufen.

Üblich ist bei der Hausnummerierung das französische System, bei dem auf der einen Straßenseite die geraden, auf der anderen Straßenseite die ungerade Nummern sind. Im alten Preußen wurde dem entgegen aber auf tangential und radial verlaufenden Hauptstraßen das „Hufeisensystem" angewandt, bei dem auf der einen Straßenseite die Nummern hintereinander aufwärts laufen, am Ende der Straße aber umgekehrt wird und die aufwärts Nummern wieder zurück zum Straßenanfang gehen.

So sind die Hausnummer Winsstraße 1 und Winsstraße 72 direkt an der Heinrich-Roller-Straße. In der Winsstraße 9 an der Ecke Immanuelkirchstraße ist noch ein „ostiges" Eckhaus zu sehen, das gefärbten Rauhputz und noch alte Doppelfenster hat. Das Geburtshaus des Entertainers Hans Rosenthal ist in Nummer 63. Nur wenige Nummern weiter findet man das letzte wirklich unsanierte Haus (Nr. 59) des ganzen Kiezes. Direkt daneben, in Nr. 58, gibt es eine wirklich sehenswerte Klinkerfassade. „Winshaus" steht daran. Beidem gegenüber ist gleichfalls ein bislang kaum repariertes, saniertes Haus. Der „Kaiser's" an der Ecke

Marienburger ist in einem Plattenbau aus den 70ern unter gekommen. Nach hinten sind noch der einstmals riesige Sozialtrakt erkennbar, den eine „HO-Kaufhalle" mit seinerzeit ca. achtzig Mitarbeitern, die teilweise im Vier-Schicht-System arbeiteten, benötigte. Eine der wenigen Kriegslücken gibt es dort, wo die Nummern 50 + 49 fehlen. Hier steht die Turnhalle der „Grundschule an der Marie". Fassadenarbeiten gibt es seit ein paar Wochen dem gegenüber in Nr. 28. „Stadtkind" sieht man hinter Gerüst und Planen kaum noch. Eine richtig alte Ecke ist an der Kreuzung der Christburger Straße zu bewundern. Die Nummern 30 + 45 haben Rauputz und alte Doppelfenster, bei denen das Holz schon fault. Interessant fand ich den „Sozialen Bücherladen" in Nr. 30 II.

Den gibt's seit etwas fünf Jahren. Er lebt allein von Spenden. In der Winsstraße kommt es mir so vor, als würde dort „schon immer" gebaut. Neu, seit April an der Einmündung zur Heinrich-Roller-Straße, wohl alt und noch immer, an der Kreuzung der Jablonskistraße. Da bauen die doch aber schon ewig und drei Tage an diesem verdammten Fußweg … oder täusche ich mich? Winsstraße 33 ist dann wieder ein „nostalgisches" Gebäude: alte Fenster, neue Farbe, alter Putz.

Die Winsstraße endet, heute, an der Danziger Straße mit der Nr. 35. In Richtung H.-Roller-Str. geht es auf der anderen Seite der Winsstraße mit Hausnummer 40 zurück.

Wo sind da wohl die Nummern 36, 37, 38 und 39 geblieben?

Auf einem Stadtplan von 1956 erkennt man, dass die Winsstraße einst die Danziger Straße komplett querte und Zufahrt zum Gaswerk war. Dieser Straßenabschnitt verschwand mit dem Abriss der Gasanstalt ab 1982. Die Ella-Kay-Straße entstand ein paar Meter daneben.. Apropos Gasanstalt. Deren Reste mussten, so der damalige politische Wille, recht schnell verschwinden, da man zum 100.Geburtstag von Ernst Thälmann am 16.April 1986 den nach ihm benannten Park offiziell der Öffentlichkeit übergeben wollte. Dabei wurden in aller Eile auch Tanks und Teerbecken einfach im Boden versenkt und zugeschüttet. Anfang der 90er Jahre wurde nach Beschwerden von Anwohnern damit begonnen, das Grundwasser im Park sehr aufwendig zu reinigen. Der Berliner Senat hat beschlossen, diese Reinigung in den nächsten Jahren fort zu führen und auszuweiten.

*

Wins und Marie II – am 21.7. + 22.8.2010

Ich war unterwegs, weil mir für den August-Kiezspaziergang der Name „Frankoniahöfe" für das Gelände hinter der Prenzlauer Allee 36, aus Richtung Alexanderplatz kommend rechts, kurz vor der Eckpost an der Marienburger Straße, beim besten Willen nicht einfallen wollte. Diese Höfe sind riesig!
Sie erstrecken sich von der Prenzlauer Allee bis fast an die Gärten der Hinterhäuser in der Winsstraße und der letzte dieser Höfe geht in der Breite auch noch über mehrere Hausnummern der Prenzlauer Allee.
Ein laues Lüftlein fächelte glühende Mittagshitze um meine nackten Waden und unter mein Basecape, und überall schienen an diesem Tage Hausdurchfahrten geöffnet, wie ich bemerkte. Also beschloss ich, diese Situation auszunutzen, geheime Innenhöfe zu erkunden, Schuttberge zu erklimmen, mich durch Dickichte von Brennnesseln zu schlagen und von hungrigen Mücken attackieren zu lassen. Dschungel kann von Flora und Fauna her nicht interessanter sein, als Hinterhöfe am Prenzlauer Berg!
Nach den Frankoniahöfen fuhr ich in die Christburger Straße zur „Freien Evangelischen Schule". Unser Dirk legt hier immer einige unserer Zeitungen ab. Ich selbst war bisher noch nie auf dem Gelände. ... Wat soll ick noch inner Schule? Weeß doch allet! ...

Ich durchquerte also die Tordurchfahrt in der Christburger Straße, kam an einigen ehemaligen Gewerbegebäuden mit lauschigen Plätzchen für die Nachbarschaft vorbei, gelangte auf den eigentlichen Pausenhof, nun, mitten in den Ferien und .... staunte! Das riesige historische Schulgebäude in roten Klinkern erschlägt einen fast von der Größe. Der Schulhof ist ... gewaltig! ... Hey, ich bin in Hohenschönhausen groß geworden! Meine Schule hatte nur drei Etagen und der Schulhof, nur halb so groß, wie ein Fußballfeld, hatte in der Mitte einen grünen, rasenbewachsenen Platz mit Denkmal, um den wir in den Pausen langsam, ordentlich und gesittet entgegen dem Uhrzeigersinn herumlaufen mussten! Da darf man doch heute mal Bauklötzer staunen, oder? .... Die „Freie Evangelische Schule" hat Solarzellen auf ihren Dächern und erzeugt damit selber Strom, wie an einer großen Informations-Tafel vor dem Hauptportal zu lesen ist. Auch der Pausenhof ist riesig und hat viele Kletter- und Spielmöglichkeiten für die Kids.

Ich zog mit meinem Fahrrad weiter, um die Ecke herum in die Greifswalder Straße 200. Im riesigen Hof standen noch vor einigen Jahren Baracken mit unter anderem einem Heimwerker- und einem Schallplatten-, vielleicht sollte ich besser „Laden für Audio-Tonträger" sagen. Nichts ist dort mehr zu sehen. Eine riesige Brache mit Betonfundamenten, die sich bis an den Pausenhof der „Freien Evangelischen Schule" zieht. Und hier traf ich, zwischen vereinzelt geparkten Autos, auf Dickichte von Ambrosia und Brennnesseln, Mückennester, sah riesige Ratten durch Gestrüpp huschen und die Kadaver toter Tauben.

Was mir im Kiez rund um Wins- und Marienburger Straße auffiel, waren die Fahrradständer mit der „Ostrad"-Werbung an jeder Ecke, so auch wieder vor Läden in der Greifswalder Straße.

Dann zog es mich in die Marienburger Straße hinein. Hinter „Kaiser's" in der Hausnummer 16 wusste ich von einigem

Gewerbe und vielen Arbeitsplätzen. Bei dieser Tour bin ich jedoch bis in jeden Winkel dieses Hofes gekrochen. Fasziniert durchquerte ich Fabrikgebäude aus der Gründerzeit im 19.Jahrhundert, betrachtete rot verklinkerte Funktionsgebäude, die offensichtlich aus den frühen dreißiger Jahren des 20.Jahrhunderts stammen und erblickte Gebäude, die offensichtlich in den 60er, 70er Jahren errichtet wurden. Ein Wirrwarr verschiedenster architektonischer Stile. Uralte Kranschienen im Boden hier, mit Glas und Beton modern erneuerte Fassadenteile dort. Ich war total begeistert.

Von diesem Hof, Marienburger Straße 16, aus kann man sogar bis in den, vom Straßenniveau her tiefer liegenderen Hof der „Fabrik" in der Greifswalder Straße 212 sehen. Und auch dorthin begab ich mich. Wärend die ersten beiden Innenhöfe bereits überwiegend gut saniert sind, so mit knallig bunten Hauswänden und so, scheint im letzten Hof noch die Zeit vor zwanzig Jahren stehen geblieben zu sein. Eine große, hohe, typische DDR-Fabrikhalle an der linken Hofseite dominiert alles.

Man erwartet förmlich die verschwitzten Männer in den blauen Latzhosen, den Meister mit seinem Stift hinterm Ohr und den Genossen Parteisekretär mit seinem „Bonbon" (Parteiabzeichen) am Revers und man vermisst beim Anblick dieser Industrieruine schmerzlich die roten Banner mit Losungen wie: „Von der Sowjetunion lernen heißt, siegen lernen" oder „meine Hand für mein Produkt" oder die Wandzeitung mit der „Tafel der Besten" und mit den Grafiken zur „Planübererfüllung" im „sozialistischen Wettbewerb". Hier riecht man förmlich noch das Gemisch aus Getriebeöl, Kühlmitteln, gehobelten Spänen und abgestandenem Kantinenessen.

Weiter ging meine kleine Tour in die Immuelkirchstraße zum Hof an der Hausnummer 13. In nämlichen Haus war bis vor wenigen Jahren noch eine Polizeiwache. Genau in dieser Polizeiwache stellte ich im März 1989 einen Antrag für eine Besuchsreise in Westberlin, weil mein Onkel aus Steglitz runden Geburtstag hatte. Die vorübergehende Ausreise aus der DDR wurde mir damals nicht gewährt.

Im riesigen Hof auf dem Gelände sind heute unter anderem das freie Kino „Blow up", ein Jugendhotel und ein Pflegeheim mit großer Tiefgarage untergebracht.

Dem fast gegenüber, in der Immanuelkirchstraße 24, befindet sich der Verein „Fördern durch Spielmittel e.V.", den der ehemalige stellvertretende Bezirksbürgermeister von Prenzlauer Berg, Herr Zoels, leitet. Ich hatte ihn auch schon ein paar mal zu Gast im OKbeat. Die Gebäude des Vereins im Hof sind denkmalgerecht, aber energetisch auf dem neuesten Stand saniert. ... darunter unter anderem auch ein ehemaliger Pferdestall. Ein interessanter Treffpunkt für Eltern und Kinder ist die vom Verein getragene „Ludothek", die Spielzeugausleihe.

Der Wins-Marienburger-Kiez wird überragt von der Immanuelkirche an der gleichnamigen Straße Ecke Prenzlauer Allee gelegen, die man selbst vom S-Bahnhof Alexanderplatz aus noch gut wahr nimmt und die mit ihrem herrlich Turm fast ein Wahrzeichen des Prenzlauer Berg werden könnte.

Die Immanuelkirche ist eine evangelische Kirche und wurde am 21. Oktober 1893 eingeweiht. Wie viele andere Kirchen in Berlin vom Ende des 19. Jahrhunderts ist sie im neoromanischen Stil erbaut; sie steht unter Denkmalschutz.

Das Gebäude stand bei seiner Fertigstellung auf freiem Feld, die heutige dichte Bebauung erfolgte erst im 20. Jahrhundert. Ende des 19. Jahrhunderts war die Gemeinde der Bartholomäuskirche, die sich am Königstor befindet, in einem Maße gewachsen, dass ein eigener Kirchenbau für die Wohngebiete um die Prenzlauer Allee notwendig geworden war. Wie bei den meisten Kirchenneubauten dieser Zeit stand der Bau unter der Schirmherrschaft der damaligen Kaiserin Auguste Viktoria. Die Bauarbeiten begannen im Jahr 1891, die Grundsteinlegung fand am 12. Juni 1892 statt. Die Familie Bötzow schenkte der Gemeinde das nötige Bauland. Die Kosten von etwa 300.000 Goldmark für den eigentlichen Bau übernahm die benachbarte Georgengemeinde.

Der Architekt Bernhard Kühn entwarf einen neoromanischen, rechteckigen Verblendbau aus roten Klinkern mit einem oktogonalen Choranbau.

Den prägenden, 68 Meter hohen Turm mit achteckigem Spitzhelm ordnete er im Nordwesten des Grundstücks an. Im Turm befinden sich drei gusseiserne Glocken, die auf die Töne dis, fis und a gestimmt sind.

Die mittlere Glocke verdankt ihren Guss im Jahre 1892 einer Spende des Regierungsbaumeisters Ernst Peters. Sie trägt die Inschrift: „Lobet den Herrn, alle Heiden, preiset ihn alle Völker! Denn seine Gnade und Wahrheit waltet über uns in Ewigkeit. Halleluja!"

Die wohl für die Anwohner wichtigste Quelle für ihren Lebensmitteleinkauf, das Gebäude der ehemaligen HO-Kaufhalle, in dem seit der Wende „Kaiser's" residiert, ist von eben jener Lebensmittelkette in den letzten Jahren aufwendig saniert worden und mittlerweile auf dem modernsten Stand.

Dem fast gegenüber lebte von Geburt an, bis 1941 der einst bekannte Showmaster und RIAS-Urgestein Hans Rosenthal (* 2. April 1925 in Berlin; † 10. Februar 1987). Er wuchs in einer jüdischen Familie in der Winsstraße 63 auf und erlebte als Kind die wachsende antisemitische Verfolgung durch den Nationalsozialismus

Eine Tafel am Haus erinnert an ihn.

Bei meiner Rundtour durch den Kiez fiel mir auf, dass relativ viele Innenhöfe geöffnet sind, weil sich darin Gewerbe befindet. Lustig ist, dass mir in der Winsstraße die vielen Weinhandlungen förmlich ins Auge stachen. ... Na, es heißt doch: sauer macht lustig! Gilt doch wohl am meisten für Wein, oder?

Mir fiel auch auf, dass es nicht mehr nur Gewerberäume zu vermieten gibt, sondern sogar welche zu verkaufen sind, wie zum Beispiel in der Raabestraße. Dabei muss ich doch gleich noch von dem herrlichen Spielplatz in dieser Straße schwärmen. Ach ja, wäre man doch nochmal Kind, bei diesen Spielmöglichkeiten. ... man hätte dann auch nicht diese ganzen doofen Krankheiten wie Diabetes, Venenthrombose, Depressionen, Lungenembolie ... ...

Nicht vergessen möchte ich die riesige Freifläche der „Marie" in der Marienburger Straße mit Kleintierzoo, Spielplatz und Sportgeräten.

Erwähnen möchte ich auch noch die 2.Grundschule in der Heinrich-Roller-Straße in dem Gebäude mit der Aufschrift „Bruno-Baum-Oberschule".

Die Heinrich-Roller-Straße scheint fast nicht mehr zum Kiez zu gehören, weil es hier weniger quirlig zugeht, viele Gewerberäume leer stehen und die Straße, nicht nur wegen des angrenzenden Friedhofs, irgendwie tod wirkt.

*

am 20.8.2007

Das Winsviertel – die Wiederentdeckung der Hinterhöfe

Das Winsviertel zu erwandern, das wäre eine ganze Tagestour für Touristen. Machen Sie es so wie ich und nehmen Sie Ihr Rad und folgen Sie mir hiermit, von der Prenzlauer Allee hinunter zur Greifswalder Straße und von dort im Zick-Zack-Kurs wieder hinauf zur Prenzlauer Allee. Begonnen habe ich meine Tour am Friedhof der St.Nikulai-Gemeinde Prenzlauer Alle und der Straße, die den Namen des Stadtteils trägt, Prenzlauer Berg.

Zwischen Tankstelle und Parkplatz ist eingerichtet eine Skater- und Rollerbahn. Dem Parkplatz gegenüber wandern wir auf dem Pfad direkt an der Friedhofsmauer entlang, bis wir nach ca. 100 m einen phantastischen Ausblick durch die Neubaublöcke hindurch auf Richtung Alex haben.

Rennsteigwandern könnt nicht schöner sein. Gut, nun aber schnell wieder zurück. Nachdem wir den Friedhof der St.Georgen-Gem. passiert haben sind wir nun in der Greifswalder Straße. Direkt das erste Haus nach dem Friedhof wird mit Neben- und Hintergebäuden gerade saniert. In der Heinrich-Roller-Straße finden wir dann u.a. eine Theaterwerkstatt und eine Berufsschule.

Ab Hausnummer 22 regt sich Bürger-Protest von Anwohnern gegen den Plan der Gemeinde, Teile des St.Marien-Nikolai-Friedhofs in Bauland umzuwandeln.

Die kreative Suche der Kirchen nach Einnahmequellen in allen Ehren, aber Tote haben ein Recht auf ihre Ruhe ... und Anwohner auch.

Was auffällt ist, dass es im Winsviertel recht viele, kleine Weinhandlungen gibt! Was in dem Kiez fehlt, ist so etwas, wie ein zentraler Platz. Statt dessen sehr viele Hinterhöfe, nach vorn geöffnet, mit sehr viel Gewerbe.

In der Immanuelkirchstr. 13 einst, bis vor wenigen Jahren, ein Polizeirevier. Anschließend, auf einem Hinterhof, Kino, Seniorenheim, Billard, Fitness und ganz viele versteckte grüne Höfe und Brachland. Am anderen Ende, neben der Immanuelkirche, ein schmaler Pfad zwischen Kirche und Neubauten, der sich seit kurzem hochtrabend „Immanuelkirchplatz" nennt.

Die Marienburger Straße wird vom riesigen Spielplatz „Marie" beherrscht. Spielgeräte, Sportanlagen und lauschige Ecken zum Sitzen laden ein. Ein Durchgang zur Winsstraße zwischen Schulhof und Ballplatz besteht ebenfalls. Etwas versteckt hinter dem Kaiser's-Supermarkt gelangt man erneut zu gewaltigen Gewerbehöfen, die offenbar erst seit diesem Jahr neu bewirtschaftet werden. Einen Künstlerbedarf findet man hier genauso wie Kreativ-Werkstätten und Druckereien.

Ein kurzer Abstecher zur Greifswalder, auf der noch immer gebaut wird. Was ist eigentlich aus dem versprochenen Radfahrstreifen geworden?

Die Hinterhöfe mit Gewerbe in Nr. 199/200 sind derzeit abgesperrt. Es wird gebaut. Die Christburger Straße wieder hinauf findet man dort in der Nr. 14 eine evangelische Schule und dann die, meines Erachtens nach größte Spielplatzdichte, weil gegenüber der Schule ein Spielplatz und genau neben ihr ebenso. In Nr. 5 die „5.Grundschule", bis zur „Wende" war hier einst eine Zweigstelle des Rettungsamtes untergebracht ... also Notruf 112 für Feuerwehr und 115 für Krankenwagen.

In der Jablonskistr. findet man plötzlich Birken als Straßenbäume. Das ist bemerkenswert!

Ist doch der „gemeine Berliner Straßenbaum" eher eine Linde, ein robuster Ahorn oder vielleicht auch eine Kastanie (in Kreuzberg gibt es gar eine Straße mit Gingko), aber Birken mit ihrem hellen Stamm das ist als Straßenbaum eher ungewöhnlich und verschafft somit der Jablonskistr. einen eigenen speziellen Reiz. Zwischen Wins- und Greifswalder, in der Jablonskistr., Sie ahnen es, zwei Spielplätze einander gegenüber. Nichts weiter bemerkenswertes in der Chodowieckistr., abgesehen von einer kleinen Kerzenzieherei, in der man selbst Hand anlegen kann.

Zum Schluss plaudere ich auch heute wieder einmal aus dem Nähkästchen! Zu Zeiten, als das Glas Bier in der Kneipe noch zwischen 43 und 56 Pfennigen kostete, und man dort höchstens Bockwurscht mit Salat zu essen bekam, verliefen unsere jugendlichen Zechtouren meist durch den Prenzlauer Berg.

Dabei war die Prenzlauer Allee bei uns am beliebtesten, weil es wirklich an JEDER Ecke eine, meist sogar zwei Kneipen gab. In jeder Kneipe nur ein Bier (manchmal mit'nem Kümmel zu) und die Strecke von der Heinrich-Roller- bis zur Danziger (damals Dimitroff) Straße reichte aus damit man struuuurztrunkich war. Erinnere ich mich immer wieder gern dran.

*

Das Gleislager in der Kniprodestraße – am 9.1.2017

Der Prenzlauer Berg ist Straßenbahnland und deren Netz überall im Stadtteil sichtbar. Nur eine U-Bahn und zwei Bus-Linien gibt es, eine Buslinie tangiert uns, von den indes 22 Straßenbahnlinien Berlins (dem größten derartigen Netz Europas) fahren allein zwölf durch den Prenzlauer Berg oder tangieren ihn, dabei u.a. auch die M 4 mit der höchsten Fahrgastauslastung und die M 10 mit der dichtesten Taktfolge je im Gesamtnetz.

Laut Roland Schröder, Fraktionsvorsitzender in der BVV, Leiter des Arbeitskreises Stadtentwicklung der SPD Pankow und erklärtem Straßenbahn-Fan, war bereits mal vor sehr, sehr vielen Jahren die Schließung des Gleislagers in der Knirpodestraße im Gespräch, aber „... die BVG wusste nicht, wohin dann mit ihrem Lager." Und so ist dessen Existenz weiterhin gesichert.

Das Gleislager schließt sich an die Gleisschleife von der Kniprodestraße, John-Schehr- und Hans-Otto-Straße an und ist ein ehemaliger Betriebshof der „SSB" („Straßenbahnen der Stadt Berlin"), der von 1908 bis 1923 bestand. Wegen Linienzusammenlegungen im Rahmen der Vereinigung der Berliner Straßenbahnbetriebe wurde er 1923 zum Gleisbauhof der „Berliner Straßenbahn (BST)" und blieb es auch nach Vereinigung zur BVG im Jahre 1929.

Durch den Zweiten Weltkrieg wurde das Gelände teilweise beschädigt, eine umfassende Sanierung blieb in den Nachkriegsjahren jedoch aus, so dass von dem eigentlichen Betriebshof kaum noch etwas zu sehen ist. Heute dient das Gelände, wie gesagt, als Gleislager sowie als Depot für die von dort eingesetzten Arbeitstriebwagen. Die Gleisschleife über die Hans-Otto-Straße entstand erst nach dem Krieg, als man aus der Not heraus (chronischem Ersatzteilmangel) aus „Zweirichtungsfahrzeugen" sogenannte „Einrichtungs-fahrzeuge" machte. Einrichtungsfahrzeuge haben Türen nur auf einer Fahrzeugseite und jeder Triebwagen nur einen

Führerstand. Sie benötigen eine Wendeschleife, brauchten aber dafür an den Endstellen mit Hilfe von „Rangierern" und / oder dem Schaffner nicht „umgekuppelt" zu werden (also der Triebwagen am einen Ende des Zuges kuppelt ab, fährt über das zweite Gleis ans andere Ende des / der Beiwagen/s und kuppelt wieder an – bei der Woltersdorfer Straßenbahn kann man dies an der Endhaltestelle „Schleuse" zum Teil noch beobachten). Die heutigen modernen Zweirichtungsfahrzeuge vom Typ GT6N-ZR oder dem neuen BVG-Flagschiff Flexity sind ja wie S- oder U-Bahnzüge in sich geschlossene Triebeinheiten.

Es muss auch noch bis nach 1968 eine Straßenbahnstrecke von der Kniprodestraße über Am Friedrichshain bis zum Königstor gegeben haben. In historischen Stadtplänen aus jenem Jahr ist diese Strecke für die Linie 74 (Richtung Leipziger Platz) noch verzeichnet.[4]

Richtig unklar ist die Art der Straßenbahn-Gleisanlagen ein Stück weiter, auf dem ehemaligen Schlachthofgelände. Diese Anlagen hatten einen Anschluss in der Scheffelstraße etwa zwischen der heutigen Herrmann-Blankenstein-Straße und der Ringbahn. Ich kann mich entsinnen, dort bis etwa 1993 diese Gleisschleifwagen (einen solchen Wagen sieht man in der Conrad-Blenkle-Straße vor dem Gleislager aufgebockt) auf so einer Art Betriebshof gesehen zu haben, sowie im Winter Arbeitswagen mit Streusandanhängern). Aber diese gesamte Straßenbahnstrecke Eldenaer – Scheffelstraße scheint ein Mysterium. Im Jahr 1901 war als Verlängerung der U-Hoch- und Untergrundbahn eine sogenannte Flachbahn vom U-Bf. Warschauer Straße über die Thaerstr. bis zur Ecke Eldenaer / Liebigstraße am Forckenbeckplatz geplant, die an eine dort schon existierende Straßenbahnstrecke der „Großen Berliner Straßenbahn" anschloss. Wann diese Strecke Eldernaer – Scheffelstraße gebaut wurde, lässt sich jedoch nicht trotz

4   in Plänen eingezeichnet ist die schon seit 1956 nicht mehr

sehr umfangreicher Recherchen in Erfahrung bringen. Wann auf ihr der Linienverkehr eingestellt und sie zur reinen Betriebsstrecke am Rande des Prenzlauer Berg umfunktioniert wurde, kann man nur ahnen. Vermutlich nach der Einstellung des O-Bus-Betriebes von der Conrad-Blenkle-Straße in die Landsberger / Leninallee 1973 hinein und der damit verbundenen Neueinrichtung der legendären Bus-Linie 30, die ab Conrad-Blenkle-Straße / Landsberger Allee u.a. über Eberty, Eldenaer und Scheffelstraße fuhr.

Erst seit 1993 fährt die Straßenbahn wieder im Liniendienst auf der einst still gelegten Strecke und damit verbunden war die Einstellung dieses kleinen Hofes (?) auf dem Schlachthofgelände.

Wobei und das will ich nicht ausschließen, es sich dabei ursprünglich auch um ein reines Straßenbahn-Gütergleis gehandelt haben kann, das den ehemaligen Magerviehhof in Friedrichsfelde mit dem Seuchenhof auf dem Zentralviehhof verband. Der Magerviehhof wurde jedoch 1945 in seiner eigentlichen Funktion geschlossen. Aber das ist Lichtenberger Geschichte, die uns hier nichts angeht.

An Arbeitswagen der Straßenbahn sieht man heute allgemein, gefühlt, kaum noch welche im Netz. Das kann damit zusammen hängen, dass es keinen Güterverkehr mit der Straßenbahn selbst mehr gibt. Bis 1976 beispielsweise wurden die Särge (mit den Leichen) für die Friedhöfe in der Hohenschönhausener Konrad-Wolf-Straße noch per Straßenbahn geliefert.

Auch die Ausstattung der Mittelinselhaltestellen mit Streusand erfolgte in Herbst und Winter in früheren Zeiten per an Arbeitswagen angehängter Loren mitten am Tage vom Gleislager in der Kniprodestraße aus. Dass man Arbeitswagen tagsüber nicht mehr sieht, kann aber auch schlicht damit zusammen hängen, dass sie nur noch Nachts unterwegs sind.

*

„... und Action!" - der Prenzlauer Berg als Drehort
am 28.5./28./29.6.2017

In dieser Reihe interessante Firmen oder Projekte aus dem Prenzlauer Berg geht es heute mal um Film und Pop-Musik. Beides wurde nie en gros am Prenzlauer Berg produziert, aber durch beides erhielt er seinen Mythos, ... an dem er sich im Laufe der Jahre verschluckt hat.

In der Musik hat der Prenzlauer Berg vor allem zwischen 1949 und 1990 seinen Platz. Um nur einige zu nennen: die Band „NO55", benannt nach der alten Postleitzahl „Nordost55", zeigte sich im Kiez auch auf dem Plattencover von 1987. Bei City gab es den „King vom Prenzlauer Berg" und noch viel mehr. Die Band Silly thematisierte 1983 in „heiße Würstchen" die bekannte Würstchenbude. Welchen der Kriegsschuttberge hingegen Silly-Texter Werner Karma mit „Mont Klamott" bezeichnete, den F-hain oder die Kippe im Volkspark an der Oderbruchstraße, ist unklar, zumal mit diesem Namen auch der Teufelsberg und der Insulaner, aber ebend solche Hügel in Köln, Düsseldorf, München, Hamburg bezeichnet wurden. Unvergessen ist sicher „Hof im Prenzlauer Berg" von Diestelmann, „Der Prenzlauer Berg" von HFB oder „Berlin intim" in dem Wolfgang Lippert im Ansagestil der DDR-Rundfunknachrichten alle bekannten Nachtbars aufzählt.

Filmgeschichte wurde am Prenzlauer Berg geschrieben, als am 20.August 1892 auf dem Dach des Hauses Kastanien- / Schönhauser Allee Max Skladanowski die ersten Filmaufnahmen in Deutschland machte. Dieser Pioniertat zu Ehren gibt's eine Einlassung in das Pflaster der Verkehrsinsel vor dem Haus und seit 1892 wird diese Perspektive von allen möglichen Filmemachern immer mal wieder aufgegriffen. So zum Beispiel in „Berlin – Sinfonie der Großstadt" 1927, „Berlin wie es war" von 1941, der erst 1950 in die Bundesdeutschen Kinos kam. Einen sehr, sehr persönlichen Bezug hab ich zu „Emil und die Detektive" von 1931, nach dem Roman von Erich Kästner, Drehbuch Billy Wilder. In einer der Straßenjagdszenen erkennt man sehr deutlich das Hochbahnviadukt und die genannte Kreuzung. Persönlich wird es, weil in einer Szene mein Großvater Mütterlicherseits, Rolf Kuschnerus, den ich nie persönlich kennen gelernt habe, weil er am 30. Januar 1945 mit der Gustloff untergegangen ist und der in diesem Film eine Rolle als Kleindarsteller hat in der er einen ganzen Satz sagt wie etwa „Ich habe ihn auch gesehen." oder sowas in der Art. Ich kenne sein Bild noch von Omas Nachttisch und erkannte ihn, als ich diese Verfilmung erstmals sah, sofort.

1945 soll angeblich, so ich mich noch richtig an die Erzählungen meines Vaters erinnere, eine Straßenszene in „unter den Brücken" in der Pappelallee gedreht worden sein, weil dieser Straßenzug zum damaligen Zeitpunkt noch relativ unzerstört war.

In den Filmen, zu denen Wolfgang Kohlhaase die Drehbücher schrieb, taucht ja der Kiez sehr detailiiert auf. „Berlin Ecke Schönhauser" von 1957, „Solo Sunny" von 1980 und „Sommer vorm Balkon" von 2005 sind ja regelrechte Millieustudien und zeigen ganz, ganz viele Ecken des Prenzlauer Berg, angefangen vom Thälmannpark bis hin zum Helmholtzplatz. Witzig ist es, sich diese Filme in den Kinos um die Ecke anzuschauen.

Die Gaststätte „Burgfrieden" in der Bornholmer Straße soll im ersten und einzigen Schwulenfilm der DDR, „Coming Out" von 1989, zu sehen sein.

Weniger offensichtlich sind zwei Drehorte im Film „Die Legende von Paul und Paula" von 1972. In ihm taucht kurz der Bahnhof Landsberger / Leninallee mit der Straße davor auf. Die Szene mit dem Violinenkonzert ist auf dem kleinen Berg der Oderbruchkippe gedreht.

In der ARD-Serie „Türkisch für Anfänger" von 2006, erste Staffel, erste Folge, ist in der ersten Szene der Innenraum des chinesischen Lokals in der Ostseestraße zu sehen.

Im ZDF-Dreiteiler „Das Adlon" von 2013 ist angeblich der Innenhof der Synagoge in der Rykestraße zu sehen, genauso wie im Spielfilm „alles auf Zucker" von 2004.

In der ARD-Serie „Weissensee" von der gerade die vierte Staffel gedreht wird, wohnt eine der Protagonistinnen angeblich in der Winsstraße 56, obwohl im Film immer ein Haus in der Wallstraße in Mitte gezeigt wird.

Im Film „Oh Boy" aus dem Jahr 2012 ist „nur" mal wieder das Hochbahnviadukt zu sehen. So auch im ZDF-Dreiteiler „Ku'damm 56" von 2016.

Der TV-Film „Bornholmer Straße" aus 2014 ist hingegen nicht an der Bösebrücke, sondern eine Ecke weiter an der Swinemünder Brücke im Wedding gedreht worden, die im Volksmund auch „Millionenbrücke" heißt. An selber Stelle entstanden übrigens auch die Grenzübergangszenen in der Serie „Weissensee".

Gänzlich unerwartet stolpert man im Film „Thälmann – Führer seiner Klasse" aus dem Jahr 1955 ins Gleisbett der Ringbahn in Höhe der Fußgängerbrücke an der Sonnenburger Straße.

Ich bin von Geburt an bis 1990 auf dem Weg zu unserem Garten sooo oft auf diesem Streckenabschnitt mit der S-Bahn gefahren, dass ich die Stelle im Film sofort an den Hausgiebeln und an der typischen Stromschiene der Berliner S-Bahn erkannt hab.

Der Tatort „Mauerpark" von 2011 wurde eben dort gedreht. Außerdem existiert noch eine Folge „Polizeiruf 110" mit Herbert Köfer aus den 80er Jahren, welche Folge das genau ist, hab ich nicht heraus bekommen, die zum Teil im Bruno-Taut-Viertel gedreht wurde, das Viertel, in dem Filmlegende Horst Buchholz von 1938 bis 1951 wohnte.

Sicher ist bei uns am Prenzlauer Berg wesentlich mehr an Filmen gedreht worden, aber man findet keine einheitlichen Informationen im Netz und diesbezügliche Nachschlagewerke existieren leider nicht. Auch musste ich mich gerade bei den Kohlhaase-Filmen hier aus Platzgründen auf das

Notwendigste beschränken, sonst hätte ich Ihnen hier noch geschildert, wo welche Szene genau gedreht wurde.

Falls Sie weitere Filme kennen, die ich hier nicht erwähnt habe, informieren Sie mich bitte. Dann machen wir einen zweiten Teil daraus.

*

Drehorgelfabrik Bacigalupo - April 2017
am 13. + 20.3.2017

In dieser kleinen Reihe über bekannte Firmen am Prenzlauer Berg geht es heute um das Drehorgelimperium Bacigalupo. Über die im Straßenjargon „Leierkästen" genannten Apparate bzw. deren Besitzer witzelte der Berliner in seinem unübertroffenen Charme: „Det sind Leute, die ihr Jeld im Handumdrehen verdienen!"

Tatsächlich verbarg sich dahinter aber harte Arbeit und oft ein schlimmes Schicksal. Viele, vor allem Männer, waren „Kriegsversehrte", Bettler oder Menschen, die keinen Job mehr in einer Fabrik der AEG, Osram oder Siemens bekamen und die sich somit irgendwie anders durch das Leben schlagen mussten, denn eine Arbeitslosenversicherung oder ein Arbeitslosengeld II wie heute, gab es damals noch nicht.

In diesen frühen Zeiten, in denen es noch nicht einmal Radio gab, war der Leierkastenmann oft die einzige Unterhaltung, die einzige Abwechslung auf den muffigen Hinterhöfen, die es für Mütter mit ihren vielen Kindern oder für die Dienstboten, die hier ihr trauriges Dasein fristeten, gab. Die Leierkästenmänner „bespielten" im Wortsinne jeden Hinterhof. Die Zuhörer öffneten die Fenster, beugten sich hinaus und warfen, oft in einen Fetzen Zeitungspapier gewickelt, ein paar der ohnehin schon raren Pfennige, manchmal war da sogar ein „Sechser" oder sehr großzügig ein „Groschen" dabei, aus dem Fenster und auf dem Hof klaupte der „Assistent" des Drehogelspielers, oft ein angeleinter Rhesusaffe, ein halb verhungertes Kleinkind oder eine genau so magere Frau dieses Geld auf. Ich hab diese Szenen selbst noch so erlebt!

Von 1873 an bauten die Italiener Bacigalupo hier am Prenzlauer Berg ihre später weltbekannten Drehorgeln, die bis nach Amerika oder Australien exportiert wurden. Mit dem Tod von Giovanni („Hannes") Battista Bacigalupo am 25. Juli 1978 fand hier diese Tradition ein Ende, weil sich kein Nachfolger für ihn fand.

Oft waren die „Leierkästenmänner" finanziell so schlecht bemittelt, dass sie ihre Instrumente von der Firma, heute würde man sagen „leasten", also mieteten.

Drehorgeln funktionieren meist, im Gegensatz zu Spieluhren mit ihren genoppten Walzen, mit einem breiten Lochstreifen. Da im allgemeinen aus Platzgründen nicht mehr als acht Musiktitel mitgenommen wurden und die Pappstreifen obendrein auch mit der Zeit verschlissen, wurden die Streifen gegen ein geringes Entgelt regelmäßig durch Bacigalupo erneuert bzw. gegen neue „Hits" ausgetauscht.

Die Berliner Kodderschnauze dichtete derart verbreitete Operettenhits reihenweise um! Aus „Heiraten, heiraten" aus „Gasparone" von 1884 wurde „Muttern der Mann mit dem Koks ist da", aus Franz Meißners „Rheinländer" von 1892 wurde „Wir versaufen unsrer Oma ihr Kleinhäuschen" und „Im Grunewald ist Holzauktion" und aus dem Marsch „Komm wir gehen nach Hamburg" von Emil Ascher um die Jahrhundertwende wurde entweder ein „Komm Karlineken wir wolln nach Pankow ...", oder bei anderem Wohnort, „nach Rixdorf ... gehen".

Durch die Handkurbel der Drehorgel wurde aber nicht nur der Lochstreifen transportiert, viel wichtiger war damit die gleichzeitige Betätigung der Blasebälger für die Orgelpfeiffen, deren Anzahl zwischen zwölf und fünfundvierzig variierte.

Auf dem Gebiet des Prenzlauer Berg leben schon recht lange, nachgewiesener Maßen spätestens seit der Reichsgründung 1871, Italiener. Laut aktuellen Zahlen vom statistischem Landesamt (Info am 13.3.2017 eingeholt) hatte der Prenzlauer Berg am 31.12.2017 insgesamt 160.127 Einwohner.

Am 31.12.2017 lebten auch 28.167 Italiener in Berlin, davon nur 2.190 im Bezirk Pankow.

Die größte Gruppe von Menschen mit Migrationshintergrund bilden bei uns heute Franzosen, gefolgt von Italienern, Amerikanern, Briten, Spaniern und Dänen (Türken: 0,3 %).

Giovanni Battista Bacigalupo wanderte 1873 nach Berlin ein und wurde zunächst Teilhaber der Firma „Frati & Co" in der Bucholzer Str. 1, bevor er ab 1891 mit seinen Nachkommen und neuen unterschiedlichen Teilhabern gleich mehrere Drehorgelfirmen betrieb, die alle zwischen der Schönhauser und der Pappelallee angesiedelt waren. Am ehemaligen Standort Schönhauser Allee 78 / 79 steht heute das Einkaufszentrum.

An der Schönhauser Allee 74 a ist eine Gedenktafel für Bacigalupo angebracht. In welchem der Hausflügel sich die Drehorgelfabrik befandt, ist nach meiner Befragung vor Ort, den Mietern des Hauses selbst nicht klar, da sich auf dem Gelände damals zeitgleich die „Cigarettenfabrik Diwanow" befand. Deren Schriftzug ist am Hinterhaus vor ein paar Jahren wieder sichtbar gemacht worden und vom Ringbahnhof aus erkennbar.

Übrigens Bert Brecht und Kurt Weill ließen sich von Bacigalupo dahin gehend beraten, wie sie ihre Musik drehorgelgerecht komponieren könnten.

Man kann also sagen, die „Dreigroschenoper" ist nicht nur für die Bühne, sondern auch für Leierkästen komponiert.

*

Großbetriebe einst und heute Teil 1
Die   Wirtschaftsvereinigung   Obst-Gemüse-
Speisekartoffeln Berlin (WV OGS) – am 10.6. / 20.7.2016

Die WV OGS war vom 1.September 1978 bis 15.Juli 1980
mein Ausbildungsbetrieb zum „Wirtschaftskaufmann" und
bis zum 30.6.1981 mein erster Arbeitgeber.
In dieser neuen, vom Ende her offenen Reihe von mir, die
jetzt regelmäßig erscheint, kümmere ich mich um große
Firmen, die dereinst hier am Prenzlauer Berg existierten
oder bestehen. Es wird Folgen geben über den Schlachthof
und das Gaswerk, die genauso aus der Kaiserzeit sind, wie
die vielen italienischen Drehorgelbauer, es wird Folgen
geben über Firmen wie den ehemaligen Markisen- und
Jalousienhändler Castorf aus den 20er und 30er Jahren, dann
werde ich mich mit den großen Arbeitgebern befassen, die
sich hier nach dem Krieg angesiedelt haben.
Ich möchte diese neue Reihe mit etwas Unspektakulärem
beginnen, mit dem aber vor dreißig Jahren fast jeder
Berliner, in der ganzen Stadt, zu tun hatte. Komischer Weise
findet man im Netz nichts über meinen ehemaligen
Ausbildungsbetrieb und so musste ich meine
Facharbeiterabschlussarbeit zu Rate ziehen.

Die WV OGS wurde als Konglomerat aus mehreren
Einzelfirmen auf Beschluss des Magistrats von Groß-Berlin
1971 gegründet.
Es gab für die Firma keinen großen Einzelstandort, sondern
viele verschiedene Buden, die zusammengefasst worden
waren. Die WV war ein merkwürdiges Konstrukt, denn sie
war einerseits ein staatlicher, volkseigener Betrieb,
andererseits aber auch eine GmbH an dessen
Produktionsbetrieben oft die Konsumgenossenschaft Berlin
beteiligt war. Es gehörten aber auch
Kommanditgesellschaften dazu, die zu einem gewissen
Minderheiten-Anteil sogar noch privatwirtschaftliche Züge

aufwiesen. Primär war die Aufgabe der Firma, die Bürger der Hauptstadt mit Obst und Gemüse zu versorgen, sekundär war die Produktion. Die Berufsschule, die man sich mit anderen Großhandelsbetrieben und mit dem Einzelhandel teilte, war der hintere Flügel der heutigen Kurt-Schwitters-Schule in der Greifswalder Straße.

Die Firmenzentrale lag auf der Ecke Jacobsohnstraße / Charlottenburger Straße an der Weißenseer Spitze.

Die komplette Buchhaltung war in der Chausseestraße Höhe Zinnowitzer Straße in Mitte.

Zur OGS gehörten weiterhin eine Schokoladenfabrik in der Gustav-Adolf-Str. / Bühringstr. in Weißensee, eine Sauerkrautbude an der Rothenbachstraße in Heinersdorf, die Vineta-Konserven (vorwiegend Marmeladenproduktion, aber auch saure Gurken) in der Joseph-Orloppstraße und die Bananenreife in der Buchberger Straße (beide Lichtenberg), Kartoffellager in Alt-Blankenburg und Müncheberg (bei Berlin) und die Handelsbetriebe (HB).

HB III war in der Neumannstraße in Pankow, zuständig für Großabnehmer (Kantinen, Großküchen) und Backzutaten (Mandeln, Rosinen), der HB I in der Karlshorster Verlängerten Waldowallee zuständig für den Einzelhandel in Treptow, Köpenick und Lichtenberg (wozu damals Marzahn und Hellersdorf gehörten), der HB II in der Storkower Straße war zuständig für den Einzelhandel in den restlichen Stadtbezirken Berlins.

Dann gab es noch den HB Konserven auf dem ehemaligen Schlachthof, der ja zum Prenzlauer Berg gehört, in der Eldenaer Straße.

Zwischen Juli und Oktober gab es überdies ein Büro auf dem Wriezener Güterbahnhof (am Ostbahnhof). Nahm der Fruchhof in der Beusselstraße in Moabit (und hier nun der Bezug zu ganz Berlin) im Sommer ab Freitagmittag keine Melonen, Pfirsiche, Weintrauben, Pflaumen und Aprikosen mehr ab, wurden diese Güterzüge zum Wriezener Bahnhof umgeleitet. So kam es, dass diese Waren in Ostberlin meist nur über Sonderverkäufe an den Wochenenden vertrieben wurden. Dabei gab es eine Rangordnung, nach der diese Waren vom Großhandel aus zuzuteilen waren (das galt im übrigen für das gesamte Sortiment).

Zuerst wurden Betriebsverkaufsstellen und Kantinen beliefert, danach die staatlichen HO-Kaufhallen, dann die genossenschaftlichen Konsumkaufhallen, die kleinen HO-Geschäfte, die kleinen Konsum-Gemüseläden, die HO Kommissionshändler und ganz am Ende standen die wenigen privaten Läden. Allerdings lief da auch vieles über Bestechung durch den einen oder anderen kleinen Ladeninhaber, wodurch auch die kleinen Krauter dann letztendlich doch ganz gut beliefert wurden.

Zudem gab es ein vom Magistrat wöchentlich neu vorgeschriebenes sogenannte A- oder Pflichtsortiment, dass zum einen der Großhandel zu liefern, das aber auch die Verkaufsstellen zu führen hatten (Kuba-Orangen, Kohl, Äpfel), … und das wurde durch staatliche Stellen kontrolliert! Daneben gab es das „B-Sortiment", das der Großhandel liefern konnte, sofern die Waren verfügbar waren und das nach dem genannten Schlüssel aufgeteilt wurde. Jede Woche erschienen dafür offen in den Läden auszuliegende Preislisten, in denen diese Sortimente mit den Preisangaben zu den einzelnen Waren nachzulesen waren.

Die VW OGS hatte indes keine eigenen LKW. Diese LKW wurden mit Fahrer beim Dienstleister „Handelstransport" in der Siegfriedstraße in Lichtenberg bestellt und bekamen ab Lager einen Beifahrer der VW OGS mit.

Eine gesonderte Anlieferung erfolgte mit Erdbeeren und Kirschen aus Werder. Da luden die LKW direkt am Feld, fuhren zu ihrem zuständigen Handelsbetrieb und bekamen dort ihren Beifahrer mit und fuhren anschließend direkt weiter. Genauso verhielt es sich mit ganzen LKW-Zügen voller Werder-Äpfel im Herbst oder voller Blumenkohl aus dem Oderbruch, wenn diese Ladungen komplett an eine „Kaufhalle" gingen.

Insgesamt arbeiteten bei der VW OGS allein am Prenzlauer Berg ca. dreihunderfünfzig Mitarbeiter in vier Schichten. Die Verwaltung des Konservenlagers beispielsweise war über viele Jahre hinweg in provisorischen Ziehharmonika-Baracken untergebracht, wobei deren Innenleben damals hoch modern mit Lochstreifencomputern ausgestattet war. Da saßen viele Frauen sehr unbequem in mehreren abgedunkelten Räumen, in denen ein ohrenbetäubender Lärm herrschte. Von dem HB Konserven ist nichts mehr übrig geblieben. Die Lagerhallen des HB II werden, nach vielen Jahren des Umbaus, auch heute noch genutzt. Darin ist die große Kauflandfiliale zwischen der Straße am Weinberg und der Storkower Straße.

*

Der Nordbahnhof - Teil 2 der neuen Serie über wichtige Arbeitgeber – am 11.10.2016

Nachdem es im ersten Teil im August überwiegend um den Großhändler VW OGS ging, befasse ich mich in diesem zweiten Teil mit einem Bahnhof, der unter dem Namen „Eberswalder Straße" offiziell bis 1988 betrieben wurde. Es geht um den ursprünglichen „Nordbahnhof" in der Bernauer Straße, der diesen Namen bis 1950 trug, auf deren größter Fläche heute der Mauerpark ist und wo u.a. „Groth" baut. Da Stettin seit der Anerkennung der Oder-Neiße-Grenze durch die DDR offiziell zu Polen gehörte, wollte man diesen Namen im Stadtgebiet tilgen und so kam es zu diesem Namenswechsel.

[5]Bei der Deutschen Bahn arbeiten heute weltweit, so eigene Angaben, 300.000 Mitarbeiter, davon 195.000 in Deutschland, bei der Berliner S-Bahn, einer Bahntochter, sind derzeit 3.109 Angestellte. Das waren vor hundert Jahren noch wesentlich mehr.

---

5   .... diesen Absatz gab ich von vorn herein zur Kürzung frei und so wurde er auch nicht abgedruckt ....

Bei Gründung der Deutschen Reichsbahngesellschaft am 1.April 1920 hatte diese gut zwei Millionen Mitarbeiter. Der Bahnbetrieb lief damals ganz anders ab, als heute. Neben dem Lokführer gab es den Heizer, jeder Güterwagen hatte seinen eigenen Bremser, viele der Personenwagen auch. Jeder Bahnsteig hatte Personal in der Aufsicht und beim Fahrkartenverkauf und und wer einen Bahnhof nur betreten wollte (weil er z.B. wen abholte) brauchte bereits seine Bahnsteigkarte. Ähnlich war es im Güterverkehr. Europaletten gibt's erst seit 1961, den gängigen Container seit 1956, davor wurde alles von Hand mit Sackkarren beladen. Dazu dann noch die Leute in den vielen mechanischen Stellwerken und die Rangierer. Zu Zeiten seiner größten Ausdehnung hatte der alte Nordbahnhof sechzehn Ladestraßen. Man kann mit Fug und Recht annehmen, dass hier mindestens fünfhundert Leute in vier Schichten arbeiteten.

Ursprünglich auch als Personenbahnhof geplant, ging der erste Teil als reiner Güterbahnhof am 10.Juni 1877 für die „Nordbahn" Berlin – Stralsund in Betrieb. Gleichzeitig wurde eine 1,78 km lange Kurve vom Bahnhof Gesundbrunnen und der Stettiner-Bahn zur Nordbahn in Richtung Norden in Betrieb genommen. Am 1. Dezember 1877 folgte der Anschluss vom Nordbahnhof direkt zum Bahnhof Gesundbrunnen.

Weil dieser und der Stettiner Bahnhof zu diesem Zeitpunkt für den Personenverkehr von der Kapazität her noch ausreichte, wurden im Nordbahnhof nur die Güter für die beiden anderen Bahnhöfe abgefertigt. Aber der Personenverkehr stieg in den folgenden Jahren gewaltig. Und so wurde für den Vorortverkehr 1892 ein provisorischer Bahnsteig am Schnittpunkt mit der Ringbahn, unter dem Namen Gesundbrunnen (Nordbahn), angelegt. Das kleine Empfangsgebäude stand an der Bernauer Straße. Am 1. Oktober 1893 ging die von der Nordbahn abzweigende Kremmener Bahn in Betrieb. Diese nutzte jedoch als

Abfahrt und Ziel sowohl den Stettiner, als auch den Nordbahnhof. Nach massiven Kundenbeschwerden über dieses Durcheinander wurde am 1. Februar 1898 ein neuer, separater Vorortbahnhof am Stettiner Bf. in Betrieb genommen. Dessen denkmalgeschütztes, ehemaliges Empfangsgebäude steht heute an dem Verbindungsstück zwischen Bernauer und Zinnowitzer Str., in der Julie-Wolfthorn-Straße. Daraufhin wurde der Personenverkehr am Nordbahnhof komplett eingestellt.

Unmittelbar nach dem Zweiten Weltkrieg sollen, laut Augenzeugenberichten (mein verstorbener Vater hatte mir davon erzählt), noch einmal Personenzüge, sogenannte „Hamsterzüge", bis etwa 1950, ab der Bernauer Straße gefahren sein. Mit Beginn der „Berlin-Blockade" durch die Sowjetunion (als Folge der D-Mark-Einführung in den Westsektoren) am 24. Juni 1948 durften Westberliner zwar noch nach Ostberlin, aber nur eingeschränkt in die damalige Sowjetische Besatzungszone. Das verringerte bereits den Personenverkehr ins Umland massiv.

Im Jahr 1950 stellte die Reichsbahn zudem den Güterverkehr von der DDR nach Westberlin ein. Das stellte ein Problem für den im französischen Sektor und auch auf drei Seiten war ihm umgebenen und in Bf. Eberswalder Str. umbenannten und wieder reinen Güterbahnhof dar. Der Bau der Berliner Mauer am 13. August 1961 war gewissermaßen sein „Todesstoß".

Ein Rangierverkehr des Kopfbahnhofs im nun neuen Grenzgebiet bis zur Bornholmer Straße war „aus Sicherheitsgründen" nicht mehr möglich und der Anschluss zum Güterbahnhof Pankow war gekappt.

Schon ab 1950 hatten sich indes kleinere Gewerbebetriebe auf dem Gelände angesiedelt.

Im Jahr 1980 wurde der Bahnhof als eigenständige Reichsbahndienststelle aufgegeben und dem Bahnhof „Berlin-Moabit" untergeordnet, am 11. Juli 1985 wurde der Betrieb auf dem Bahnhof schließlich ganz eingestellt. Im

Rahmen eines Gebietsaustauschs wurde eine Hälfte, der heutige Mauerpark, 1988 in Abstimmung mit allen Alliierten, offiziell dem Stadtbezirk Prenzlauer Berg übergeben und die Grenzsicherungsanlagen ausgebaut. Es gibt eine wunderschöne ZDF-Dokumentation von Werner Doyer aus dem Jahre 1986, sie kann man sich bei youtube kostenlos anschauen, die unter anderem diesen still gelegten Bahnhof zeigt (eingeben: „Berliner Mauer 1986" - die Doku ist ca. 42 min lang).

In der DDR gab es nach der Übergabe dieses halben Bahnhofsgeländes weit fortgeschrittene Planungen, eine Betriebsstrecke für S-Bahn vom Bahnhof Alexanderplatz unterirdisch bis in die Oderberger Straße zu bauen und diese Strecke ab Eberswalder Straße oberirdisch in Richtung Bornholmer Straße – Bahnhof Pankow einzufädeln. Allein die Wiedervereinigung ein Jahr später verhinderte diesen kostspieligen Bau. Aber, alle zuständigen Stellen, Ministerium für Staatssicherheit, Grenztruppen der DDR, Deutsche Reichsbahn, hatten diesen Plänen zum Zeitpunkt der ersten Grenzöffnungen bereits zugestimmt.

*

Unbekannte Ecken - ... der Prenzlauer Berg bis an die Grenzen ... und darüber hinaus - Teil 1 - das Ende der Schönhauser Allee - am 13./15.7.2016

Wir hatten lange darüber nachgedacht, schon jetzt, in den Berliner Sommerferien, mit dieser Serie zu beginnen. Die Alternativen wären für Sie kein informeller Zugewinn, und wären der höchste, dunkelste, schmutzigste, feuchteste, belebteste, kälteste, wildeste, heißeste oder kulturellste Punkt am Prenzlauer Berg. Aber ich bin mir sicher, diese Punkte finden Sie genau in Ihrer Wohnung!

Deshalb beginnen wir heute mit den Grenzen des Prenzlauer Berg.

Wobei sich da zuerst die Frage stellt: welche?

Die aktuelle des Stadtteils ist in einigen Bereichen eine andere, als die des bis 2001 selbständigen Bezirks. Und selbst die des Bezirks sind vor zwanzig Jahren andere, als vor fünfundzwanzig oder gar neunzig Jahren. Ich werde im Rahmen dieser Reihe hier versuchen, diese Stellen mit einzuarbeiten. Außerdem werden wir auch direkt über den Tellerrand blicken und in die angrenzenden Viertel schauen.

Und nach der sehr ausführlichen Einleitung zur Serie gleich die ersten Unklarheiten.

Die Schönhauser Allee beginnt und endet, wenn man nach den Hausnummern geht, an der Ecke Torstraße. Also nehmen wir das andere Ende. Die Schönhauser Allee endet Stadtauswärts, also von Berlin in Richtung Pankow, dort, wo aus der U-Hoch-Bahn allmählich, aber noch nicht ganz, die Untergrundbahn wird, an der Schonenschen Straße. Vor der Schonenschen Straße hat man die Schönhauser Allee 92, nach der Schonenschen Straße die Berliner Straße 76. Verwirrender ist es auf der Gegenüberliegenden Seite, wo auf die Hausnummer 75 die Nummer 97 folgt, das eine Haus ist noch Berliner Straße, das nächste die Schönhauser Allee. Der genaue Grenzverlauf ist strittig.

Der ehemals eigenständige Stadtbezirk Prenzlauer Berg ging bis zur Schönhauser Allee / Schonensche Straße, der seit 2001 existierende Pankower Stadtteil Prenzlauer Berg geht nur noch bis zur Schönhauser Allee / Wisbyer Straße, wobei die Häuser auf beiden Seiten der Wisbyer zu uns gehören, die Häuser auf der Nordseite der Schonenschen Straße taten dies früher indes nicht. Die Ostseite der Schönhauser Allee / Berliner Straße Stadtauswärts da gehört bis zur Südseite der Esplanade nur die Fahrbahn, nicht mehr der östlich angrenzende Gehweg und die Häuser zum Prenzlauer Berg.

An dieser komischen Hausnummerierung und den geänderten Straßennamen erkennt man hier die einstige Stadtgrenze Berlins, bevor am 1.Oktober 1920 Groß-Berlin durch die Eingemeindung der Vororte gegründet wurde.

Die Schönhauser Allee ist auch in diesem Bereich noch Bundesstraße, die B 96A. Aus gutem Grund hat man die Grenzschließungsbedingte Umleitung der ehemaligen Reichsstraße 96, in der DDR Fernstraße 96, vom 13.August 1961 durch Ostberlin im Einigungsvertrag von 1990 als Reichs-/Fern-/Bundesstraße belassen! In Deutschland obliegt die Straßenbaulast für die Bundesfernstraßen grundsätzlich dem Bund (§ 5 Bundesfernstraßengesetz). Kommunen mit mehr als 80.000 Einwohnern wird die Straßenbaulast für die Ortsdurchfahrten im Zuge der Bundesfernstraßen übertragen. Das heißt, das Land Berlin verwaltet die Bundesstraßen zwar und baut sie aus, finanziert wird deren Ausbau jedoch vom Bund.

*

Grenzen 2 – September 2016 – am 5.8.2016
Die Grenzen des Prenzlauer Berg – Teil 2

In dieser heutigen zweiten Folge entfernen wir uns von unserem Ausgangspunkt Schönhauser Allee / Schonensche Straße und folgen nun letzterer in Richtung Neumannstraße. Nur die rechte Seite gehört hier zum Prenzlauer Berg. Bis zur Ecke Baumbachstraße hat man Gründerzeitbebauung. Satellitenaufnahmen (danke ans DLR) zeigen den typischen Prenzlauer Berg zur Kaiserzeit mit Vorderhaus, quadratischem Hof, rechtem und linkem Seitenflügel und dem Hinterhaus, das man heute neudeutsch „Gartenhaus" nennt. Aber bitte wo ist da der Garten?
Zwischen Baumbachstraße und Kurze Straße liegt bis zur Wisbyer Straße ein Park. Dem Park gegenüber, also schon auf alt Pankower Seite, ist das passender Weise so genannte „Senioren- und Therapiezentrum am Park".
Auf diesem Stadtplatz frage ich einen Anwohner, ob dieser Park einen Namen hätte. „Nöö, also nicht, dass ich wüsste. Und ich wohne schon seit über dreißig Jahren hier. Das Ding hat keinen Eigennamen. Wir sind als Kinder schon nur

immer > zum Park < gegangen." Bis zur Neumannstraße schließen sich Bauten aus den 20er, 30er Jahren an. Im Eckhaus Schonensche Straße 21 fanden ein Kumpel und ich, in Begleitung der Berliner Polizei, im August des Jahres 2000 die damals seit einer Woche vor sich hin verwesende Leiche unseres Hörfunkkollegen Andreas Uhlig. Was für ein bestialischer Gestank aus der Wohnung kam, als die Polizisten die Wohnungstür gewaltsam öffneten, lässt sich kaum beschreiben.

Das Hausnummernsystem in der Schonensche Straße ist das U-förmige preußische, an der Schönhauser Allee beginnend und dort auch wieder endend.

Weder im Lexikon „Luise Berlin", noch in irgendwelchen schriftlichen Nachschlagewerken findet man die Schonensche Straße unter Pankow oder unter Prenzlauer Berg. Ein Grenzfall halt, für den niemand zuständig scheint. Bei Kauperts wird man schließlich fündig. Schonen ist die südlichste Region Schwedens. Von hier starteten die legendären Wikinger zu ihren Beutezügen in den Westen. Die Straße trägt den Namen seit 1906 und hieß im Hobrechtschen Bebauungsplan nur „Straße 32 b". Die Schonensche Straße ist ca. 450 bis 500 m lang.

*

Die Grenzen des Prenzlauer Berg – Oktober 2016
Teil 3 – Neumannstraße

In der heutigen Ausgabe geht es um einen sehr kurzen Abschnitt. Nur rund fünfzig Meter und dann nur eine Straßenseite, stadtauswärts die linke, gehören von der Neumannstraße zum Prenzlauer Berg. Es ist der Teil zwischen Schonensche und Wisbyer Straße. Stadteinwärts kann man als Kraftfahrer problemlos die Wisbyer Str. zur Stahlheimer Str. hin kreuzen. In die andere Richtung ging das früher mal, heute muss man von der Stahlheimer erst rechts in die Wisbyer hinein, in Höhe der Gudvanger /

Talstraße über den Mittelstreifen mit der Straßenbahn wenden und muss dann wieder zurück. Die Neumannstraße verläuft parallel zur Prenzlauer und Schönhauser Allee bis zur Granitzstraße, die den südlichen Abschluss des ehemaligen Güterbahnhofs Pankow-Heinersdorf mit seinen historischen, unter Denkmalschutz stehenden Ringlokschuppen bildet. In den achtziger Jahren plante man auf dem Bahn-Gelände einen Betriebshof für die Züge der Schmalprofil-U-Bahn, der aber durch die Deutsche Einheit, wo nun der Betriebshof Ruhleben für die Schmalprofilwagen wieder erreichbar war, unnötig wurde. Von der Wisbyer Str. kommend ist die Neumannstraße bis kurz vor die Kissingenstraße Hauptstraße, ist erst ab deren Einmündung untergeordnet und ab nach der Kreuzung gilt rechts vor links. Zwischen Thulestraße / Eschengraben bis hin zur Granitzstraße hat die Neumannstraße eine Mittelpromenade, deren Sinn sich mir nicht erschließt. Neubauten, zum Teil in den 80er Jahren begonnen, wechseln mit Neubauten, die erst vor kurzem fertig geworden sind. Die Straße ist benannt nach Friedrich Neumann, geboren 29.9.1825, gestorben 10.2.1908 in Pankow. Der Schlächtermeister war von 1871 bis 1890 der letzte ehrenamtliche Ortsvorsteher für den damaligen Amtsbezirk Pankow mit Niederschönhausen und Schönholz. Neumann war am 1.11.1887 auch Mitbegründer der Freiwilligen Feuerwehr in Pankow. Die Straße wurde in zwei Etappen bereits ab 1889 und 1905, angelegt und außer dem Haus Nr. 4 erst ab 1925 bebaut. Die Hausnummerierung ist die preußisch-u-förmige. Obwohl die Straße größtenteils außerhalb der ehemaligen Berliner Stadtgrenze liegt, ist ihre Hausnummerierung wie die einer Berliner Ausfallstraße, also ab Berlin / Wisbyer Str. rechts beginnend mit der „1". Da es sich aber bei der Neumannstraße um eine alte Pankower Straße handelt, hätte ich die „1" an der Granitzstraße rechts in Richtung Berlin erwartet.

*

Grenzen – August 2017 – **Hohenschönhauser Straße**
am 9.7.2017

Weite ...

In dieser Folge der Reihe entlang der Grenzen des
Prenzlauer Berg nehmen wir mal kurzzeitig einen kleinen
Perspektivwechsel vor.

Der Volkspark Prenzlauer Berg besteht aus zwei ... für
Alpinisten sind es Hügel. Der vordere direkt an der
Hohenschönhauser Straße ist der höhere und mit 90,9
m.ü.NHN (Meter über Normalhöhennull = über dem
durchschnittlichen Meeresspiegel) der höchste Punkt im
Stadtteil. Der Höchste Punkt im Bezirk Pankow sind die
Arkenberge mit 122 m.ü.NHN, die damit gleichzeitig der
höchste Punkt Berlin sind (der Teufelsberg ist nur 120 m
hoch). Der tiefste Punkt Berlins mit 28,1 m ist übrigens der
Spektesee in Spandau. Ist dies denn nun der Berg des
Prenzlauer Berg? Nein, denn dessen Bezeichnung geht auf
den Anstieg über die gleichnamige Straße zurück, die vom
Königs- zum Prenzlauer Tor verläuft.

Erklimmt man die 90,9 m, was bei meinen rund 120 kg
Lebendgewicht schon eine echte Herausforderung ist, hat
man plötzlich eine unglaubliche Weite vor sich! Es ist wie in
einer anderen Welt! Der Straßenlärm der Stadt brummt in
weiter Entfernung, viel näher sind summende Insekten und
zwitschernde Vögel. Die vielen Jogger, ... Achtung
Wortspiel! ... verlaufen sich im Park und die Grüntöne der
Pflanzen variieren in verschiedensten Nuancen. Von ebener
Erde aus sieht man den Horizont in etwa 6 km Entfernung,
zum Beispiel wenn man aufs Meer sieht. Vom Hügel im
Volkspark könnte man rein theoretisch rund 34 km ins Land
sehen und damit fast bis nach Eberswalde.

Im Gegensatz zum Friedrichshain, wo die Trümmerberge
noch einen „Kern" aus Flakhochbunkern haben, ist der
Volkspark eine reine Aufschüttung. Ursprünglich waren
beidseitig der Hohenschönhauser Straße Kleingärten. In der

Kleingartenanlage „Dreieinigkeit" (abgerissen ab 1974), gegenüber des späteren Volksparks, versteckte sich vom 27.März 1943 an bis zum dortigen Kriegsende am 25. April 1945 Hans Rosenthal. Nach Räumung der Kleingärten auf „unserer" Seite begann ab 1963 die Aufschüttung mit Hilfe von LKW und Güterstraßenbahnen.

Die ehemaligen Aufstiegstrassen für die Schutttransporte sind die heutigen Parkwege. Allerdings handelte es sich bei dem Bauschutt nur in geringem Teil um Kriegsschutt. Vielmehr waren es Trümmer von Abrisshäusern u.a. aus der Bernauer Straße oder aus der Innenstadt, wo man im Zuge der Umgestaltung des Alexanderplatzes großräumig ganze Häuserblocks in der Leipziger Straße abriss oder gar den Verlauf der Landsberger Allee komplett änderte. Der Spielfilm „Die Legende von Paul und Paula" (siehe auch Text: „Drehorte" auf der letzten Seite) von 1973 eröffnet mit so einer Abriss-Sequenz.

Ende 1982 war man mit der Aufschüttung fertig. Bereits ab 1967 wurden erste Bäume gepflanzt. Der Baumbestand im 21. Jahrhundert sind Pappeln, Eschen, Ahorn, Robinien, Weiden. Ich erinnere mich sehr lebhaft daran, dass ich bis zu deren Abriss im Sommer 1982 an der Ecke zur Maiglöckchenstraße eine allerletzte, etwas festere Gartenlaube stehen sah, aus deren Schornstein es im Frühjahr qualmte und in deren Garten man immer wieder ein altes, hutzliges, runzliges Weiblein sah, dass sich an seinen Beeten und Sträuchern zu schaffen machte.

Eine Bebauung des Areal des Volksparks kam im übrigen nie in Frage, weil man bis heute nachträgliche Absenkungen auf dem Gelände befürchtet.

*

Grenzen – Dezember 2017 - **Die Ringbahn** - 14.11.2017

In der heutigen Folge dieser Serie bildet ein Stück der Ringbahn die Grenze des Prenzlauer Berg zwischen den S-Bf. Landsberger Allee und Storkower Straße (bis 1976

„Zentralviehhof"). Zum Prenzlauer Berg gehört der gesamte Ringbahngraben. Die Weiche in den beiden S-Bahngleisen zwischen Bf. Landsberger und Thearstr. wurde erst vor ca. fünf Jahren im Zuge des Umbaus des Bf. Ostkreuz eingebaut. Vor dem Umbau des Bf. Landsberger in den 80ern mussten die S-Bahnen aus Zentralviehhof vor der Brücke Landsberger tuten, weil sie vom Bahnsteig aus nicht zu sehen waren.

Am 28. Oktober 1876 erwarb Berlin ein Stück Lichtenberger Feldmark, am 30.März 1877 wurde das Areal Berlin offiziell eingemeindet, am 16.November 1877 begannen die Bauarbeiten für den Zentralviehhof nach Plänen des Baustadtrats Hermann Blankenstein, am 1.März 1881 fand die Eröffnung des ersten Teils zwischen Thear- und Eldenaer Brücke statt.

Die Erweiterung zwischen Thearstraße und Landsberger wurde am 5.Januar 1898 eingeweiht. Mit der Gründung Groß-Berlins am 1.Oktober 1920 gehörte der Zentralviehhof zum Stadtbezirk Friedrichshain. Erst nach einer Verwaltungsreform im Jahr 1938 kam das Gelände zum Prenzlauer Berg.

Die beiden Teile des Zentralviehhofs waren durch die Thearstraße komplett getrennt. Um öffentliche Viehtriebe über die Straße und ein mögliches ausbüxen der Tiere zu vermeiden, schaffte man im Ringbahngraben unter der Thearstraßenbrücke eine Verbindung dafür.

Die Ringbahn selbst wurde in Teilabschnitten je nach Baufertigstellung eröffnet. Am 17. Juli 1871 wurde der erste Abschnitt (von Moabit bis Gesundbrunnen) eröffnet. Am 1. Januar 1872 wurde der Personenverkehr auf dem Abschnitt Moabit (Bf. existiert nicht mehr), Gesundbrunnen, Stralau (ehemaliger Bf. südlich von Ostkreuz, der nicht mehr existiert) nach Schöneberg aufgenommen, bis 1875 folgten auf diesem Abschnitt die Bahnhöfe Weißensee (Greifswalder Str.), Friedrichsberg (Frankfurter Allee) und „Haltestelle Treptow" (Treptower Park).

Warum nur auf dem ersten Abschnitt zwischen Moabit und bis kurz vor dem am 4.Mai 1881 eröffneten Bf. Zentralviehhof die Personengleise außen und die Gütergleise innen im Ring angeordnet sind, was man bis heute am Bf. Storkower Straße sehr gut erkennen kann, lässt sich nur vermuten. Auf einem äußeren Ring fährt man mehr Kilometer, als auf einem inneren Ring.

Die bis etwa 1906 im Personenverkehr eingesetzten preußischen „T2 / T4 Bauart B1 (1.Berliner Form)" Dampfloks waren ursprünglich als Rangierloks konzipiert worden und hatten einen relativ hohen Kohle- und Wasserverbrauch, weshalb es sicher wegen des größeren Personenverkehrs (im Vergleich zum Güterverkehr) günstiger war, damit eher die Innengleise des Rings zu befahren.

*

Die Grenzen des Prenzlauer Berg - heute: hinter der Lehderstraße - am 11. + 18.1.2017

Die Serie über die Grenzen des Prenzlauer Berg möchte ich heute fortsetzen.
Nicht sichtbar und vor allem überhaupt nicht wahrnehmbar ist sie wie im letzten Monat. Sie verläuft zwischen Hosemann-/Roelkestraße und Mandelstraße weiter parallel zur Lehderstraße. Stellt man sich genau neben das Straßenschild, das die Hosemannstr. von der Roelkestraße trennt, blickt man in Richtung Greifswalder Straße und hat man die Lehderstraße links, die Ostseestraße rechts vor Augen, so hat man vier Reihen der legendären Q3A-Bauten vor sich; allerdings nicht viergeschossig wie an der Prenzlauer Allee oder gegenüber an der Carl-Legien-Siedlung, sondern hier mit fünf Geschossen. Ausschließlich die erste linke Reihe dieser Blöcke gehört zu Weißensee, alle anderen drei Reihen gehören zum Prenzlauer Berg.

Die Hausreihe, die sich dann rechts anschließt, sind die 30er Jahre-Bauten direkt am Ostseeplatz. Zwischen diesen Blöcken und den Q3A-Bauten führt eine Einbahnstraße zur Mandelstraße. Diese Einbahnstraße ist postalisch Teil der Ostseestraße. Die Eingänge zu den Wohnhäusern am Ostseeplatz sind von hier aus.

Geht man durch diese Hausreihen Richtung Mandelstraße hat man hinter den Q3A-Bauten den „Kindergarten Prenzlauer Berg". Sowohl auf Stadtplänen, als auch bei google-maps endet die Mandelstraße hinter den Filterwerken. Im „realen Leben" biegt die Mandelstraße, die ab der vorher einmündenden Einbahnstraße zur Sackgasse ausgeschildert ist, jedoch nochmals scharf nach links ab und endet dann fast neben dem Kindergarten in einem „Wendehammer".

Diese Kita mit der Adresse „Mandelstraße 13" ist derzeit geschlossen und wird denkmalgerecht, so läßt es ein angebrachtes Schild von „S.t.e.r.n." vermuten, saniert und ausgebaut. Auf einem kleinen Teil des ursprünglich mal recht voluminösen Spielplatzes der Kita zwischen der Einbahn-, der Mandelstraße und dem Wendehammer werden weitere Gebäude errichtet, die wie Stadtvillen aussehen. Das gesamte Areal zwischen Ostseeplatz, Lehder- und Mandelstraße macht einen recht weitläufigen und ab Frühjahr vermutlich auch recht grünen, lichten, hellen Eindruck.

Was mich bei meiner Vor-Ort-Recherche wie in jedem echten Winter ärgerte war, dass es mittlerweile unmöglich zu machen erscheint, Gehwege wirklich vom Eis zu befreien. Sie nur mit Granulat abzustumpfen, verfehlt seine Wirkung, weil das Granulat nach spätestens zwei Tagen rund getreten und in die darunter liegende Eisdecke eingetreten ist. Ich wünsche an der Stelle allen ihren Pflichten nicht oder nur ungenügend nachkommenden Verantwortlichen Hals und Beinbruch!

*

Die Grenzen des Prenzlauer Berg
heute: die nicht sichtbare Linie - am 12./13.12.2016

Wie bereits in den letzten Ausgaben berichtet, „hangel" ich mich in dieser kleinen Reihe an den Grenzen des Prenzlauer Berg entlang. Zwischen der Goethestraße und Hosemannstraße nimmt der Grenzverlauf fast schon unwirkliche Züge an. Wieder liegt er quer im Block, hier parallel zur Lehder- und Paul-Grasse-Straße.

Während die Goethestraße an der Ostseestraße quasi mitten am Prenzlauer Berg beginnt und tief nach Weißensee bis zur Charlottenburger Str. hinein reicht, endet die Gubitzstraße, von der Grellstraße kommend, als Sackgasse hinter der Paul-Grasse-Straße direkt an der Wand, die das Ende des Prenzlauer Berg ist. Kurios ist dann auch das Schild der nächsten zur Gubitzstraße parallel laufenden Straße: der Wechsel zwischen Hosemann- und Roelkestraße ist nicht etwa logisch an irgendeiner Straßenkreuzung, sondern wie bereits in dieser Serie beim stadteinwärtswechsel von Berliner Straße zur Schönhauser Allee beschrieben, und genau wie dort, mitten im Straßenverlauf.

Die Hosemannstraße selbst kann, wenn man sie immer weiter geradeaus fährt, sehr weit reichen. Sie heißt ab, wie beschrieben, ab Weißensee nun Roelkestraße. Ab dort, wo der 255er Bus am Schwarzelfenweg endet heißt sie Darßer Straße. Diese wird hinter der Kreuzung Hansastraße / Falkenberger Chaussee zum Malchower Weg.

Ab Dorfkern Hohenschönhausen heißt sie erst Wartenberger, dann Rhinstraße. Ab Tunnel Alt-Friedrichsfelde läuft sie unter „Am Tierpark" und wird hinter der Einmündung der Sewanstraße zur Treskowallee. Hier kann man sich entscheiden. Läuft man gerade aus weiter, gelangt man über die Waldowallee zur Wuhlheide und dann weiter bis zum Schlossplatz in Alt-Köpenick, wo dieser Strang endet. Folgt man hingegen der Treskowallee nach rechts weiter, kommt man zum Bahnhof Karlshorst.

Hinter den ehemaligen russischen Kasernen wird sie fortgesetzt als Edisonstraße und Brückenstraße. Dieser Zweig endet am Bf. Schöneweide.

Die Straße, auf der ich mich für die Recherche zu diesem Artikel bewegt habe, ist die Paul-Grasse-Straße. Sie wurde erst Anfang der fünfziger Jahre angelegt und bebaut und hat ihren Namen seit dem 5. Oktober 1953. Vorher waren hier, wie fast überall im Weichbild des Prenzlauer Berg noch um 1920 herum, Kleingärten.

Paul Grasse, geboren am 23. 12. 1883, war Mitglied der KPD und musste 1933 nach Frankreich emigrieren, wo er weiterhin gegen die NS-Diktatur in Deutschland kämpfte. Ende 1943 wurde er in Frankreich verhaftet, an die Gestapo verraten und ins KZ Buchenwald eingeliefert, wo er 1945 an der Selbstbefreiung der Häftlinge teilnahm. 1946 starb er an den Folgen der Haft.

*

Grenzen – Juli 2017 - Entlang des Volksparks
am 19./20.6.2017

Der heutigen Folge dieser Serie müsste ich eigentlich die Warnung voran stellen: Glauben Sie nie dem Internet oder gar Google … und nicht mir!

Sowohl auf aktuellen Stadtplänen von 2015, auf alten Stadtplänen von vor 1990, oder bei google-maps wird die Straße, die von der Hohenschönhauser Straße stadteinwärts als letzte vor dem Volkspark zu den Tennisplätzen und den Kleingartenanlagen nach rechts abgeht, mit „Otto-Marquardt-Straße" bezeichnet. So hatte ich es ja hier in der letzten Folge beschrieben. Beim Restaurant „zur Laube", bzw. am Grundstück daneben, findet man dagegen unverhofft die Hausbezeichnung „Hohenschönhauser Straße 80". Leichte Verwunderung bei mir! Bei den ganzen Seitenstraßen rund um die Tennisplätze findet man einzig fortlaufende Hausnummern, die zur Hohenschönhauser Straße gehören. Von Otto-Marquardt-Straße plötzlich keine Spur!

Otto Marquardt (* 17. August 1893 in Hamburg; † 30. Oktober 1944 im Zuchthaus Brandenburg) war Kommunist, Widerstandskämpfer gegen den Nationalsozialismus und Opfer des Faschismus. Während des Krieges stellte er die Verbindung zwischen den Widerstandsgruppen von Anton Saefkow und Bernhard Bästlein / Franz Jacob her.

Ist die Straßenbezeichnung hier uneindeutig, so ist es die Bezirksgrenze nicht. Die Kleingartenanlage „Am Volkspark e.V." gehört zum Prenzlauer Berg.

Die ehemalige Vereinskneipe wurde schon in den 80er Jahren von jemandem übernommen, der wohl aus dem DDR-Außenhandel kam und der, so informierte mich jüngst unser Leser Herr Käding, dadurch beste Beziehungen zu allen möglichen Firmen, so auch zu Brauereien in der DDR hatte. Nur in der „Laube" wurde so z.B. außerhalb Thüringens ein spezielles Thüringer Bier gezapft.

Der „Laube" gegenüber existiert schon so lange ich denken kann. Der Hingucker dieser Kleingartenanlage ist eine Voliere, in der auf einen Seite Wellensittiche, auf der anderen Seite größere Sittiche, eine Zeit lang auch mal ein Goldfasan, am Boden aber immer auch Zwergkaninchen gehalten werden.

Die Tennisplätze sind schon nicht mehr Prenzlauer Berg, der Volkspark indes schon. Das legendäre Violinenkonzert im Film „Die Legende von Paul und Paula" wurde auf dessen hinterem Berg gedreht.

Der Prenzlauer Berg reichte, im Gegensatz zum Volkspark, ursprünglich bis auf zwanzig / dreißig Meter nicht die Hohenschönhauser Straße heran. Das wurde erst vor ca. zehn Jahren geändert.

Mehr zum Volkspark und den ehemaligen Kleingärten dem gegenüber in der nächsten Ausgabe.

Die Hohenschönhauser Str. selbst war ursprünglich eine normale zweispurige Chaussee. Die Gleise der Straßenbahn lagen in einem eigenen Bett, stadteinwärts links davon. Bei

Gewitter oder starkem Regen floss das Wasser aus diesem Gleisbett oft nicht ausreichend ab. Teilweise stand es bis zu zwanzig Zentimeter über den eigentlichen Schienen und die Straßenbahnen schoben eine ordentliche Bugwelle vor sich her. Stieg das Wasser weiter, kam es auch regelmäßig zu Kurzschlüssen und die Bahnen blieben einfach liegen. Erst mit dem Bau der Plattensiedlung wurde das Mitte der 70er Jahre geändert. Die beiden heute stadteinwärts führenden Fahrbahnen liegen auf der alten Chaussee, die Gleise der Straßenbahn liegen an ihrem alten Fleck, die Fahrbahnen Richtung Alt-Hohenschönhausen sind damals neu angelegt worden. Das sieht man z.B. an der Fahrbahnverschwenkung hinter dem Weißenseer Weg. Nicht weit von dieser Ecke Entfernt, in der heutigen Konrad-Wolf-Straße 72, hatte von 1920 – 1962 meine Urgroßmutter ihren Bonbonladen.

*

Grenzen – Juni 2017 - die Kleingärten hinter dem Friedhof - am 16.5.2017

Es gibt Gegenden am Prenzlauer Berg, in denen ich wirklich noch nie war und Sie vermutlich auch nicht. Befassen wir uns heute weiter mit den Grenzen unseres Stadtteils. Ab Michelangelo-/Kniprodestraße geht es weiter entlang der Mauer zum Jüdischen Friedhof. Hier gibt es auf unserer Seite ein großes Gelände der BSR mit Einsatzfahrzeugen der Straßenreinigung. Dahinter schließen sich Schrottplätze, Autoschrauber und Baufirmen an. Dem folgen auf einer Strecke von rund hundertfünfzig Metern Kleingärten. Dort, wo die Mauer des Friedhofs nach Nordost abbiegt, stößt nach ca. zwanzig Metern der Prenzlauer Berg nach Südost auf die Otto-Marquardt-Straße. Diese Straße ist eigentlich an dieser Stelle nicht als solche erkennbar, denn sie ist hier nur ein Sandweg, der direkt aus Nordost von der Kindlbrauerei, parallel zur abgebogenen Friedhofsmauer, kommt. An ihrer nordöstlichen Einmündung wird aus der

Indira-Gandhi-Straße der Weißenseer Weg und genau dort ist die heutige Grenze zwischen Weißensee und Hohenschönhausen. Die Otto-Marquardt-Straße stellt im weiteren südlichen Verlauf durch die Kleingärten die Grenze zum Prenzlauer Berg dar. Über sie berichte ich Ihnen in der nächsten Folge.

Dort, wo diese Kleingartenanlage aus dem Prenzlauer Berg auf die Otto-Marquardt-Straße stößt, ziehen sich bis Wilhelmsberg (Ecke Weißenseer Weg / Hohenschönhauser Str.) die herunter gekommenen Baracken neuer Autobuden, die Kleingartenanlage „Langes Höhe e.V. Lichtenberg" und eine große mehr oder weniger betonierte Brache an, auf der einst die BVG-Ost im Betrieb nicht mehr genutzte, ältere Busse abstellte, die eine „strategische Reserve für den Notfall" darstellten. Das noch immer umzäunte und größtenteils betonierte Areal wird bereits von der Natur zurück erobert.

Ich hatte letztens einige Teilnehmer bei einer Führung, die behaupteten, mit dem in einigen Jahren geplanten Wohnungsbau in der Michelangelostraße würde diese dann auch in Richtung Kleingärten und Otto-Marquardt-Straße über die Kniprodestraße hinaus um hundert Meter verlängert werden. Das ist keine Planung mehr, denn diese Verlängerung existiert bereits und zwar als Zufahrtsstraße für die genannten Firmen hinter dem Supermarkt Michelangelo-/Kniprodestraße. Diese Verlängerung ist rund zweihundert Meter lang.

Wie konkret die Idee für eine Straßenbahn ist, die von der Wisbyer Straße geradeaus entlang der Ostseestraße, die Greifswalder querend und weiter über die Michelangelostraße, dann entlang des jüdischen Friedhofs bis zur Indira-Gandhi-Straße / Weißenseer Weg geführt werden könnte, ist, wurde durch das Bezirksamt erst in diesem Jahr geprüft und infolge dessen als sehr Sinnvoll bei der weiteren Bebauung der Michelangelostraße erachtet. Entsprechende Unterlagen liegen der Redaktion vor.   *

Liebe Leser auch in dieser Ausgabe verfolgen wir die Grenzen des Prenzlauer Berg und schauen ein wenig über den Tellerrand hinaus.

Ab Gürtelstraße / Puccinistraße wird es, mal wieder, kurios mit der Stadtteilgrenze. Die Puccinistraße hieß bis 30.5.1951 Belfortstraße. Das Kuriosum besteht darin, dass nur diese Ecke mit der „Freien Waldorfschule", Postadresse Gürtelstraße 16, zum Prenzlauer Berg gehört und von hier an somit auch deren andere Straßenseite. Nach Norden schließen sich die „Puccini Hofgärten" an.

Das ist eine durch ehemalige Betriebsmauern abgegrenzte Wohnsiedlung für Betuchtere, die auf dem Fabrikgelände und in den Gebäuden einer ehemaligen Gummiwarenfabrik eingerichtet wurde. Von 1875 bis 1994 produzierte man Medizintechnische- und Krankenpflegeartikel (z.B. Kondome, Bettmatten).

Im Süden grenzt an die Waldorfschule der „Jüdische Friedhof Weißensee". Und um schon mal die Frage einiger Leser zu beantworten: ja, ich erarbeite gerade eine Führung über diesen Friedhof, aber vor Juni schaffe ich das nicht.[6] Dieser Friedhof wurde bereits 1880 angelegt und ist mit ca. 116.000 Grabstellen der Größte seiner Art in Europa. Seit den 1970er Jahren steht er unter Denkmalschutz. Der Eingang ist über die Herbert-Baum-Straße. Männer müssen beim Betreten dieses Friedhofs eine Kippa, die man sich zur Not auch am Eingang ausleihen kann, oder zumindest irgendeine Kopfbedeckung, tragen.

Berühmtheiten wie z.B. Samuel Fischer (Gründer des Fischerverlags), Richard Friedländer (Stiefvater von Magda Goebbels), Stefan Heym (Schriftsteller und erster Alterspräsident des ersten frei gewählten gesamtdeutschen

---

6   ... hab diese Tour bis heute (Stand Juni 2024) noch nicht
      erarbeitet ...

Bundestages nach der Deutschen Wiedervereinigung), Berthold Kempinski (Gründer der Hotelkette), Rudolf Mosse (Zeitungsverleger), Martin Riesenhuber (Rabbiner, agierte z.b. in der Synagoge Rykestraße), Alex und Doris Tucholsky (Eltern von Kurt Tucholsky, Schriftsteller), Herrmann Tietz (Kaufhauskette) sind hier beigesetzt.

Hinter der Schule bildet die Mauer des jüdischen Friedhofs die Grenze zum Prenzlauer Berg. Hinter der Kita „Raupe Nimmersatt" endet die eigentliche Gürtelstraße in einem Wendehammer. Die ca. einhundertfünfzig Meter bis zur Kniprodestraße ist die Gürtelstraße nur noch ein Rad- und Fußweg. Die quer dazu stehenden Wohnblocks gehören entweder noch zur Gürtelstraße oder bereits zur Michelangelostraße. Eine direkte Straßenverbindung zwischen Gürtel- und Michelangelostraße / Kniprodestraße gibt es leider nicht. So eine Verbindung könnte indes für den Kraft- und Lieferverkehr die Wege erhelblich abkürzen.
Im Unterholz zwischen dem Gürtelstraßenweg und der Jüdischen Friedhofsmauer wächst etwas, das wie Schneeglöckchen aussieht, aber erst später blüht. Eine Freundin meinte, es sei sogenanntes „Wunderkraut".

*

Die Grenzen des Prenzlauer Berg – heute: bis zur Greifswalder Straße - am 11. + 18.1.2017 + 10.2.2017

Die Serie über die Grenzen des Prenzlauer Berg möchte ich heute fortsetzen.
Vollkommen unbekannt war mir bisher die Cohnstraße. Hätte mich ein Tourist nach ihr gefragt, hätte ich ihn vermutlich aus dem Bauch heraus nach Spandau geschickt.
Für die Cohnstraße bietet google-Maps neben der hier am Prenzlauer Berg noch die Cohn Street in Houston (Texas), in New Orleans (Louisiana) und in Belzoni (Missisippi), alles USA, an. Unsere „Street" hier zweigt von der Greifswalder

stadteinwärts rechts noch vor der Ostseestraße ab. Zwischen den Häusern der Cohnstraße auf der von der Greifswalder Straße aus auf der rechten Seite und denen der dann dahinter mehr oder weniger parallel laufenden Lehderstraße verläuft hier die Grenze, wobei die Cohnstraße eine reine Sackgasse ist, die in einem Gewerbehof endet, der in der Lehderstraße liegt und bereits zu Weißensee gehört.

Diese kleine Straße gibt es erst seit dem 11.Mai 1938, davor waren hier Kleingärten. Sie hieß von 1938 bis zum 11.Januar 1952 Zillebekeweg.

Zillebeke gehörte im Ersten Weltkrieg zu den Orten in Westflandern, an denen schwere Kämpfe zwischen den deutschen Truppen und den Armeen der Entente ausgetragen wurden.

Ab, logisch, siehe Satz davor, 12. Januar 1952 wurde sie nach Lothar Cohn, Lothar, * 22.10.1908 Berlin, + 21.1.1944 Sachsenhausen umbenannt. Luise Berlin schreibt dazu: „Cohn stammte aus einer jüdischen Bürgerfamilie." In jungen Jahren schloss er sich der bündischen Jugend "Schwarzer Haufen" an. Später war er Mitglied des KJV (Kommunistischer Jugendverband) und Funktionär in der Unterbezirksleitung Prenzlauer Berg.

Ab Januar 1933 kämpfte Cohn als Kommunist illegal gegen den Faschismus. Er hatte Kontakte zur Widerstandsorganisation um Herbert Baum, die 1942 die NS-Hetzausstellung im Lustgarten "Das Sowjetparadies" anzuzünden versuchte.

Anfang 1944 wurde er in Berlin verhaftet und im selben Monat im KZ Sachsenhausen ermordet.

Die Grenze nach Weißensee verläuft zwischen Mandel- und Greifswalder Straße, zwischen den Wohnhäusern auf der rechten Seite der Cohnstraße, fährt man von der Greifswalder in sie ein und denen der Lehderstraße.

*

Grenzen – die „verlorene Ecke" - November 2017
am 16.-18.10.2017

In dieser Folge unserer Serie um die Stadtteilgrenzen des Prenzlauer Berg hätte ich mich fast vertan. Ich sah mir noch einmal das Foto aus der letzten Folge, mit dem Klettergerüst im Vorder- und dem Steuerhaus im Hintergrund an und in mir dämmerte: da war doch was! Richtig! Grenzverschiebungen!

… und die Oderbruchstraße, als Verlängerung der Thaerstraßenbrücke. Der heutige russische Supermarkt, meine ehemalige HO-Kaufhalle, noch auf Lichtenberger Seite, die Wiese mit dem Klettergerüst davor bereits zum Prenzlauer Berg gehörend, einschließlich natürlich des Stückes Storkower Straße zwischen Thaerstraßenbrücke und Landsberger Allee. Auf meinem alten Stadtplan von 1956 und auch auf dem von 1968, einschließlich des Reprint von 2015 und auf einem Plan von 1977 gehört dieser Zipfel Wiese mit dem Buddelkasten und dem Klettergerüst noch zum Prenzlauer Berg.

Dann muss es irgendeine Grenzbegradigung gegeben haben, denn auf dem Plan von 1982 gehört diese Ecke bereits zu Lichtenberg. Nicht aber das Stück Storkower Straße, auf dem heute das Andels-Hotel, die Tankstelle und der Supermarkt bis zur Thearstraße stehen. Dort, wo dieses Hotel heute steht, war einst der staatliche Groß- und Einzel-, Außen- und Binnenhandel der DDR, Zoologica, für Zierfische, Kleintiere und den gesamten Bedarf, der mit Haustieren zusammenhängt. Dort gab es das „Goldie" Hundefutter (darin waren ganze Fellstücke und das Zeugs hat gestunken, wie Hubatz, aber unser Pudel hat es geliebt!), genauso wie das Einstreu für den Goldhamster oder Feuerfische aus der Südsee.

Und obwohl der Zoologica genauso staatlich war, wie wir von der HO, mussten wir alle Jahre wieder, wenn wir dort unsere Weihnachtsfeier in deren sehr großem

Aufenthaltsraum machen wollten, über die HO-Prenzlauer Berg dort offiziell anfragen. Irgendwann ist aber auch dieser Zipfel zwischen Ringbahn und Storkower Straße offenbar zu Lichtenberg gekommen. Das kann jedoch noch nicht so lange her sein, denn bis vor ca. fünf Jahren hatte ein Hersteller für gefrostetes Fischfutter, ich glaube „Zooschatz" heißen die, noch die Adresse Storkower Str. 174, mit der Postleitzahl 10407 = Prenzlauer Berg. Eines Tages wandelte sich die Postleitzahl zu einer aus Lichtenberg, die Straße mit der Hausnummer blieb aber gleich. Mittlerweile produzieren die aber wohl irgendwie in Bohnsdorf.

*

Grenzen – Oktober 2017 - Am Steuerhaus
am 11./12./14./15.9.2017

„Also wenn ihr zum Tierpark wollt, dann fahrt ihr am besten bis >Steuerhaus< und steigt da in den O-Bus oder in die >69< um!", belehrte „Ömchen" meine Mutter. Da muss ich etwa sieben gewesen sein, kurz vor der Einschulung. Wo >Steuerhaus< war, wusste ich damals, nämlich aus Hohenschönhausen mit der Straßenbahn kommend genau eine Station vor der S-Bahn. Die heutigen Haltestellen der Tram in der Karl-Lade- und Oderbruchstraße waren da noch in der Landsberger/Leninallee.
Das Steuerhaus lag Richtung Ringbahn direkt hinter der Einmündung der Oderbruchstraße in die Allee gleich rechts, an besagter Haltestelle. Die gleichnamige Kneipe in der Karl-Lade-Straße hat nur den Namen erhalten, liegt aber auf der falschen Seite der Landsberger. Bis zur Gründung von Groß-Berlin am 1.Oktober 1920 war >Steuerhaus< Berlins Stadtgrenze. Es war ein relativ großer, viereckiger Kasten, über dessen tatsächliche Bedeutung heute nicht viel mehr zu finden ist, als dass in dieser Art Gebäude nach Abriss der Berliner Akzisemauer, die befand sich z.B. am Landberger Tor in Höhe der Friedenstraße, weiterhin die Mehl- und

Schlachtsteuer eingetrieben wurde. Das letzte Gebäude dieser Art befindet sich heute Am Schlesischen Tor 3 in Kreuzberg. In der Landsberger Allee waren über dem Erdgeschoss des >Steuerhaus< zwei normale Etagen. Sie waren gemauert aus gelben horizontalen Klinkerstreifen, die sich mit roten, aber nur halb so breiten Klinkerstreifen abwechselten. Das Satteldach war gleichzeitig die dritte Etage, wobei die Räume rechts und links der Mitte schon Mansardencharakter hatten. Links waren Schuppen angebaut, die vermutlich Ställe, später Garagen enthielten. Begrenzt wurde alles durch einen großen ummauerten Hof, in dem Fuhrwerke angespannt und diverse Gegenstände wie Kohlen abgeschüttet waren.

Der O-Busverkehr nach Bürknersfelde, Marzahn und zum Tierpark wurde 1972 eingestellt. Bis Abriss der Kleingärten, etwa 1974, war die Landsberger ab Gabelung am >Steuerhaus< Richtung Ringbahn eine vierspurige, kopfsteingepflasterte Chaussee, in deren mittlerer Spur die Straßenbahn fuhr. Letztere hatte erst ab der Storkower Straße ihr eigenes Gleisbett. Nach der Gabelung Stadtauswärts war die Landsberger eine normale zweispurige Chaussee, auf der halt noch zusätzlich der O-Bus, bzw. Bus fuhr. Erst mit dem Abriss der Kleingärten und dem Bau der neuen Wohngebiete entlang der Allee, wurde diese etwa ab 1977 in den heutigen Zustand versetzt. Dabei war das >Steuerhaus< im Weg. Ich kann mich aber noch an dessen Ruinen-Reste erinnern, als ich ab 1984 in der „HO-Kaufhalle" „Am Steuerhaus" arbeitete.

Als ich nach meinem Grundwehrdienst im November 1986 in eben jener „Kaufhalle" meinen Dienst als Stellv. Filialleiter wieder aufnahm, waren diese Reste des >Steuerhaus< allerdings beseitigt. In meiner ehemaligen Wirkungsstätte ist jetzt ein russischer Supermarkt. In der Landsberger Allee 146a befindet sich heute das „Gleichrichterwerk 501 Steuerhaus" der BVG.

*

Grenzen – die Oderbruchstraße – September 2017
am 14./17.8.2017

In der heutige Folge unserer Reihe bleiben wir wieder auf dem Boden, werfen aber einen kurzen Blick über den Tellerrand hinaus. Ab der Hohenschönhauser Straße ist nun die Oderbruchstraße die Grenze des Prenzlauer Berg.

Westlich der Straße ist Prenzlauer Berg, südlich davon Lichtenberg. Dieser Lichtenberger Zipfel zwischen Oderbruch- und Hohenschönhauser Straße, Weißenseer Weg und Landsberger Allee gehörte, so lange es dort noch Kleingärten gab, zur Postleitzahl 1125 und nicht, trotz Lage auf Lichtenberger Gebiet, zur Postleitzahl 1130. 1125 war Hohenschönhausen, als es noch zum Bezirk Weißensee gehörte. Wenn man sich Landkarten und Satellitenbilder ganz genau anschaut, kann man erkennen, dass die Oderbruchstraße die direkte Verlängerung der Thearstraße am Zentralviehhof ist. Als deren Verlängerung war sie 1862 auch im Hobrecht-Plan.

Auf der Seite des Prenzlauer Berg stehen zwischen Hohenschönhauser Straße und „Steuerhaus" (der Ort, wo die Oderbruchstraße in die Landsberger Allee einmündet – Erläuterung im Oktober) fünf Querreihen viergeschossiger Q3A-Bauten, die dort schon so lange stehen, wie ich denken kann. Wenn wir mit der Straßenbahn aus Hohenschönhausen kommend immer am Wochenende zur Ring-S-Bahn fuhren, kennzeichneten diese Blocks für mich als Kind den Beginn der eigentlichen Stadt Berlin. Diese Q3A-Blöcke müssen etwa ende der 50er bzw. in den ganz frühen 60ern entstanden sein. Zwischen dem dritten und vierten Block schlängelt sich die Oleanderstraße als Sackgasse bis fast an die Oderbruchstraße heran, ohne jedoch in sie zu münden.

Kurz vor dem „Steuerhaus" im Bruno-Taut-Stil längs vier Aufgänge und ein großer Querblock zur Schneeglöckchenstraße hin, der Ende der 20er, Anfang der 30er vermutlich gebaut wurde.

Die Bebauung auf Lichtenberger Seite erfolgte ab 1972. In dem Jahr wurde die Landsberger Allee verbreitert, die Kleingärten abgerissen und dieses neue Wohngebiet errichtet, das spätestens 1976 fertig gewesen sein muss.

Ihren Namen hat die Oderbruchstraße erst seit dem 9.November 1911. Sie war davor Teil der Thearstraße.

Seit 1893 fuhr ein Pferde-Omnibus hier entlang, am 21. Oktober 1899 wurde die Straßenbahn nach Hohenschönhausen durch die „Continentale Gesellschaft für electrische Unternehmungen Nürnberg" mit ihrem Betriebshof in der Hohenschönhauser Degnerstraße (die bis 1912 noch Bahnhofstraße hieß), in Betrieb genommen. Seit dem 13. Oktober 1913 war die Linie nach Hohenschönhausen als 164 ausgeschildert, vom 10.September 1923 an war es die Linie 64, die ab 1952 ergänzt wurde durch die Linie 63. Die Linie 64 wurde am 24.August 1970 eingestellt. Die Linie 63 ist in der heutigen M 5, die ja auch auf einigen hundert Metern direkt durch den Prenzlauer Berg fährt, aufgegangen.

*

Firmengeschichte Prenzlauer Berg – Teil VIII
Große Firmen – Kino 2 - Dezember 2017
am 10.10. + 10.11.2017 [7]

Das Kino Colosseum, in einer ehemaligen Wagenhalle einer Pferdebahngesellschaft untergebracht, existiert seit 1924 und demnach noch aus der Stummfilmzeit.

Von der einstigen Bühne ist nicht mehr viel geblieben.

Der Orchestergraben der zu einem großen Stummfilmkino dazu gehörte und der zum Beispiel auch nach dem Krieg genutzt wurde, als das Metropoltheater hier vorüber gehend seine Ersatzspielstätte hatte, ist nicht mehr vorhanden.

---

7   ... der erste Absatz war nur meine Bildunterschrift, erst ab dem zweiten Absatz handelt es sich um den eigentlichen Artikel

Danke an UCI-Kinowelt für die Möglichkeit zum machen dieser exklusiven Fotos.

Liebe Leser, weil unsere Folge über Kinos im Rahmen dieser Reihe vor zwei Monaten solchen Anklang gefunden hat, hier nun ein zweiter Teil dazu.

Von Film-"Kunst" konnte in den Anfangsjahren dieses Mediums kaum die Rede sein, viel eher von Film-Experimenten, stand doch damals heut typisches Handwerkswissen noch gar nicht zur Verfügung und musste erst mühsam durch Versuch und Irrtum erlernt werden. Außerdem war die Technik noch nicht so weit entwickelt und die Filme bei weitem nicht so lichtempfindlich. Der Film wurde per Handkurbel bei der Belichtung durch den Apparat transportiert, daher spricht man ja bis heute von Film-"Dreh" und so kam es halt, dass es je nach der Verfassung oder Stimmung des Kameramanns mal 18, mal 19, mal 22 Bilder waren, die dann pro Sekunde gemacht wurden. Und da die ersten Kameras auch gleichzeitig als Abspielgeräte dienten, war das dann bei der Projektion des Films das gleiche, dass je nachdem, wer da kurbelte und wie der gerade drauf war, der gesamte Film ebend mal sieben, mal acht Minuten, mal neun Minuten lang war, dann musste eh die Filmrolle gewechselt werden.

Wie gesagt war das Handwerkswissen noch nicht soweit. Meistens wurde auf einer Theater ähnlichen Bühne gedreht, in einem Atelier bei Sonne, denn die Scheinwerfertechnik steckte noch in den Kinderschuhen.

Und es wurde halt meist, wie wie man es vom Theater her kannte, in „Totale" alles was sich auf der Bühne gerade abspielte, gedreht. Einzelne Nah- und Detailaufnahmen wurden erst mit der Zeit hinein geschnitten. Das Zwischending dazu, die Halbtotale oder „Amerikanische", kam erst mit der Enge der amerikanischen Fernsehstudios in den Film. Dass man beim Umschnitt, zum Beispiel wenn man in Nahaufnahmen sich zwei Personen unterhalten lässt,

„Sichtachsen" beachten muss, um den Zuschauer räumlich im Film mitzunehmen, musste man auch erst lernen, denn auf der Theaterbühne spielte man ja alles zum Publikum hin. Beim Film hat man dagegen schon die Freiheit, auch mal hinter einen Akteur zu gehen, das Publikum muss aber dennoch, wie im Theater, „angespielt" werden. Deshalb sind diese Sichtachsen so wichtig. Und der Zoom, zum verdichten oder auflösen einer Situation, war mit den Kameras der Anfangsjahre auch höchst schwierig, genauso wie Kameraschwenks.

Wer geniale Kamerafahrten erleben will, kann sich die Anfangssequenz von „The Player" von 1992 ansehen, das sind etwa sechs Minuten ohne Schnitt oder „Viel Lärm um nichts" von 1993, darin gibt's dreimal je gut zwei Minuten oder „Viktoria" von 2015, der überhaupt nicht geschnitten ist.

Mit Ton experimentierte man. Eine der Ideen war, die Tonspur auf Schellackplatte aufzunehmen. Das waren die Zeiten, als Filmkameras bereits durch die selben aufziehbaren Federwerke, die einen gleichmäßigeren Fluss bedingten, ausgestattet waren, wie die Grammophone. Um den Tonarm etwas genauer aufsetzen zu können, liefen diese Schallplatten von innen nach außen (wie die heutige CD, normale Vinyl-Platten für den Musikliebhaber lassen aber den Tonarm von außen nach innen laufen). Aber auch Federn erlahmten und so lief der Ton nie Lippensynchron und es blieb bei Experimenten. Statt dessen wurde Musik für viele Stummfilme extra komponiert. Charles „Charlie" Chaplin machte das z. B. für seinen Film „Goldrausch" von 1925. Je nach Größe des Kinos wurden diese Filme dann entweder nur von einem Klavier oder bis hin zu einem ganzen Orchester begleitet.

Im legendären Saal 1 des Kinos Colosseums findet man noch den winzigen Rest einer Bühne. Ein sehr alter, mittlerweile berenteter Filmvorführer erzählte mir vor einigen Jahren, dass man dort im Keller noch immer die

Reste des einstigen Orchestergrabens erahnen kann. Auch im Filmtheater Am Friedrichshain findet man noch diese Reste der Bühne und ahnt den Platz für das Orchester. In der Schaubude, dem ehemaligen Kino Atlas, ist hingegen nichts mehr von Kino zu spüren, dafür ist hingegen die Bühne noch da.

Das Lichttonverfahren wurde zwar bereits 1905 durch Hans Vogt vorgestellt, der erste Film mit dieser Technik war der am 17. September 1922 in den Berliner Alhambra-Lichtspielen aufgeführte Film „Der Brandstifter" des Produzenten Erwin Baron.

Ab den 30er Jahren wurde bereit mit Magnetton experimentiert, aber erst ab 1948 setzten die vermögenden Studios in Hollywood das Magnet-Film- und Tonverfahren (das später „Video" genannt wurde) ein. Dolby-Stereo gibt's seit 1976. Erster Film mit diesem Tonverfahren war der Musikfilm „Tommy" von „The Who".

Um Filme auch in andere Länder exportieren zu können, das Lippensynchronverfahren kannte man in den ersten Jahren noch nicht, wurden die Filme nicht selten mit den Originaldarstellern gleich ganz fremdsprachig gedreht. Gutes Beispiel dafür ist „Der blauer Engel" von 1930 der einmal in deutscher und einmal in englischer Fassung gedreht wurde.

Erst ab nach dem Krieg wurde synchronisiert. Dabei waren in den ersten Jahren meist die Spuren von Geräuschen, Musik und Sprache nicht von einander getrennt, so dass man dies alles bei der Synchronisation wieder komplett neu aufnehmen musste. Da man dabei nie das gesamte Spektrum aller Original-Geräusche nachstellte, sind diese Filme akustisch oft recht „trocken". Beispiele dafür sind die Fernsehserien „Abenteuer im Wilden Westen" (ARD ab 1962), „Sir Francis Drake" (ARD 1967) oder der Spielfilm „Wasser für Arizona" (1939).

In zwei Monaten, also im Februar, möchte ich Ihnen gerne die Straßenbahnlinie M13 vorstellen, an Hand derer man eigentlich exemplarisch die komplette Straßenbahngeschichte Berlins von vor dem Krieg bis heute nachvollziehen kann.

*

Kintopp - Oktober 2017 - am 29.8./12.9.2017

In dieser Reihe um mehr oder weniger bedeutsame, sicher aber interessante Firmen oder Einrichtungen geht es heute, nachdem wir uns im August um das Medium Film an sich kümmerten, um die Aufführungsorte desselben.

Die erste öffentliche Filmvorführung in Deutschland, natürlich von Max Skladanowski, fand am 1.November 1895 zwar noch im Varieté am Wintergarten in der Potsdamer Straße statt, von da an war das Medium Film aber nicht mehr aufzuhalten. Gedreht wurde in Weißensee. Die ersten Farbfilme, handkoloriert, gab es ab 1896 in Frankreich. Populär wurden sie in Deutschland zur Hochzeit von Viktoria Luise von Preußen am 24.Mai 1913 (meine Uroma erzählte mir früher oft voller Begeisterung, dass sie damals „vorm Kaiser" gesungen habe), als das Ereignis in handkoloriertem Film für die Nachwelt erhalten wurde. Der erste kommerziell erfolgreiche Tonfilm war 1927 „The Jazzsinger" mit Al Jolson von Warner Bros. Die ersten deutschen erfolgreichen Tonfilme waren „Der blaue Engel", „Berlin-Alexanderplatz" und „Emil und die Detektive".

Geschaut wurde vor allem in sogenannten „Flohkisten", die so klein und eng waren, dass man sich das Ungeziefer der Sitznachbarn einhandelte.

Kino war „das Theater des kleinen Mannes". Zwar begann am 22. März 1935 in Deutschland als erstem Land der Welt das reguläre Fernsehzeitalter, aber erst ab Mitte der 60er Jahre begann sich Fernsehen als Medium, weil die Apparate immer billiger und das Programm immer besser wurde, durchzusetzen, was ein Kinomassensterben vor allem in der Bundesrepublik zur Folge hatte. In ganz Berlin gab es bisher insgesamt rund 950 (neunhundertfünfzig) Kinos. Von einst neunundvierzig Kinos am Prenzlauer Berg, existieren heute fünf, das Filmtheater am Friedrichshain, dann das in der Kulturbrauerei, das Colosseum in der Schönhauser Allee, das Lichtblick-Kino in der Kastanienallee und das Kino Krokodil in der Greifenhagener Straße. Früher wurde in jedem Kino zeitgleich immer nur ein Film gezeigt. Die ersten sogenannten Multiplexkinos mit mehreren Spielsälen gibt's in Deutschland erst seit 1991. Heute zeigt man vor dem Hauptfilm jede Menge Werbung, früher gab es zuerst einen sogenannten „Kulturfilm", dann aktuelle Tagespolitik („Wochenschau", „Der Augenzeuge") und danach erst den eigentlichen Film.

Hier seien einmal einige der Filmtheater aufgelistet, die heute nicht mehr existieren: Blow up Immanuelkirchstraße, Apollo-Theater Schönhauser 110, Arnim-Lichtspiele Schivelbeiner 36, Atlas Greifswalder 86 (da ist heute die Schaubude drin), Berolina-Lichtspiele Prenzlauer 47, Bilderbühne-Metropol Schönhauser 61, Biophon-Lichtspiele Schönhauser 115, Elite-Theater Greifswalder 206, Helmholtz-Lichtspiele Raumer 14 (da ist heute ein EDEKA drin), Libelle-Filmtheater Pappelallee 78/79 (heute ist dort … noch … der Suhrkampverlag), Prater-Lichtspiele (im Prater), Union-Theater Naugarder 45 (darin ist heute ein Café) uvam. Und die Weißenseer Kinos wie das Rio und das Delphi an der Weißenseer Spitze und das Toni am Antonplatz waren auch nicht weit.

*

Telefonbunker - am 22.5.2017

Heute ist es normal, beim Umzug die Telefonnummer mitzunehmen, das gab es bis in die 90er Jahre hinein nicht und so konnte man immer so halbwegs verorten, wenn man eine Telefonnummer sah, aus welcher Gegend der jenige in etwa kam. Wobei das auch nicht immer stimmen musste. So hatte z.B. das Bruno-Taut-Viertel mit seinen Grenzen Greifswalder, Ringbahn und Prenzlauer eindeutig eine Nummer aus Weißensee und wenn es in dem Gebiet eine Störung im Telefonnetz gab, ist man zur Tassostraße dort und nicht in die Immanuelkirchstraße gelatscht.

Eine Kuriosität waren diese Doppelanschlüsse. Das Telefonnetz Ostberlins bestand im großen und ganzen noch aus dem Vorkriegsnetz ... und dementsprechend auch aus den Vorkriegsleitungen und Verteilerstellen.
Mit dem Bau neuer Wohnquartiere z.B. im Thälmannpark, in Lichtenberg, Hohenschönhausen oder Marzahn und Hellersdorf brauchte man relativ schnell recht viele Telefonanschlüsse, auch u.a. für die Infrastuktur dort selbst.
Um das Problem der zu wenigen Leitungen zu lösen, packte man ab Mitte der 80er Jahre deshalb zwei Anschlüsse, bei denen sich jeweils nur die Endziffer der Telefonnummer um eins verschob, auf eine gemeinsame Leitung, oft im selben Haus. Telefonierte der eine, konnte es der andere nicht tun und seine Leitung war tot, bzw. bei einem potenziellen Anrufer gab es auch bei der Leitung des gerade nicht telefonierenden ein Besetztzeichen.

Dass es zu wenig Telefonleitungen gab, war auch ein Problem für den Einzelhandel. So musste ich als Bereichsleiter der Obst-Gemüse-Abteilung in einer großen HO-Kaufhalle immer eine Halbtagsstelle für das telefonieren abstellen. Bis etwa 10 Uhr musste meine Bestellung für den Folgetag beim Großhandel durchgegeben sein, bis 14 Uhr musste auf einer anderen Leitung die Reklamation der heutigen Lieferung durchgegeben sein und das waren immer 10 %, 15 %, teilweise gar 20 %, die als reiner Matsch ankamen. Pro Anruf nuddelte man im Durchschnitt etwa zwei Stunden!

Das Sgt. Pepper Album der Beatles wurde ja dieser Tage, am 1. Juni 1967, also fast genau auf den Tag vor fünfzig Jahren veröffentlicht, dazu noch eine kleine Geschichte.

Zu meinem 16. Geburtstag 1977 bekam ich besagtes Album von dem Steglitzer Onkel als meine erste Original-West-Platte geschenkt. Ich bin alter Hohenschönhauser Adel, meine Urgroßmutter hatte schon ab 1920 in der heutigen Konrad-Wolf-Str. 72 einen Süßwarenladen.

Ich bin im Hohenschönhauser Schloss geboren und um uns herum war eben die Staatssicherheit und wir als Kinder wussten auch, wo die Eltern tatsächlich arbeiteten, wenn unsere Klassenkameraden erzählten, ihre Eltern arbeiteten bei den „bewaffneten Organen".

Die waren dann bei der Stasi.

Gut, also mein Kumpel Fritz wollte sich dann jedenfalls in den Sommerferien 1977 das Pepper-Album von mir auf Tonband überspielen.

Tonbänder waren zwar im Vergleich zu Audiokassetten immer noch relativ billig, aber 35 Mark für ein drei-Stunden-Band, bei einem Stundenlohn der in der DDR bei ca. 3,50 M lag, musste man auch erstmal haben.

Ich also mit der Platte unterm Arm zu Fritz, bei dem ich wusste, sein Vater arbeitet bei den „bewaffneten Organen". Wunderte mich dort dann, über die vielen Tonbänder, die er hatte, fragte nach und bekam zur Antwort: „Ach, die hat mir mein Vater von Arbeit mitgebracht." Fritz ging raus, zwei Räume weiter, um uns Kaffee zu machen und ich denke: horch doch mal rein, was da auf den Bändern drauf ist.

Telefongespräche!

Mir wurde schnell klar, was für welche.

„Ja, du, der Kaffee, den ihr da mitgeschickt habt, da war die Tüte schon halb leer."

„Wir haben hier den Weihnachtswunschzettel unserer Gören, der Martin wünscht sich eine Packung Marsriegel ...",

„Unsere Nachbarin, Tante Frieda, lässt fragen, ob sie euch

das nächste mal auch wieder diesen Reichelt-Kaffee mitschicken kann.",

„Bei den Matchboxautos finden wir keine, die wie der von Detektiv Rockford aussehen", usw.

Fritz kam mit dem Kaffee schließlich rein, ich hab mich bei diesem Abhören indes nicht erwischen lassen und tat so, als hätte ich nichts getan. Allerdings merkte ich mir das Klickgeräusch, wenn sich die Stasi in die Leitungen einklinkte und dann dieses Grundrauschen auf der Leitung.

Als ich nach hause kam, hab ich das natürlich meinen Eltern erzählt, die meinten, ich hätte mir da was ausgedacht: „Ach, du spinnst doch nur."

Als ich zehn Jahre später in meiner eigenen Wohnung mein eigenes Telefon hatte, merkte ich, dass das Telefon meiner Eltern, weil sie eben in Hohenschönhausen lebten, fast ständig abgehört wurde, ich dagegen eher selten. Nicht mal dann, wenn ich mit dem Onkel in Steglitz telefonierte. Im Gegenteil merkte ich anfangs noch, wie qualitativ gut die Leitungen von der Tonqualität her eigentlich sein konnten, wenn niemand mithörte.

Will sagen, man kann davon ausgehen, dass dort in dieser Telefonleitungsverteilerstelle halt nicht nur die Leitungsrelais- und -schaltungen waren, sondern dass dort garantiert auch in einem Nebenraum oder im Keller Tonbandgeräte standen, oder es zumindest Leitungs-schlaufen zu entsprechenden abhörenden Stellen gab.

*

Die Grenzen des Prenzlauer Berg - Januar 2018
am 19.12.2017

Liebe Leser, auch in dieser Folge der Serie tasten wir uns entlang der Ringbahn. Kurz vor dem S-Bf. Storkower Straße kreuzen auf zwei genieteten, uralten Stahlbrücken die S-Bahngleise die sehr tief liegenden Fernbahn- und Gütergleise. Direkt über den S-Bahnhof führt der traurige

Rest des „Langen Jammer", der einst rund 435 m langen Fußgängerbrücke aus dem Jahre 1937. Die eigentliche, ursprüngliche Konstruktion lief vom S-Bahnhof über den gesamten Zentralviehhof und endete hinter dem Personaleingang des Viehhofs direkt an der Eldenaer Straße. Dieser alte Teil ist genietet. Die neuen rund fünfundachtzig Meter vom Bahnhof über die Ringbahn bis zum „Storkower Bogen", der auf Lichtenberger Seite liegt, wurden 1977, zeitgleich mit der Umbenennung des Bahnhofs von „Zentralviehhof" in „Storkower Straße" eröffnet. Dieser Teil ist geschweißt und aus etwas leichterem Stahl.

An den ursprünglichen Abgang zur Franz-Jacob-Straße hin wurde im Zuge des Baus des „Storkower Bogens" in den 90er Jahren ein direkter Übergang zu den dortigen Bürogebäuden geschaffen, über den man, wenn man will, trockenen Fußes bis zu den Endhaltestellen der dort endenden Buslinien 156 und 240 gelangt. Auffallend ist das sogenannte „Gustavo-Haus". Es ist ein saniertes Platten-Hochhaus, auf dessen vier Fassadenseiten 1998/1999 eine Darstellung mit Figuren des spanischen Künstlers Gustavo mit Computerhilfe aufgebracht wurde.

„Das 18- bzw. 21-geschossige Doppelhochhaus ist ein DDR-Typen-Doppelhochhaus und wurde Anfang der 1980er Jahre beim Bau des Wohnviertels Lichtenberg Nord errichtet.", so Wikipedia. Aber hier irrt das Online-Lexikon, denn als ich am 1. Juli 1981 meine Arbeit als „1.Fachverkäufer Obst-Gemüse" in der daneben stehenden „HO-Kaufhalle" begann, stand besagtes Hochhaus bereits seit einigen Jahren. Ich vermute, es wurde bereits 1976 /77 errichtet. Der Investor in den 90er Jahren hat für die Sanierung samt Kunstaktion insgesamt 23 Millionen DM gezahlt. Das Haus mit seinen 296 Wohnungen ist gut vermietet. Das Kunstwerk wurde am 6.Oktober 1999 feierlich eingeweiht.

Der gesamte Ringbahngraben gehört weiterhin zum Prenzlauer Berg. Zwischen den Gebäuden der Werkstätten der „Integral Bürgerinitiative für Menschen mit Behinderungen e.V." in der Hermann-Blankenstein-Straße und der Ringbahn steht der einzige Hochspannungsmast am Prenzlauer Berg. Weil hier der Ringbahngraben so sehr tief in das Gelände eingeschnitten ist, entschlossen sich die Energiebetriebe in Berlin, damals die BEWAG, die Hochspannungskabel an dieser Stelle nicht unterirdisch zu verlegen, sondern den billigeren oberirdischen Weg zu nehmen. Danach folgt an der Ecke H.-Blankensteinstraße / Eldenaer Straße ein derzeit noch unbebautes Grundstück auf dem bis in die frühen 90er Jahre Gleisschleifwagen der BVG, der ehemaligen sogenannten „Flachbahn" stationiert waren. Der Prenzlauer Berg endet am nördlichen Bürgersteig der Eldenaer Straße, die Straße selbst ist bereits Friedrichhain. Auch der Ringbahngraben gehört bis zum Übergang der Eldenaer in die Scheffelstraße noch zu uns. Ab der Scheffelstraße ist man bereits in Lichtenberg. Unter der Brücke sind S-Bahn- und Gütergleise recht auffallend getrennt. Bis vor wenigen Jahren befanden sich in dieser Trennung Kleingärten, die an (ehemalige) Reichsbahner verpachtet waren.

*

Die Grenzen des Prenzlauer Berg - Februar 2018
am 16./17./18.1.2018

Liebe Leser, in dieser Folge der Serie tasten wir uns entlang des ehemaligen Zentralviehhofs. Die Gegend entlang der Eldenaer Straße ist relativ unspektakulär. Rechts ist der Prenzlauer Berg, links ist der Friedrichhain, wenn man von der Scheffelstraße kommt.
Die Straßenbahngleise in der Eldenaer Straße gehören zur Linie 21, der einzigen Straßenbahnlinie, die den Prenzlauer Berg wirklich nur tangiert.
Von 1972 bis 1992 war dies nur eine sogenannte Betriebsstrecke. In dieser Zeit fuhr, wegen des damals dort relativ geringen Fahrgastaufkommens, nur ein Bus, der

„30er", der von der Hannoverschen Straße über Torstraße, Greifswalder, John-Schehr, Conrad-Blenkle, Eberty, Eldenaer, Scheffel, Joseph-Orlopp, Siegfried-, Weitling und Lückstraße am Bf. Rummelsburg vorbei fuhr und dann weiter Boxhagener und Grünberger Straße bis zum Ostbahnhof.

Ging es schnell, brauchte er nur 45 min, in der Regel aber mindestens anderthalb Stunden für die komplette Strecke.

Hinter der Hermann-Blankenstein-Straße gehört ein altes, hohes, rotes Backsteinhaus zur Dipkom GmbH, einem Schulungsunternehmen für Erwachsenenbildung.

Dahinter schließt sich das große Gewerbegebiet an, das zahlreiche Groß- und Einzelhändler nutzen. In einem ehemaligen Verwaltungsgebäude des Zentralviehhofs, vermutlich saß dort einst der Veterinär, ist heute eine Supermarktkette eingezogen. Die nächste Ecke links ist bereits die Samariterstraße, die dem U-Bf. in der Frankfurter Allee ihren Namen gab. Sie ist die Verlängerung der Hermann-Blankenstein-Straße.

Die Samariterstraße kreuzt auf ihrem Weg zur Frankfurter Allee auch die Rigaerstraße, obwohl an diesem Ende der Rigaerstraße nicht der Ort der andauernden Auseinandersetzungen zwischen Polizei und Hausbesetzern ist. Am legendären Eisbeineck an der Proskauer Straße möchte ich mit Ihnen in dieser Folge enden. Diese urige echte Berliner Kneipe gibt es angeblich schon fast so lange, wie es den Zentralviehhof gibt. Auf diesem wurde rund um die Uhr im Vier-Schicht-System gearbeitet.

Legenden besagen, dass Anno dunnemals die bei der Stadt angestellten Mitarbeiter des Zentralviehhofs regelmäßig nach Feierabend aus dem Personaleingang des Viehhofs kommend, ins Eisbeineck einkehrten und nach acht Stunden dort von der nächsten Schicht im Tresen wieder abgelöst wurden.

*

Die Grenzen des Prenzlauer Berg - März 2018
Der Forckenbeckplatz - am 16.2.2018

Die heutige Fortsetzung unserer Reihe möchte ich beginnen mit der Frage, was haben Prenzlauer Berg und Friedrichshain, außer ihrer gemeinsamen Grenze und dass beides innere Stadtteile sind, noch gemeinsam? Es ist genau dieser Forckenbeckplatz, der gegenüber des ehemaligen Abgangs des "Langen Jammer", des Personaleingangs, der Dienstvillen und des Lieferanteneingangs des einstigen Zentralviehhofs liegt.

Der Platz geht genauso wie die großen Plätze am Prenzlauer Berg auf die Planungen von James Hobrecht zurück. Mit knapp 25.000 qm Fläche ist er in etwa so groß, wie das Areal der Kulturbrauerei.

Der Stier- oder Fruchtbarkeitsbrunnen bei uns auf dem Arnswalder Platz sollte ursprünglich erst auf dem Balten- heute Bersarinplatz, und dann auf dem Forckenbeckplatz errichtet werden, was ja auch wieder verworfen wurde.

Maximilian (Max) Franz August von Forckenbeck (* 23. Oktober 1821 in Münster; † 26. Mai 1892 in Berlin) war ein deutscher Verwaltungsjurist und Politiker im Königreich Preußen. Er war Oberbürgermeister von Breslau und von 1878 bis 1892 Berliner Oberbürgermeister.

Er gilt als einer der bedeutendsten Oberbürgermeister Berlins, weil er durch seine umsichtige und sparsame Führung viel für die Berliner und ihre Stadt erreichte. Der Platz wurde 1895 angelegt und bekam am 3.Mai 1895 seinen Namen. In seinem Einzugsgebiet liegen u.a. die immer wieder Schlagzeilen machende Rigaer Straße, aber auch die in den letzten Jahren entstandenen Villen auf dem ehemaligen Zentralviehhof.

Der Platz wird begrenzt durch die Proskauer und Bänschstraße, sowie durch die mit Straßenbahngleisen ausgestattete Liebig- und Eldenaer Str. (Linie 21). Auf dem Platz gibt es u.a. eine Kinderplansche, die von Elefanten,

Krokodilen und Schildkröten eingefasst ist, mehrere Sportanlagen, einen Hundeauslaufplatz, eine große Liegewiese und einen Abenteuerspielplatz der von einem alternativen Jugend-Projekt betreut wird. An der Ecke Liebig-/Bänschstraße steht seit 1970 vor einem Laubengang die Skulptur "Junges Paar" von Erwin Damerow. Sie ist aus Bronze gefertigt.

*

Die Grenzen des Prenzlauer Berg – April 2018
die Eldenaer Straße bis Thaerstraße – am 20.3.2018

In der heutigen Ausgabe geht es um den Abschnitt zwischen Forckenbeckplatz / Liebigstraße und der Ecke Thaerstraße. Dabei geht es auf Friedrichshainer Seite an der winzigen Hübnerstraße vorbei. Die Eldenaer Straße, weiterhin die Grenze zwischen Prenzlauer Berg und Friedrichshain, endet direkt an der Thaerstraße an einem, man möchte fast sagen „Platz". Von ihm geht auch die Mühsamstraße ab, die Verlängerung der Eldenaer Straße ist die Ebertystraße. Hier war ursprünglich Endpunkt der Flachbahn, die vom Bf. Wahrschauer Straße kam.

Auf Seiten des ehemaligen Zentralviehhofs ist die Verlängerung der Liebigstraße die Richard-Ermisch-Straße. Richard Ermisch (* 17. Juni 1885 in Halle an der Saale; † 7. Dezember 1960 in Berlin) war u.a. Oberbaurat in Berlin. Er war der Architekt des Strandbads Wannsee und des Kühl- und Gefrierhauses und der Fleischgroßmarkthallen II & III auf dem Gelände des Zentralviehhofs an der Landsberger Allee (dort, wo jetzt das Velodrom steht) uvam.

Dahinter schließt sich in der Eldenaer Straße ein Büroplattenbau aus DDR-Zeiten an. Untergebracht ist darin u.a. das „Institut für analytische Kinder- und Jugendlichenpsychotherapie".

Quasi gegenüber der der Hübnerstraße ist nur als Spielstraße ausgeschildert die Straße „Am Viehhof" die bis zur „Viehdrift" verläuft. In dem sich daraus und der Eldenaer und Thaerstraße bildenden Karree ist ein höchst merkwürdiges Gebäude untergebracht. Große Be- oder Entlüfter sind dort zu sehen und verspiegelte große Scheiben, dafür aber keine Autos und keine Menschenseele. Alles umrahmt von einer großen Rasenfläche und einem hohen, schmiedeeisernen Zaun. Als ich Bilder davon im März auf Facebook postetete, wurden Unmengen an Vermutungen angestellt. Ist das ein Gebäude von BND oder CIA, eine Forschungsanstalt, die im Zusammenhang mit der „Area 51" steht, eine Chemiefabrik für Backshop-Schrippen oder ein Hangar für UFO's? Nein! Dahinter steckt schon etwas Fortschrittliches, nämlich „Omexom". Das ist ein Energieversorgungsinfrastrukturunternehmen. Es plant, errichtet, ertüchtigt und wartet Freileitungen, Stromkabel, Schaltanlagen, Energie- und Stromversorgungsanlagen, Trafostationen, Beleuchtungsanlagen sowie Kommuni- kationsnetze. Omexom übernimmt auch den Rohrleitungsbau für Gas, Wasser und Fernwärme und es errichtet Schnellladestationen für Elektrofahrzeuge.

*

Grenzen 5 – Mai 18 – **die Thaerstraße** – am 20.4.2018

Die heutige Ausgabe setzt natürlich die Serie fort. Die Thaerstraße war bereits im Hobrechtschen Bebauungsplan von 1862 vorgesehen und als direkte Verbindung der Landstraße, der heutigen Oderbruchstraße, nach "Hohen-Schönhausen" gedacht. Wir berichteten darüber bereits in einer vorhergehenden Folge. Die Thaerstraße bildet nur auf etwa achtzig Metern Länge die Grenze zwischen Prenzlauer Berg und Friedrichshain zwischen der Eldenaer / Ebertystraße und der Hausburgstraße Bis zur Ringbahn zerschneidet sie quasi das Zentralviehhofgelände. Letzteres war nicht immer so. Die Straße ist benannt nach Albrecht Daniel Thaer, * 14.5.1752 Celle, + 26.10.1828 Möglin b. Wriezen, Agrarwissenschaftler, Mediziner. Er gilt als der

Begründer der "rationellen Landwirtschaft". Die Straße trägt ihren Namen seit dem 18.10.1881. Sie war vorher Straße Nr. 50, Abt. XIII/2 des Bebauungsplanes von Hobrecht und begann direkt an der Frankfurter Allee, querte den Balten-, heute Barsarinplatz und endete an der Oderbruchstraße. Der Lichtenberger Abschnitt wurde mit Wirkung vom 21.1.1963 aufgehoben. Nach dem Krieg und dem faktischen Neubau der Stalinallee / Karl-Marx-Allee und der angrenzenden Straßen, wurde die Thaerstraße 1974 / 75 bis zum Bersarinplatz auch an diesem Ende verkürzt. Die durch Kampfeinwirkungen zerstörte Thaerstraßenbrücke wurde nach dem Krieg zunächst nur provisorisch als Fußgängerbrücke aufgebaut und erst 2002 als Straßenbrückenneubau wiedereröffnet. Zwischen Hausburgstraße und Ringbahn trennt die Thaerstraße den ab 1881 in Betrieb gegangenen älteren Teil des Zentralviehhofs vom ab 1895 gebauten neueren Teil.

Um möglichst selten Schlachtvieh direkt über die Straße treiben zu müssen, wurde unter der Thaerstraßenbrücke parallel zur Ringbahn direkt für diesen Zweck[8] eine eigene Gasse angelegt. Dennoch büxten immer mal Tiere aus. Der Zentralviehhof muss in seinen besten Zeiten einen sehr eigenen und für uns heute ungewohnten, sehr intensiven Geruch in die umliegenden Wohnquartiere ausgestrahlt haben - nach Vieh halt und seinen Hinterlassenschaften. Manch heutiger Anwohner regt sich je bereits über den "bestialischen Gestank" nach frischem Brot, Brötchen und Backwaren auf, den noch selbst backende Meister ihrer Zunft durch ihre Werkstätten oder Verkaufseinrichtungen verbreiten, wie im Falle einer solchen Einrichtung in der Immanuelkirchstraße. In der Thaerstraße ist zwischen Eldenaer und Hausburgstraße rechts weiterhin das Betriebsgelände von Omexon, links gründerzeitliche Wohnbebauung.

*

---

8   ... den Viehtrieb ...

Grenzen 6 – Juni 18 – **Hausburgstraße**

..... unsere kleine Reihe über die Grenzen des Prenzlauer Berg wird heute fortgesetzt mit der Hausburgstraße am 21./22.5.2018

Die Hausburgstraße galt früher, als der Viehhof noch existierte, als eine der schlimmsten Straßen der Stadt. Nicht etwa wegen des Verkehrs oder der Kriminalität, sondern wegen ihres Geruchs. Echte Landluft ebend. Auf dem breiten Streifen zwischen der Hausburgstraße und der heutigen, parallel laufenden Otto-Ostrowski-Straße (einst ein ganz normaler Versorgungsweg innerhalb des Städtischen Viehhofs) standen quer zu diesen riesige Kuhställe. Einige Fassaden davon sind erhalten und beherbergen heute u.a. eine Turnhalle.

Um diese Turnhalle, auf dem Gebiet des Prenzlauer Berg, gibt es Probleme, denn sie wird momentan vor allem von der Hausburg-Grundschule im Friedrichshain genutzt. Während besagte Schule bisher keine eigene Turnhalle im Friedrichshain hat, hat unsere Turnhalle noch keine ihr zugeordnete Schule am Prenzlauer Berg. Aber die soll bald kommen. Die zum Teil wieder aufgebauten Reste des einstigen betriebsinternen Wasserturms[9] liegen in dem genannten Streifen inmitten eines kleinen Parks zwischen Hausburg- und Ostrowski-Str.

Dass das ganze Areal erst 1934 nach einer Verwaltungsreform vom Bezirk Friedrichshain zum Prenzlauer Berg kam, hing mit der Feuerwehr zusammen. Durch die neuen Großmarkthalle und das Kühlhaus, sowie durch Bahnladerampen am Bf. Landsberger Allee, auf dem Gelände des heutigen Velodroms, befand sich der Zentralviehhof plötzlich in zwei Stadtbezirken und bei Feuer kam es zu Kompetenzgerangel innerhalb der Berliner Feuerwehr, welche zuständig sei, deshalb wurde der Zentralviehhof schließlich komplett dem Prenzlauer Berg zugeschlagen.

---

9   ... des Zentralviehhofs ...

Hinzu kamen die Schlachtereien entlang der Landsberger Allee und die sogenannten "verarbeitenden Gewerbe" wie Gerbereien, Darmschleimereien usw., und aus eigenem Erleben weiß ich, wie scheußlich Tierhäute stinken, die in diesem Gerbungsprozess stecken.

Auf dem Zentralviehhofsgelände direkt an der Ecke Landsberger Allee / Hausburgstraße befand sich der Freibankverkauf, der bis Ende des Krieges vor allem arme Leute anzog.

Das Wort "Freibank" ist noch als Schriftzug an einer der Hallen erkennbar.

Freibankfleisch war von Tieren die Notgeschlachtet worden waren, weil sie sich in irgendeiner Form, oft beim Viehtransport, verletzt hatten. Viral oder Bakteriell infiziert war dieses Fleisch nicht.

Es kam also z.B. von Schweinen, die sich ein Bein gebrochen hatten, dann war das Eisbein ebend etwas Blutunterlaufen, ein Schweineohr hatte einen Riss, oder der Kieferknochen (wichtig für die Herstellung von Schweinskopf-Sülze) war angebrochen.

Deshalb galt Freibankfleisch als Fleisch zweiter Klasse und war darum billiger.

Die DDR exportierte gegen Devisen fast alles in den Westen. So auch das ganze "gute" Fleisch. Freibankfleisch nahm West-Berlin aber nicht ab und so war das Fleisch, das es im Freibankverkauf gab, oft besser, magerer, als das, was man im normalen Einzelhandel im Wortsinne erstand. Meine Mutter kaufte hier oft.

Von 1881 bis 1901 war der Königliche Ökonomierat Hausburg Verwaltungsdirektor des Städtischen Viehhofs, 1886/87 Direktor der neu eröffneten Markthallen Berlins. Er wohnte 1892 in der Eldenaer Straße. Die nach ihm benannte Straße war vorher "Straße Nr. 48 b, Abt. XIII/2" des Bebauungsplanes von James Hobrecht.

In einem Haus am Rande des Zentralviehhofs, an der Ecke Thaer-/Hausburgstraße 32, war einst die "25.Abteilung der

Städtischen Straßenreinigung" untergebracht. Ein historischer Schriftzug und eine gesondert angebrachte Tafel erinnern daran.

*

Grenzen des Prenzlauer Berg Teil XV - Juli 2018
am 20.6.2018

In dieser Folge geht es entlang der Landsberger Allee. Ab Hausburgstraße bzw. Fritz-Riedel-Straße ist es erneut diese Allee, die die Grenze des Prenzlauer Berg, hier nun zum Friedrichshain, bildet.

Ist östlich vom ehemaligen Zentralviehhof der südliche Fußweg der Landsberger Allee die Grenze zum Prenzlauer Berg, so ist es auf diesem westlich des Viehhofs gelegenen Abschnitt der nördliche Fußweg.

Die Fritz-Riedel-Straße war im Hobrechtschen Bebauungsplan Straße 28a, Abt. XIII/1.

Ab 1906 erhielt sie den Namen Deutsch-Kroner-Straße nach der Stadt Deutsch-Krone in Westpreußen, seit 1945 Wałcz in Polen. In dieser Straße stand die Werner-Seelenbinder-Halle, einst eine Groß-markthalle, bis zu ihrem Abriss um 1995. Seit 1997 befindet sich an deren Stelle das Velodrom mit dem Komplex Schwimm- und Sprunghalle im Europasportpark (SSE).

Bis zur Schaffung der Baufreiheit für das Velodrom ab 1995 stand vom Ringbahnhof bis zur Werner-Seelenbinder-Halle in der Fritz-Riedel-Straße ein einziges langes, back-steinernes, eingeschossiges Gebäude aus denselben roten Klinkern und in genau demselben Baustil, wie gegenüber der Allee die Bauten auf dem Zentralviehhof. Blumenläden gab es da, eine Schneiderei die Ausbildete, wie mir jemand aus der Familie erzählte, kleine Geschäfte und auf der Ecke die Sparkasse, in der mir meine Mutter nach meiner Geburt mein erstes Sparkonto einrichtete. Dort brachte ich, als ich später in der Gegend arbeitete, regelmäßig, wir Angestellten wechselten uns dabei ab, in Geldbomben nach Feierabend die Tageseinnahmen unserer HO-Kaufhalle Am Steuerhaus bis 1990 hin. Es wurde für diesen Weg immer eine halbe Überstunde geschrieben. Es mußten immer zwei Kollegen miteinander gehen. An bewaffnete Geldtransporter war bis zur Währungsunion am 1. Juli 1990 überhaupt nicht zu denken.

Das Carré zwischen Fritz-Riedel-Straße und Conrad-Blenkle-Straße ist überwiegend im Jahr 1988 in DDR-Plattenbauweise errichtet worden. Ich weiß beim besten Willen nicht, was dort früher war, erinnere mich nur noch nebulös an schwarz geteerte Bretterzäune und vermute, dass das dort Trümmergrundstücke aus dem Krieg waren. Davon gab es ja viele in der Stadt. Das etwas ältere Eckhaus an der Conrad-Blenkle-Straße diente als sogenanntes Mieterhotel. Als z.B. ganze Häuser in der Schivelbeiner Straße Ende der 1980er Jahre saniert wurden, setzte man deren Mieter während der Baumaßnahmen in diesen Gebäudekomplex. Um die dahinter gesetzten zehngeschossigen Plattenbauten, an der Kreuzung mit der Danziger Straße, die ursprünglich mal als Außenfassade gelbe Kacheln hatten, kümmern wir uns genauer in der nächsten Ausgabe. Diese Bauten sind in den letzten Jahren teuer energetisch saniert und mit einer neuen, hässlich blau-grauen Fassade versehen worden. Sie sind aus den frühen 70er Jahren.

*

Die Grenzen des Prenzlauer Berg Teil XVI
am 20.7.2018

In der heutigen Ausgabe geht es um die Ecke Danziger Straße, Landsberger Allee. An dieser Stelle wird in Richtung Bersarinplatz aus der Danziger die Petersburger Straße.
Die grauen Zehngeschosser mit den Hausnummern Landsberger Allee 79 und Danziger Straße 243 sind aus den frühen 70er Jahren und hatten einst gelbe Kacheln als Fassade. Sie sind in den letzten Jahren einmal teuer

energetisch saniert worden. Wobei mich selbst die Autosuggestion, es sei ja ein freundliches Grau, beim Anblick dieser nun sehr wuchtig wirkenden Gebäude nicht vom Hocker reißt. Dahinter gut eingebaut und von den Hauptstraßen aus nicht zu sehen ist ein großes Haus, das wie ein Industriebau aus der Gründerzeit aussieht. "Seniorendomizil Prenzlauer Berg" kann man auf Schildern lesen. Im Internet findet man Informationen darüber, wie das Haus dort aufgebaut ist, was es alles darin gibt und dass man noch selbst kocht. Informationen zur Historie des Hauses selbst, findet man nicht.

Gegenüber den "freundlich-grauen" Häusern ist das ehemalige SEZ, das "Sport- und Erholungszentrum". In seiner sportlich-kulturellen Vielseitigkeit und seiner Größe war es damals weltweit einzigartig. Die Eintritts- und Restaurantpreise waren hochsubventioniert. Das SEZ wurde am 20. März 1981 nach Plänen eines schwedischen Architektenteams von der Aufbauleitung Sondervorhaben Berlin unter Leitung von Erhardt Gißke vom IHB fertiggestellt und nach 27-monatiger Bauzeit eröffnet.
Das Gebäude beherbergte unter anderem, das Schwimm- und Spaßbad mit Saunalandschaft und Wellenbad, eine Eis- bzw. Rollschuhlaufbahn, mehrere Fitnessstudios, je eine Bowlinganlage, Tischtennishalle, Gymnastik- und Ballettsäle, mehrere multifunktionale Veranstaltungsräume inklusive Bühnen-, Licht- und Tontechnik, Kampfsportschule, großflächige Billard- und Openair-Sportanlagen, Schachtreff, „Kindersportgarten", Friseursalon, sportmedizinische Praxis und zehn verschiedene gastronomische Einrichtungen.
In der großen Sporthalle des SEZ wurde die DDR-Fitness-Sportsendung „Medizin nach Noten" gedreht.
Und ich kann mich daran erinnern, das Playboy-Gründer Hugh Hefner einmal mit zwei seiner "Bunnys" das Bad besuchte.

Der Berliner Senat war aus Kostengründen an dem Weiterbetrieb des SEZ nach der deutschen Wiedervereinigung nicht interessiert und schloss es 2001. Ein Leipziger Investor übernahm es 2003 und öffnete Bowlingbahn und Tischtennis- und Badmintonhalle wieder. Diese Anlagen sind heute erneut geschlossen. Nach der Lesart des Investors wird der bauliche Bestand des Gebäudes durch den Kaufvertrag mit dem Land nicht gesichert. Große Zäune umstellen das Areal. Das was man sieht, vor allem von der Danziger Straße aus, modert vor sich hin und verwahrlost zunehmend.

*

Die Grenzen des Prenzlauer Berg Teil XVII
Danziger Straße - am 23./24.8.2018

In dieser Ausgabe unserer kleinen Serie sind wir heute, wir umrunden den Prenzlauer Berg im Uhrzeigersinn, in der Danziger Straße von der Landsberger Allee bis zur Margarete-Sommer-Straße.

Die Danziger Straße bestand bereits um 1822 als Feldweg zwischen den Ausfallstraßen nach Greifswald, Prenzlau und zum Rittergut Niederschönhausen.

Man kann davon ausgehen, dass dieser, wie er um 1822 offiziell hieß „Communicationsweg", bereits weit vor 1662 bestand, als Gräfin Sophie Theodore zu Dohna-Schlobitten Ländereien weit vor den Toren Berlins erwarb, um 1664 auf dem Rittergut Niederschönhausen ein Herrenhaus und eine Meierei im holländischen Stil zu erbauen – das spätere Schloss Niederschönhausen.

Im Hobrechtschen Bebauungsplan von 1862 war die Danziger Straße bereits als breite Ringstraße mit Mittelpromenade für eine mögliche Pferdebahn vorhanden. Allerdings gab es erst ab 1865 die erste Pferdebahnlinie in Berlin und die führte von der heute ältesten Straßenbahnhaltestelle der Welt „Mitte – am Kupfergraben" zum Schloss Charlottenburg. Hobrecht plante für seine Zeit sehr vorausschauend und modern.

Danziger Straße hieß ursprünglich nur der Abschnitt zwischen Schönhauser Allee und Greifswalder Straße. Das Stück bis zur Landsberger Allee hieß Elbinger Straße. Elbing, heute Elblag, lag auf etwa halber Strecke zwischen Danzig und Königsberg, wurde in Schriften bereits um 0890 erwähnt und gehörte ab 1237 zum Deutschen Orden. Nach dem Versailler Vertrag von 1919 gehörte die Stadt weiterhin zum Deutschen Reich, zu Ostpreußen. Seit 1945 gehört die Stadt zu Polen. Sie hat heute ca. 122.000 Einwohner.

Am 27. Februar 1950[10] wurde der Straßenzug aus Danziger und Elbinger Straße nach dem bulgarischen Kommunisten-Führer Georgi Dimitroff in Dimitroffstraße umbenannt. Mit der Umbenennung beider Straßen, wurde auch das Hausnummernsystem auf das französische mit den geraden und ungeraden Zahlen je Straßenseite umgestellt.

Zum 1. November 1995 setzte sich der Berliner Bausenator Herwig Haase über das gegenteilige Votum des Bezirksparlaments und den Widerstand der Anwohner hinweg und ließ den gesamten Straßenzug in Danziger Straße umbenennen.

Momentan wird gerade an der Paul-Heyse-Straße ein neuer, privatwirtschaftlich finanzierter Wohnkomplex hoch gezogen. Auf der Wiese an der Rudi-Arndt-Straße entstand in den letzten Wochen ein modularer Schulneubau mit Schulhof und Fahrradbügeln, auf dem Parkplatz schräg gegenüber zum Veldorom hin waren die Arbeiten für einen weiteren modularen Schulneubau ende August in vollem Gange. Im Zuge des Berliner Mobilitätsgesetztes des rot-rot-grünen Senats wird seit etwa zwei Monaten ein neuer Radweg zwischen Landsberger Allee und Greifswalder Straße markiert. Für diesen fällt auf weiten Teilen die dritte Fahrspur für Autos weg.

*

---

10 ... andere Quellen geben 1972 oder 1974 an

Die Grenzen des Prenzlauer Berg Teil XVIII
Werneuchener Wiese - am 10./11./13./17.9.2018

In der heutigen Folge dieser Reihe biegen wir, wir bewegen uns weiterhin im Uhrzeigersinn entlang der Grenzen unseres Ortsteils, von der Danziger Straße ab und gelangen zur "Werneuchener Wiese".

Verdammt, wo ist die denn? Die Werneuchener Straße ist doch in Alt-Hohenschönhausen!

Gemeint ist die Wiese an der Danziger / Kniprodestraße mit der Tankstelle und dem Beach-Volleyball. ... manche Bezeichnungen halten sich länger ... Die heutige Margarete-Sommer-Straße ist benannt nach einer katholischen Sozialarbeiterin und Laiendominikanerin. Während des Holocausts half sie verfolgten jüdischen Bürgern und bewahrte viele vor der Deportation.

Den Namen trägt die Straße seit dem 5. November 1993.

Im Hobrecht-Plan, war sie Straße 16a, Abt. XII. Sie erhielt 1896 die Bezeichnung Werneuchener Straße nach einer Stadt in der Mark Brandenburg. Zwischen 1880 bis 1890 entstanden auf dem Areal 1.500 Wohnungen in 48 fünfgeschossigen Mietshäusern, die bis zu drei Hinterhöfe aufwiesen. Die Mieter mussten zum Kriegsende, zwischen dem 26. und 30. April 1945 innerhalb von Minuten ihre Häuser räumen, weil die Waffen-SS sie sprengte, um auf die vorrückende Sowjetarmee vom Flakbunker im Friedrichshain aus freies Schussfeld zu haben. Berlin kapitulierte übrigens zwei Tage später, am 2.Mai 1945.

Nach dem Krieg gab es in der DDR verschiedene Pläne, was mit der ca. 40.000 qm großen Fläche passieren soll. So sollte sie ab 1953 Teil der Sportanlagen des Friesenstadions werden. Der Bau eines 130m hohen Fernsehturms in den Müggelbergen wurde 1954 abgebrochen. Das halbfertige Gebäude dort nutzt noch immer die Telekom. 1957 wurde die Werneuchener Wiese für dessen Standort eingeplant, das Projekt aber wegen Geldmangels auf Grund des Baus der

Berliner Mauer am 26.Mai 1962 eingestellt und der Fernsehturm ab April 1965 am heutigen Standort errichtet.[11] Mein Vater baute am Fernsehturm mit. 1953 wurde unter der Wiese eine unterirdische Schießanlage errichtet, die 1987 wieder geschlossen wurde.

Die Tankstelle gibt es seit 1969. Ab 1986/87 plante man auf dem Gelände ein "Haus der Jugend", ähnlich dem "Pionierpark" in der Wuhlheide, dem heutigen FEZ, für die FDJ zu errichten. Nach der deutschen Wiedervereinigung war erneut alles offen.

Im Jahr 1997 wurden zwei Gedenksteine und zwei Eichen gepflanzt für die Erbauer des Volksparks Friedrichshain, Peter Joseph Lenné und Gustav Meyer.

Tino Schopf (SPD, MdA) erzählte mir auf Nachfrage etwas über die neuesten Entwicklungen der nächsten Jahre. So sollen die Feuerwehren der historischen Wache in der Oderberger Straße auf der Wiese ein neues zu hause bekommen und in der Oderberger Straße nur noch die Rettungswagen bleiben. Auf einem weiteren Teil des Geländes soll in modularer Bauweise eine Schule entstehen, die nacheinander als Ersatzstandort für alle anderen in den nächsten Jahren zu sanierenden Schulen im Stadtteil genutzt werden soll. Auf einem weiteren Teil möchte man den Anwohnern sogenanntes "urban Gardening" gestatten.

*

Grenzen des Prenzlauer Berg Teil 19
die Virchowstraße - am 19.10.2018

Liebe Leser in unserer kleinen Serie über die Außengrenzen des Prenzlauer Berg schrammen wir heute noch einmal an der "Werneuchener Wiese" vorbei. Die Begrenzung der

---

11 ... nicht nur wegen Geldmangels wurde der Bau 1962 abgebrochen, der Hauptgrund war Materialmangel, weil entsprechende Baustoffe ab 13. August 1961 für den Bau der Berliner Mauer benötigt wurden

"Werneuchener Wiese" sind die Danziger, die Kniprode, die Margarete-Sommer- und die Virchowstraße. Die Virchowstraße hat heute keinerlei postalische Bedeutung für den Prenzlauer Berg.

Kauperts schreibt: "Virchow studierte Medizin und promovierte 1843 an der militärmedizinischen Pépinière in Berlin. ... Am 15. Oktober 1891 wurde er der 43. Ehrenbürger von Berlin. Er hatte sich um die Stadt besondere Verdienste als Stadtverordneter erworben, indem er gemeinsam mit Hobrecht und Forckenbeck die Einrichtung der Kanalisation energisch vorantrieb. ... Er übte großen Einfluss auf die Hygienegesetzgebung und auf die soziale Fürsorge aus und führte die allgemeine Fleischbeschau in Preußen ein (1877). Auch bewirkte er die Eröffnung von vier städtischen Krankenhäusern in Berlin."

Seinen Namen trägt die Straße seit dem 17.3.1891, davor war es die "Straße Nr. 32, Abt. XIII/2" des Hobrechtschen Bebauungsplanes.

Die Straße beginnt direkt an der Landsberger Allee, fast gegenüber der ehemaligen Schultheißbrauerei, die noch bis 1991 die Braustätte für die hefetrübe Berliner Weiße war. Ausgeliefert wurde diese bis 1991 in 25er Holzkästen ohne Flaschenzwischenschutz, so dass im Hochsommer, bedingt durch den schlechten Straßenbelag in Ostberlin, die Hitze auf den LKW und das Gestucker auf den Lieferfahrzeugen oft nur noch die Hälfte der Flaschen heil im Einzelhandel ankamen. Der Rest war Glasbruch, und beim meist praktizierten Abladen der Kästen von Hand von den LKW explodierten weitere Flaschen. Berliner Weiße war damit für die Mitarbeiter im Einzelhandel immer eine recht blutige und nicht ungefährliche Angelegenheit.

Die Virchowstraße ist zum einen die Einfahrt für die um 1980 entstandene Wendeschleife der Straßenbahn an der Langenbeckstraße nach rechts, zum anderen geht es nach links in Richtung Kreißsaal des Krankenhauses Am Friedrichshain.

Der Abschnitt durch den Volkspark ist nur für Fußgänger und Radfahrer passierbar.

Wenn man am anderen Ende, dort wo die Margarete-Sommer-Straße auf die Virchowstraße trifft, die Virchowstraße quasi kreuzt und in den Volkspark geht, so ist hinter einer uralten Eiche auf einer Anhöhe das "Denkmal des polnischen Soldaten und deutschen Antifaschisten". Im Jahr 1965 schlug der Verband der Kämpfer für Freiheit und Demokratie für die DDR in Berlin vor, ein Denkmal für die im Zweiten Weltkrieg kämpfenden polnischen Soldaten zu errichten. Zwei Jahre später einigten sich die Regierungen der DDR und Polens, das Denkmal nicht nur den polnischen Soldaten, sondern auch den deutschen Antifaschisten zu widmen. Der Entwurf kam von Arnd Wittig und Günther Mertel aus der DDR, sowie von Zofia Wolska und Tadeusz Łodziana aus Polen.

Am 15. Mai 1972 weihte Erich Honecker das Denkmal ein. Die Anlage besteht aus einer hohen Betonsäule, die durch eine wehende Bronzefahne umschlungen wird, einem Relief mit deutsch-polnischer Inschrift und den Staatswappen der ehemaligen Volksrepublik Polen und der DDR. Beide Wappen sind historisch und heute nicht mehr in Gebrauch. Für uns als Berufsschüler in der Greifswalder Straße 24 war dieses Denkmal immer der Endpunkt des Dauerlaufs im Sportunterricht.

*

Die Grenzen des Prenzlauer Berg – Teil 20
Am Friedrichshain - am 20.11.2018

In diesem Teil der Serie entfernen wir uns von der Werneuchener Wiese. Es geht jetzt gerade entlang der Straße Am Friedrichshain. Parks sind ja immer eine recht kiezbezogene Sache. In der Woche, wenn man wenig Zeit hat, geht man nur bis vor die Haustür zum nächsten grünen Flecken. Da bleibt man in seinem Kiez, auch wenn z. B. der Werner-Klemke-Park an der Woelkpromenade in

Weißensee, mit Kreuzpfuhl und Goldfischteich, noch so lauschig, ruhig und unbekannt ist.

Der Volkspark Friedrichshain ist die älteste kommunale Parkanlage Berlins. Anlass war das 100jährige Thronjubiläum von Friedrich II („der Große" / „Alte Fritz") im Jahr 1840. Die Idee stammte von Peter Joseph Lenné, die Pläne von Gustav Meyer 1846 – 1848, der Friedhof der Märzgefallenen von 1848 ist in der Zufahrt zum alten Teil des Krankenhauses im Friedrichshain. Den Märchenbrunnen behandel ich in der nächsten Folge.

Wikipedia: „Der Bau der Flaktürme 1941 sowie die folgenden Luftangriffe vernichteten den alten Baumbestand fast vollständig. 1946 wurden die beiden Bunker gesprengt und die Ruinen 1946–1950 mit Bauschutt verfüllt und überdeckt. Die dadurch entstandenen Trümmerberge („Mont Klamott") wurden im Verlauf der Parkerneuerung nach einem Entwurf von Reinhold Lingner begrünt."

Jedes Jahr zu Pfingsten feierte die Tageszeitung „Neues Deutschland", damals nach eigenem Bekunden „das Zentralorgan der SED", im Park sein Pressefest. Im Jahr 1983 dröhnte aus diesem Anlass vom Park aus durch die halbe Stadt das Stück „Mont Klamott" der Band „Silly". Wobei noch immer nicht klar ist, ob Texter Werner Karma mit „Mont Klamott" nicht vielleicht den Volkspark Prenzlauer Berg an der Hohenschönhauser Straße gemeint habe.[12]

Im Park gibt's zwei Teiche, die „Wasserglocke", den reetgedeckte „Pavillon & Kaminhütte", die Ausflugsgaststätte „Schoenbrunn", das Freiluftkino, einen Kräutergarten, Grillplätze, mehrere Plätze für alle möglichen Sportarten, ganz viele Spielplätze und eine Kinderplansche mit Elefanten. Neben dem Denkmal an der Virchowstraße, über das ich in der letzten Folge berichtete, gibt's an der Friedenstraße das Spanienkämpferdenkmal.

---

12 .... habe 2022 erfahren, dass er den Volkspark Prenzlauer Berg meinte

Diese Gedenkstätte für die Interbrigadisten im Spanischen Bürgerkrieg wurde 1966 – 1968 nach den Entwürfen des Bildhauers Fritz Cremer errichtet. Es ist der Mittelpunkt der Gedenkstätte, die an die mehr als 3000 im Spanischen Bürgerkrieg auf Seiten der Republik gefallenen Deutschen erinnert.

Eine Büste von Friedrich II wurde im Jahr 2000 an historischer Stelle aufgestellt.

Etwa auf Höhe der Plansche zweigt die Weinstraße von der Friedenstraße ab. I
n dieser Gegend wurden die Haussprengungen und viele weitere Szenen aus dem Film „die Legende von Paul & Paula" gedreht. Weiterer Drehort dafür war die ehemalige Kaufhalle, heute EDEKA, direkt am heutigen „Platz der Vereinten Nationen", der sich direkt an den Volkspark anschließt. Der Platz hieß von 1864 – 6.April 1950 „Landsberger Platz" und bis zum 13.März 1992 „Leninplatz". Während der Wende in der DDR wollten ihn viele nach Ritter Runkel benennen, einer überaus beliebten Comic-Figur aus dem „Mosaik". Den Kopf des einstigen gewaltigen Lenindenkmals kann man seit April 2016 in der Zitadelle Spandau bewundern.

[13]Nach Abschluss unserer Prüfungen in der 10.Klasse unserer POS in der Roedernstraße in Hohenschönhausen im Mai 1978 hatten wir bis zum Schuljahresende keinen Unterricht mehr und so wurden wir „ausgelernten" Schüler anderweitig eingesetzt. Ich durfte auf diesem Weg eine 1.Klasse unserer Schule beim Wandertag in den Friedrichshain begleiten. Irgenwie fehlten wohl Abfallkübel im Park und so fragte mich ein Kind: „Darf ich denn dann meine Bananenschale hier wenigstens ORDENTLICH am Rand ablegen?"

*

---

13 ... diesen Absatz gab ich zur Streichung frei ... er wurde auch nicht gedruckt

Der Güterbahnhof Greifswalder Straße
am 20./21.3.2018

Na zumindest hat der S-Bahnhof eine eigene Homepage.
Das ist ja schon sehr wichtig heute, bemerkte ich gegenüber
meiner Liebsten[14], als ich mich an die Recherche zu diesem
Bahnhof machte.
Vielmehr findet man jedoch nicht.
Der Personenbahnhof der Ringbahn wurde am 1.Februar
1875 westlich der Greifswalder Straße eröffnet.
Es ist zu vermuten, dass der quasi daneben liegende
Güterbahnhof im gleichen Zeitraum eröffnet wurde und in
direktem Zusammenhang mit dem 1873 eröffneten Gaswerk
stand. Hieß der Personenbahnhof von seiner Eröffnung an
„Weißensee", wurde er am 1.Oktober 1946 in Greifswalder
Straße umbenannt.
Es folgte eine weitere Umbenennung am 15.April 1986 in
„Ernst-Thälmannpark" und am 23.Mai 1993 wieder zurück
in „Greifswalder Straße".
Der daneben liegende Güterbahnhof heißt seit seiner
Eröffnung „Greifswalder Straße".
Und so wie er seinen Namen änderte, so wanderte auch der
Personenbahnhof.
Der Bahnhof hatte ursprünglich nur einen Außenbahnsteig,
der in seinen Abmessungen in etwa dem Parkplatz von Aldi
dort an jener Stelle entspricht. Vierzehn Jahre später,
1889/90, wurde der Bahnhof östlich der Greifswalder Straße
mit einem Mittelbahnsteig neu eröffnet. Um Zuge seines
Umbaus 1983 - 85 wanderte der Bahnhof erneut um ca.
zehn Meter nach Osten, um der damals neu gebauten
Bahnbrücke über die Greifswalder mehr Raum zu geben.
Der S-Bahnhof ist heute einer von zwanzig sogenannten
Stammbahnhöfen der Berliner S-Bahn, mit

---

14 ... diese Beziehung lief sehr daneben, siehe meine
  Kurzgeschichte "Die Burg" in einem der vielen anderen
  Bände von mir

Fahrkartenverkauf[15] und Aufsicht. Außerdem verfügt er über eine dreigleisige sogenannte Kehranlage, wo Züge abgestellt und ein- und ausgesetzt werden können (im letzten Falle >kehren< sie dann quasi um). Das Gebäude am Bahnhofsende beherbergte bis etwa zum Ende der Deutschen Reichsbahn 1993 eine Kantine, in der sich u.a. Zugführer der S-Bahn nach Vorbestellung über Funk, einen Teller mit einer warmen Mahlzeit holen konnten. Das Stellwerk ganz am Ende der Kehranlage, es stand kurz vor der Kniprodebrücke, ist vor einigen Jahren abgerissen worden.

Der Güterbahnhof hat dafür zwei Standorte und nur einer ist bisher geschlossen. Der westlich der Hauptstraße gelegene Teil, mit seinen ehemaligen Abfertigungsgebäuden und dem historischen Stellwerk steht seit einigen Jahren unter Denkmalschutz[16]. Hinter dem eigentlichen Güterbahnhof hatte das Gaswerk seine eigenen Gütergleise, die sich bis zur Prenzlauer Allee zogen. Diese Gleise wurden sogar noch beim Abbruch des Gaswerks ab 1982 genutzt.

Aus Sicherheitsgründen (Funkenflug) wurden auf dem Kraftwerksgelände sogenannte Dampfspeicherloks zum rangieren der Waggons benutzt. Stückgutabfertigung muss es noch bis Ende der 80er Jahre gegeben haben. Zumindest entsinne ich mich noch an Stückgutwagen der Deutschen Post, die dort standen und be- oder entladen wurden.

Von diesem alten Güterbahnhof aus wurden u.a. auch die Ziegelei und Schreinerei auf dem Helmholtzplatz, per umladen in eine Feldbahn, beliefert. Die Deutsche Bahn entfernte vor etwa zehn Jahren alle Gleise des Güterbahnhofs. Das Areal ist in der Folge als Bahnhofsgelände vor einigen Jahren von einem Investor erworben worden, der dort Wohnungen bauen möchte. Die historischen Güterabfertigungsgebäude muss er allerdings erhalten.[17]

---

15 ... gibts 2024 nicht mehr
16 ... der Denkmalschutz ist mittlerweile aufgehoben
17 ... muss er nicht, will er aber erhalten

Die Stromschiene für den Vorortpersonenverkehr, der ab 1928 oder 1930 „S-Bahn" hieß, wurde am 1.Februar 1929 in Betrieb genommen. Die Masten der Oberleitung für den Güter- und Fernverkehr wurden 1984 per Helikopter gesetzt. Sie wurden per Stahlseil an ihrem Lagerort, dem damaligen Containerbahnhof Frankfurter Allee, an die Hubschrauber geklingt und dann an die entsprechenden Stellen geflogen, wo bereits Montageteams am Erdboden warteten.

Der Fahrdraht wurde normal vom Gleis aus verlegt.

Der östliche Teil des Güterbahnhofs wird noch heute, unter anderem von Brennstoffhändlern, von Lichtner-Dyckerhoff-Beton (Baustoffhändler), RIA Systemservice, Centro Itaila (spezieller Supermarkt), Fa. Barlu, Fisch & Fleisch zu Großhandelspreisen und einem Rollerhändler / -werkstatt genutzt. Wie ich aus gut informierten Kreisen weiß, möchte die Landes- und Bezirkspolitik diesen Güterbahnhof auch in den nächsten Jahrzehnten aus ökologischen Gründen erhalten, kommen so doch Baustoffe auch weiterhin per Schiene und nicht nur per LKW in die Stadt.

*

Die Mühlen am Prenzlauer Berg - am 18.7.2018

In der heutigen Ausgabe um große oder bedeutende Industrien oder Firmen in unserem Stadtteil, möchte ich mich einmal den Mühlen widmen.

Bereits seit mehr als viertausend Jahren nutzt der Mensch die athmospärischen Luftströmungen auf unserem Planeten als Windenergie.

Segelschiffe waren die ersten Massentransportmittel, die bereits die Phönizier einsetzten. Windmühlen waren bis zur Erfindung von Motoren die größten Kraftmaschinen und sind genauso alt, wie die Segelschiffe. Windenergie wurde eingesetzt in Sägewerken, Schmieden, als Pump- und Schöpfwerke wie noch heute in den Niederlanden, in

114

Ölmühlen zum Auspressen von Pflanzenteilen und als Getreidemühlen.

Der Müller war bis zum Beginn des 20. Jahrhunderts ein in Dörfern und Städten sehr geachteter und angesehener Mann. Obwohl die meisten Bauern über ein Feld verfügten, hatte nur der Müller das Recht, zu mahlen. Dieses Recht verliehen oder verpachteten Städte und Dörfer. Hielten sich andere nicht an diese Vorschrift und mahlten ihr Korn selbst, mussten sie mit sehr hohen Strafen rechnen. Städte wie Berlin erhoben in Steuerhäusern an ihrer Stadtgrenze einen Zoll auf im Umland gemahlenes Mehl, damit die eigenen Bauern auf dem eigenen Grund der Stadt in deren Mühlen ihr Korn mahlen ließen.

Neben dem Mahlen gehörte auch die Instandhaltung der Mühle zum täglich Brot des Müllers. Um diesen Pflichten uneingeschränkt nachgehen zu können, waren Müller meist von Diensten wie dem Kriegsdienst befreit. Wie andere Handwerksberufe, so waren auch die Müller in Gilden und Zünften organisiert, die untereinander Preisabsprachen durchführten. Damit war die Müllerei ein gutes Geschäft, auch und insbesondere für Städte wie Berlin.

In Berlin gab es einmal ca. 120 Mühlen mit im Wesentlichen vier Zentren mit hohen Mühlenkonzentrationen. Rund dreißig Mühlen standen am Prenzlauer Berg, davon zierten alleine acht Getreidemühlen den Rand des Windmühlenbergs. Das zweite große Zentrum bildete das Gebiet um Müller- und Seestraße im Wedding, elf Mühlen standen nördlich von Schöneberg um den seinerzeitigen Mühlenweg (seit 1912: Badensche Straße) und eine große Zahl Loh- und Walkmühlen befand sich in Rixdorf (Neukölln).

Der Windmühlenberg war der Übergang von den Ausläufern des Barnim ins Berliner Urstromtal und entstand in der letzten Eiszeit, die vor etwa zehntausend Jahren endete. Die westliche Lage des Hangs prädestinierte diese Gegend bei den hier vorherrschenden Winden aus West und Nordwest geradezu zum Bau von Windmühlen. Bereits ab 1748 wurden auf Geheiß von Preußens König Friedrich II (Friedrich der Große) die ersten fünf Windmühlen auf dem Berg zwischen Prenzlauer und Schönhauser Tor errichtet. Wo genau die einzelnen Mühlenstandorte dieser einst dreißig Mühlen waren, lässt sich heute kaum noch nachvollziehen.

Eine der letzten Mühlen Berlins brannte um 1920 herum ab und stand an der Prenzlauer Allee in etwa dort, wo heute die kugelige Sonnenuhr in Sichtweite des Planetariums ist. Die mutmaßlich allerletzte Mühle stand am Bf. Prenzlauer Allee direkt an den Ringbahngleisen. Viele wundern sich sicherlich, wenn sie dort auf die S-Bahn warten, warum es in der Begrenzungsmauer zu den hoch darüber liegenden Wohnhäusern, etwa in Höhe des Aufsichtshäuschens, so einen weiten Mauervorsprung bis direkt an die S-Bahngleise gibt. Auf genau diesem Vorsprung stand diese Mühle.

Dort jedoch, wo heute das Mühlenbergcenter und davor die Clubgaststätte "zur Mühle" ist, standen angeblich niemals Mühlen. Die Windausbeute in der glazialen Rinne entlang der Greifswalder Straße war schlicht zu gering.

Die in Berlin eingesetzten städtischen Mühlen waren überwiegend einfache Bockwindmühlen, wie die im Dorf Marzahn, bei denen der Müller die ganze Mühle in den Wind drehen musste. Bei den teureren, neueren und moderneren Holländerwindmühlen drehte ein zweites, sehr kleines Windrad nur den Kopf Mühle samt Mahlflügeln von allein in den Wind, so dass die Windkraftausbeute automatisch und am effizientesten war.

Das Mehl war damals ein anderes, als heute. Die Mahlsteine nutzten sich ab und mussten regelmäßig nachgeschliffen werden. Das was sich da vom Mahlstein abnutzte, der Steinstaub, landete im Mehl, wurde im Brot mit verbacken und nutzte damit die Zähne der Menschen beim Verzehr des

Brotes ab. Die Mahlsteine mussten regelmäßig mit Hammer und Meißel nachgeschliffen, nachgeschärft, werden. Dazu wurden die Zentnerschweren Steine mit Seilwinden und Windenergie aus ihren Verankerungen gehoben. Auch dies alles gehörte zu den Aufgaben des Müllers.

Wegen der Reibung von Holz auf Holz kam es beim Mahlen gelegentlich zu Funkenflug.

Weil Mühlen im Vergleich zu den damaligen Wohnhäusern höher waren als diese, wurden sie verhältnismäßig häufig Opfer von Blitzeinschlägen. Bockwindmühlen brannten deshalb immer wieder einmal ab.

*

Große Firmen – die Post - Oktober 2018
am 26. + 27.8. + 14. + 15. + 16.9.2018

Über die Postgeschichte sind vermutlich schon ganze Hallen mit Bänden geschrieben worden.

Primäres Geschäftsgebiet war die Übermittlung von Nachrichten, erst später auch die Überbringung persönlicher Gegenstände (Pakete oder Geld).

Kaum ein Jüngerer weiß heute noch, was ein Telegramm war. Ich hab das Arbeiten am Fernschreiber noch gelernt.

Bereits in der Steinzeit wurden wichtige Nachrichten per Bote überbracht. Legendär aus der Antike ist sicher der Lauf des Pheidippides der die Kunde des Sieges vom Schlacht-feld bei Marathon über die Perser in das ungefähr 40 km entfernte Athen brachte.

Reiterstaffeln gab es bereits ca. 500 vor Chr. in Persien.

Mit dem Begriff cursus publicus (lateinisch etwa: „staatliche Beförderung") wird ein System zur Beförderung von Nachrichten, Gütern und Personen während der Römischen Kaiserzeit bezeichnet, das unter Augustus etwa zur Zeit der Geburt Christi eingeführt wurde. Ähnliche Reiterstaffeln gab es ab ca. 1267 vom Deutschen Orden im Gebiet des späteren Preußen. Legendär, aber nur ein Jahr lang wirklich in Betrieb, war der amerikanische Pony-Express, der vom Missouri Post per Reiterstaffel ab 3.April 1860 ca. 3100 km durch die Prärien und Rocky Mountains bis nach San Francisco beförderte. Das Wort „Post" ist abgeleitet vom Wort „Posten". Das assoziiert ja schon eine Staffel in irgendeiner Form. Es ist aus dem lateinischen und bedeutet so viel wie „feststehender Punkt".

Der Deutsche Kaiser Rudolf II. erklärte das Postwesen 1597 zum kaiserlichen Hoheitsrecht. Das so genannte Postregal („Regal" nicht „Billy" von ikea, sondern wirtschaftlich nutzbares Hoheitsrecht, aus dem lat. regalia „das dem König Zustehende, bes. die ihm zustehenden Einkünfte", aus lat. regalis „dem König zukommend, königlich", zu lat. rex, Gen. regis, „König") beinhaltete das Alleinrecht des Staates, Posteinrichtungen zu gründen und zu betreiben. Dieses Monopol erhielt im „Heiligen Römischen Reich Deutscher Nation" das Haus Taxis als kaiserliches Lehen.

Unter Kurfürst Friedrich III. von Brandenburg (1657–1713, ab 1701 als Friedrich I. König in Preußen) wurde am 10. August 1712 eine preußische Postordnung erlassen, in der Thurn & Taxis keinen Beförderungsauftrag mehr hatten, sondern dieser nun direkt von Preußen übernommen wurde. Das lag sicher mit daran, dass Preußen nur zu einem Teil im Deutschen Kaiserreich lag. Am 26. November 1782 wurde eine neue Postordnung erlassen, und Infolge eines Edikts König Friedrich Wilhelms II. entstand die erste Chaussee in Preußen zwischen Berlin und Potsdam.

Nach dem Sieg im preußisch-österreichischen Krieg erzwang Preußen 1867 die Abtretung der Thurn- und Taxischen Post an den preußischen Staat gegen eine Abfindung.

Auch die ab 1847 beginnende Telegraphie und das Berliner Rohrpostnetz, das ab 1864 entstand, waren Teil der Post.

Am 1.Januar 1872 wurde die Deutsche Reichspost gegründet.

Als Geburtsstunde des Rundfunks in Deutschland gilt der 29. Oktober 1923. An diesem Tag wurde die erste Unterhaltungssendung aus dem Vox-Haus ausgestrahlt. Interessanter Weise gehörten die technischen Anlagen des Rundfunks, auch die des ab dem 22.März 1935 auf Sendung gehenden Fernsehens, zur Post. Das hatte die kuriose Folge, dass alle Mitarbeiter des Rundfunks Postangestellte oder gar Beamte waren.

Ab dem 28. Februar 1933 wurde das Post-, Telegraphen- und Fernsprechgeheimnis in Deutschland aufgehoben.

Der Vorläufer der Deutschen Bundespost wurde 1947 als Nachfolger der Reichspost unter der Bezeichnung Deutsche Post gegründet.

In der sowjetischen Besatzungszone wurde die Deutsche Post (DP) aufgrund eines Gesetzes vom 3. April 1959 eine staatliche Einrichtung der Träger des Post- und Fernmeldewesens in der DDR. Ihr wurde das alleinige Recht zur Nachrichtenbeförderung, Nachrichten- übermittlung sowie zum Vertrieb von Presseerzeugnissen (PZV) auf dem Gebiet der DDR übertragen.

Aufgrund des Artikels 27 des Einigungsvertrages wurde die DDR-Post am 3. Oktober 1990 mit der Deutschen Bundespost verschmolzen.

Die Deutsche Post AG entstand am 1.Januar 1995 durch Privatisierung der Behörde Deutsche Bundespost – Postdienst („gelbe Post"). Gleichzeitig entstand aus dem Bereich namens „Fernmeldedienst" („graue Post") die Deutsche Telekom sowie aus dem Bereich Postbank („blaue Post") die Postbank.

Weil der Bereich Postbank bis Ende 1994 noch staatlich war, bekamen Rentner ihr Geld vom Rentenversicherer auf diesem Weg.

Der Güterbahnhof Eberswalder Straße (bis 1950 Nordbahnhof) durfte mit Beginn der Berlin-Blockade am am 24.Juni 1948 (Infolge der Währungsreform in den drei westlichen Besatzungszonen vom 21. Juni 1948) keine

Güter mehr aus dem Berliner Umland umsetzen. Lediglich der Postumschlag blieb. Nach dem Mauerbau am 13.August 1961 wurden Pakete und Päckchen von Ost- nach Westberlin und in umgekehrter Richtung in Ostberlin über den Postbahnhof zwischen Wriezener Bahnhof und Ostbahnhof abgewickelt. Gerade zu Feiertagen sah man aus der S-Bahn, die über die Stadtbahn fuhr, dort immer wieder Gitterbehälter voller Päckchen.

Das Filialnetz der Deutschen Post war bis weit nach deren Privatisierung wesentlich dichter.

Die einzigen mir noch bekannten und heute noch existierenden „rund-um-Postfilialen" sind im Mühlenbergcenter, Marienburger Str. /Prenzlauer Allee[18] und in den Schönhauser Allee Arcaden.

Ab wann sich die erste Postfiliale auf dem Gebiet des heutigen Prenzlauer Berg befand, läßt sich nicht mehr nachvollziehen.

Die Postleitzahl gibt es im gesamten Deutschland seit 1941, als im Deutschen Reich zweistellige Postleitgebietszahlen eingeführt wurden, zunächst für den Paket- und Päckchendienst. Ab 1944 galten diese Postleitgebiete auch für den Briefverkehr. Die Zahlenkombinationen wurden nach dem Zweiten Weltkrieg weiterverwendet. 1962 fand in der Bundesrepublik und 1965 in der DDR ein Wechsel zu jeweils eigenständigen Postleitzahlsystemen statt. Beide Leitsysteme wurden 1993 von einem von der Deutschen Bundespost entwickelten fünfstelligen System für das wiedervereinigte Deutschland abgelöst.

Bereits ab 1862 gab es im kaiserlichen Berlin einen Vorgänger der Postleitzahlen, die für einzelne Postämter und deren Zustellgebiet ausgegeben wurden.

So gab es auf dem Gebiet des heutigen Prenzlauer Berg im Jahr 1920 folgende Zustellbezirke, die dann auch bei Postsendungen innerhalb der Stadt in der Adresse vermerkt werden mussten:

---

18 ... nach einer Geldautomatensprengung 2022 geschlossen

N 37 = Nord 37 – mit dem Postamt Schwedter Straße
N 58 = Nord 58 – mit den Postämtern Eberswalder Str. 8/9
(heute ist darin eine Polizeiwache) und Danziger Straße 3
(nach der alten Nummerierung)
N 103 – Senefelder Straße (später Umzug in die Putbusser
Straße)
N 106 – in der Schönhauser Allee
N 113 – Bornholmer Straße 13
NO 55 = Nordost 55 – Marienburger Straße 18/19
NO 74 – Woldenberger Str. (später Dietrich-Bonhoeffer-Str)
– Später Umzug in die Fürstenwalder Str. 2 mit dem Zusatz
„Gehört zum Postamt 18"
NO 92 – Danziger Straße mit dem selben Zusatz
NO 96 – Greifswalder Str. 8 – später NO 55 zugeschlagen
NW 67 = Nordwest 67 – Eldenaer Straße – zuständig für
den Zentralviehhof
Mit der Einführung neuer Postleitzahlen in der gesamten
DDR zum 1.Oktober 1964 fielen in Berlin die Buchstaben
weg und sie wurden durch eine „1" ersetzt. Reichte diese
„1" nicht für eine vierstellige Nummer aus, so wurde diese
„1" um eine „0" ergänzt.
Beispiele:
N 37 = 1037
NO 55 = 1055
N 113 = 1113
Übrigens gab es in der DDR bis in die 60er Jahre hinein im
ländlichen Raum, so wie es sie noch heute in der Schweiz
gibt, zusätzlich zur Deutschen Reichsbahn und lokalen
Unternehmen in Ballungsräumen wie der BVG, auch noch
Postbusse für die Beförderung von Personen.

Das Postaufkommen war von der Menge her schon in den
80er Jahren riesig. Morgens um 5.30 Uhr war die abonierte
Tageszeitung bereits im Briefkasten, Briefpost kam am
Vormittag, Päckchen wurden nur in seltenen Fällen direkt
zugestellt, dafür gab es um so größere Pakete, die man

selber von der nächsten Postfiliale abholen musste. Von und zum Grundwehrdienstleistenden in der NVA wurden „Fresspakete" (mit Salami, Kaffee, Zigaretten und Dosenananas vom Onkel aus Steglitz) und zurück dreckige Wäsche geschickt.

Legendär ist sicher auch das „Westpaket" von der Verwandtschaft „von drüben". Von West- nach Ostberlin oder umgekehrt (viele Ostler schickten z.B. Dresdner Christstollen „rüber") konnte so ein Paket durchaus eine Laufzeit von bis zu drei Wochen haben, weil „alle mal reinschauten", also Zoll, Staatssicherheit, CIA. Der Inhalt der Westpakete musste mit der Aufschrift „Geschenksendung, keine Handelsware" gekennzeichnet sein und ein Inhaltsverzeichnis enthalten. Verschickt wurden neben Kleidung und Bettwäsche vor allem Süßigkeiten, Kaffee und Backzutaten.

Der Versand von Geld, d. h. Deutsche Mark, war verboten, mitunter wurde aber versucht, z. B. in Kaffeeverpackungen Geld zu verstecken. Nach der „Kaffeekrise" in der DDR (Auslöser war eine Schlechte Kaffeeernte in Brasilien 1976, die die Weltmarktpreise für Kaffee in die Höhe trieb und dazu akuter Devisenmangel der DDR, man versuchte sich dann dadurch zu behelfen, indem man richtigen Kaffee mit Getreidekaffee im Verhältnis 1 : 1 mischte zum gruselig schmeckenden „Kaffeemix") plante diese in ihrer Wirtschaftkommission ab 1977 regelrecht die Kaffeelieferungen per Westpaket an die eigene Bevölkerung mit ein. Etwa zwanzig bis fünfundzwanzig Prozent des in der DDR getrunkenen Kaffees stammte aus Westpaketen, zumal der Preis im Einzelhandel der DDR recht hoch war. Bei einem Nettostundenlohn von rund 3,50 M kostete Kaffee 125 g (ein Viertelpfund) mit 8,75 M – 10,00 M relativ viel.

Etwa 25 Millionen „Westpakete" wurden pro Jahr etwa verschickt. Die Pakete rochen wenn man sie öffnete immer sehr interessant nach würzigem Kaffee, Apfelsinen, Tabak und Parfüm. ... nach „Westen" halt, wie auch die Filialen des „Intershop", die ab 1974 auch für DDR-Bürger frei zugänglich waren.

Folgende Postfilialen und / oder Postausgabestellen gab es vor der Wiedervereinigung am Prenzlauer Berg:

Wilhelm-Piek-Str. (Torstr) 105/107

Fehrbelliner Str. 30

Marienburger Str. 18/19

Hans-Otto-Str. 25　　　　S

Immanuelkirchstr. 35　　　S

Prenzlauer Allee 54　　　 S

Prenzlauer Berg 18

Danziger Str. 3

Eberswalder Str. 6–9

Wörther Str. 30

Gleimstr. 10

Lychener Str. 52

Greifswalder Str. 89

Zentralviehhof Eldenaer Str. 37/38

Dietrich-Bonhoeffer-Str. 17

John-Schehr-Str. 1

Dimitroffstr. 240

Senefelderstr. 30

Dunkerstr. 78

Schönhauser Allee 127a

Stargarder Str. 79

Schönhauser Allee 105

Bornholmer Str. 6

Kuglerstr. 24

Ückermünder Str. 17

Erich-Weinert-Str. 77

Weil durch diese Filialdichte jedes Postamt fußwärtig relativ schnell erreichbar war, gab es, trotz eines voluminös etwa gleichen Postaufkommens wie heute, weit weniger nervigen Anwohner-Lieferverkehr.

*

Unternehmensgeschichten aus dem Prenzlauer Berg
am 10. + 12. + 13.12.2018
Heute: Die Schokoladenfabrik Gustav Cyliax

„Wenn über Berlin düstere Nebel wehen, dann wissen wir: bei Bahlsen backen sie wieder Kekse!", schwadronierte einst Kabarettist Wolfgang Neuss. Bahlsen ist aber noch immer der größte Süßwarenhersteller, der in Berlin produziert und mittlerweile fast der einzige Industriebetrieb dieser Art in der Stadt.

Das war mal anders. Die Schokoladenfabrik Sarotti wurde 1868 in der Mohrenstraße gegründet und übernahm von dieser Straße ihr Werbelogo, das heute „Sarotti Magier" heißt und eine goldene Hautfarbe hat.

Sie wurden 1998 von Stollwerck in Köln übernommen, die verkauften es 2002 an „Barre Callebaut" und die an „Barronie". Der Firmensitz ist nun in Belgien, produziert wird aber weiter in Berlin.

Die Firma Trumpf (Schogetten) produzierte ab 1921 in Berlin-Weißensee in der Gustav-Adolf-Straße hinter dem Hamburger Platz auf dem Gelände, wo heute das DGZ und die Kunsthochschule sind. Das Unternehmen gehört heute zur „Ludwig-Schokolade", damit zur „Krüger-Gruppe" und produziert u.a. noch in Hohen Neuendorf nördlich Berlins. Die Weißenseer Fabrik wurde 1948, wie auch die Cyliax-Fabrik, enteignet, beides als „VEB Trumpf" weitergeführt und die gingen 1954 in „VEB Elfe Berliner Schokoladenfabrik" auf.

Dieser Betrieb wurde zu einem der drittgrößten Schokoladen- und Süßwarenhersteller in der DDR. In Weißensee produzierte man bis 1991. Eine weitere ehemalige Fabrik von Trumpf in Saalfeld wurde zu „Rotstern". Unter dem Lable von „Zetti", in dem „Rotstern" in den 90er Jahren aufgegangen ist, hat mit der „Schlager Süßtafel" sogar ein ehemaliges DDR-Produkt bis heute überlebt.

Meine Urgroßmutter hatte ab 1920 einen Süßwarenladen in der heutigen Konrad-Wolf-Straße 72, in dem sie Schokoladen von Cyliax, Trumpf und Sarotti und der in Sichtweite stehenden Zuckerwarenfabrik Georg Lempke verkaufte und Weihnachtsmänner und Osterhasen in Manufakturarbeit aus Rohschokolade von Cyliax und Sarotti selbst herstellte. Den Laden schloss sie 1962, weil sie zu diesem Zeitpunkt schon 63 Jahre alt.

Gustav Cyliax meldete am 15.10.1892 seine „Chocoladen- und Confitürenfabrik" beim Handelsregister an. Damit war er schon so groß, dass er seinen kleinen, handwerklichen Manufakturbetrieb auf industrielle Produktion umstellen musste. Zu diesem Zeitpunkt gab es im Deutschen Kaiserreich bereits 68 Fabriken die dieses Marktsegment unter sich aufgeteilt hatten, darunter bekannte Firmen wie Fresöni, Th. Hildebrand, Kranzler, Lindt & Sprüngli, Sarotti, Sawade, Gebr. Stollwerck, Suchard und Trumpf.

Durch die Entdeckung des hohen Zuckergehalts der Runkelrübe, deren Selektion ab 1801 und Napoleons Kontinentalsperre 1807 - 1813, was zu einem Wegfall des Rohrzuckers führte und die Verbreitung der Zuckerrübe begünstigte, war ab 1850 Zucker so billig geworden, daß ihn sich auch ärmere Bevölkerungsschichten leisten konnten. Deutschland heute ist der weltweit viertgrößte Rübenzuckerproduzent.

Gustav Cyliax erwarb vom Bildhauer Sander Gebäude und ein Grundstück in der Kastanienallee 31 das er bis zur Schwedter Straße 35a erweiterte. Hier entstand eine moderne Fabrik mit einer breiten Angebotspalette. Nur fünf Jahre später,1897, gab es Filialen in der Dresdener Straße 24, in der Kommandantenstraße 67, zwei in der Friedrichstraße (115 und 227) sowie in der Königstraße 12. Auf dem Höhepunkt besaß Cyliax 87 Filialen in Groß-

Berlin und drei in Stettin. Die Geschäftsbeziehungen reichten bis Amerika. Nach dem Tod von Gustav Cyliax 1939 übernahmen Walter und Ewald Cyliax die Leitung. Während des 2.Weltkrieges lieferte man bis zu 95 % der Produktion von Dauerbackwaren, Marmeladen und Nährmitteln an die Wehrmacht. Die Produktion teilte sich auf in Keks- und Lebkuchenbäckerei, Zuckerwaren, Früchte-, Marzipan-, Pralinen- und Einlagenherstellung, Waffelproduktion und Figuren-Formerei.

1948 wurde die Firma enteignet. Die bisherigen Eigentümer verlegten ihren Firmensitz daraufhin in die Potsdamer Str. 98 im ehemaligen Bezirk Tiergarten und beschäftigten bald wieder 45 Mitarbeiter. Es gelang ihnen erneut ein kleines Filialnetz mit 6 Geschäften im Westteil Berlins aufzubauen. Die Cyliax ging 1973 in den Besitz der Firma Etzler über. (Quelle: Berlin-Brandenburgisches Wirtschaftsarchiv) Was nun wiederum aus der einstigen Firma Etzler geworden ist, habe ich auch nach mehrtägiger Recherche im Netz nicht mehr herausfinden können.

*

Unternehmensgeschichten aus dem Prenzlauer Berg
März 2019 - am 11. / 13.2.2019 - **die Rettungsdienste**

Mir ist unklar, weshalb Halbirre in letzter Zeit immer häufiger Feuerwehrleute oder Notfallsaniäter im Einsatz angreifen! Was geht da vor in deren Hirnen? Wie kaputt sind diese Leute?

Heutzutage wissen wir, Europaweit gilt die Notfallnummer 112. Dann kommt die Feuerwehr, oder der Sani oder beide. In den USA ist es die 911. In der DDR gab es noch die Trennung, Feuerwehr kam bei 112, der Sani bei 115.

Bis heute gilt: die 112 ist die NOTFALLNUMMER. Wenn gerade Ihr eigenes Leben oder das eines anderen unmittelbar in Gefahr ist, dann gilt die 112. Wenn Sie Sich aber nur Ihren Ischias ver-dingst haben, sich 'ne Fingerkuppe

126

abgesäbelt haben, die Männergrippe haben, oder Sie am letzten Abend zu viel Sauerkraut- und Rhabarbersaft gesoffen haben und jetzt nicht mehr vom Klo herunter kommen, dafür reicht die Notfallnummer des Ärztlichen Bereitschaftsdienstes. Unter 116117 sind die auch innerhalb von etwa zwanzig Minuten bei Ihnen. Alle anderen Notfallnummern finden Sie im Internet.

Die Zentrale für die Notfallsanitäter in Ost-Berlin war bis zur deutschen Wiedervereinigung in der Marienburger Straße, dort wo jetzt dieser wunderbar große Spielplatz ist. Dazu gab es die 1986 eröffnete Poliklinik Karl Kollwitz, das heutige Ärztehaus an der Prenzlauer Allee / Grellstraße, das Städtische Krankenhaus in der Fröbelstraße, das heute zum Vivantes Klinikum am Friedrichshain gehört und dessen alsbaldige Schließung wohl doch noch nicht allzu sicher ist[19] und ein Ambulatorium in der Christburger Straße, in dem heute die "Grundschule an der Marie" ist. Diese drei Häuser hatten für den Fall der Fälle ihre eigenen Notarztwagen.

Feuerwachen haben wir bei uns am Prenzlauer Berg zwei. Die Berufsfeuerwache in der Oderberger Straße und die Wache der Freiwilligen Feuerwehr in der Schieritzstraße.
Wikipedia schreibt: "Die Berliner Feuerwehr ... wurde ... 1851 von Ludwig Scabell gegründet und ist damit die älteste Berufsfeuerwehr Deutschlands. Mit ihren rund 3900 Mitarbeitern und 35 Berufsfeuerwachen ist sie auch die größte Berufsfeuerwehr in Deutschland."
Die Berliner Feuerwehr hatte 1875 das weltweit erste Patent für eine Drehleiter und stellte diese ab 1882 in Dienst.
Die Feuerwache in der Oderberger Straße, eingeweiht am 25.November 1883 ist die älteste noch in Betrieb befindliche Berufsfeuerwache Deutschlands. Das Gebäude, angeblich von Herman Blankenstein, der auch den Zentralviehhof baute, steht außen und zum Teil innen unter

19 ... ist 2024 geschlossen – Technik des Bürgeramts zieht ein

Denkmalschutz, so dass es, wie mir mal ein Feuerwehrmann bei einer meiner samstäglichen Führungen dort vorbei berichtete, es keine Sanitäranlagen für Frauen gibt und es somit die einzige reine Männerwache Deutschlands ist. Außerdem ist die Feuerwache eine sogenannte "Klingelwache", so dass man eben einfach direkt bescheid sagen kann, wenn es wo brennt.

Bekannt wurde die Feuerwache nach ihrer in Dienststellung 1883 durch den Einsatz von Schimmeln, die der Feuerwehr gehörten, was zu damaliger Zeit eine Seltenheit war. Heute stehen auf dem Hof und dem Außengelände regelmäßig Fahrzeuge des THW.

Die Freiwillige Feuerwehr Prenzlauer Berg wurde 1956 gegründet, bekam ihre eigene Wache jedoch erst 1984. In ihr sind 5 Frauen und 40 Männer aktiv. Die Ehrenabteilung hat 18 Mitglieder.

In der Jugendfeuerwehr sind 3 Mädchen und 17 Jungen aktiv. Die Freiwilige Feuerwehr rückt regelmäßig zu Einsätzen aus. Auf sie kann nicht verzichtet werden. Es wird dringend Nachwuchs gesucht. Bei Facebook gibts eine eigene Seite "Freunde der Freiwilligen Feuerwehr Prenzlauer Berg".

Weil die Wache der Berufsfeuerwehr in der Oderberger Straße eigentlich zu klein ist, plant man schon seit Jahren den Bau einer neuen Wache auf der "Werneuchener Wiese" und will dann die Oderberger Straße nur noch als reine Notarztwache halten. In der Oktoberausgabe in der Serie "die Grenzen des Prenzlauer Berg" berichtete ich darüber.

*

Firmengeschichten - Das Bäckereihandwerk
am 29.3./5./13.4.2019

Früher gab es in jeder Straße mindestens eine Bäckerei und eine Fleischerei und auf jeder Hauptstraße einen Fischladen. Reine Fischläden gibts am Prenzlauer Berg gar nicht mehr,

Fleischereien noch insgesamt drei, echte Bäckereien, in denen das Brot selbst gewalkt und nicht nur Rohlinge aufgetaut werden, gibts dagegen noch relativ viele, wenngleich auch die weniger geworden sind (Liste siehe unten).

Ein von Hand gewalktes Brot erkennt man an einer Narbe in der Kruste auf der Brotunterseite.

Der Pfannkuchen, der außerhalb Berlins "Berliner" heißt, dafür ist das, was außerhalb Berlins "Pfannkuchen" heißt, in Berlin der "Eierkuchen", wird wie das "Nonnenfürzchen", das manchmal auch "Kameruner" heißt, in einem Tiegel, also einer sehr tiefen Pfanne (daher der Name), in Öl ausgebacken. Dabei schwimmt der Teigrohling, der im übrigen nicht größer ist, als der einer echten Schrippe, auf dem Öl und dreht sich selbst im Tiegel um, wenn die untere Hälfte im Öl ausgebacken ist.

Die "Schrippe" besteht aus Weizen-, der "Schusterjunge" überwiegend aus Roggenmehl, beim "Knüppel" ist Milch im Teig. Das Wort "Semmel" gibt's in Berlin so nicht. Die Verwendung von Roggen ist für die Berliner Region typisch. Im Gegensatz zum Weizen, der bereits seit etwa 7800 v. Chr. kultiviert wird, ist der Roggen relativ jung. Gezielt angebaut wird er erst seit etwa 2500 Jahren, also einem Viertel der Zeit des Weizens.

Nichts schmeckt besser, als noch warmer Hefeteigkuchen vom Blech mit Zucker, Rhabarber, Äpfeln oder Pflaumen. Die Ränder des Blechkuchens wurden einst abgeschnitten und billiger verkauft. Nicht verkaufte Schrippen wurden zu Semmelmehl (da ist der Zusatz "Semmel" in Berlin richtig!) oder zu Zwieback (Norddeutsch: "Tweiback" = zweimal backen) verarbeitet.

In einer echten Bäckerei riecht man nicht nur frisches Brot, sondern vor allem Mehlstaub und Sauerteig. Echter Sauerteig (nicht diesen mit Essig künstlich sauer gemachten, den Sie im Bio-Laden bekommen) entstand mal durch Pilzsporen aus der Luft. Der Bäcker hält täglich einen gewissen Prozentsatz seines Natursauerteigs (1 %?) zurück und setzt damit immer sofort den Teig für den nächsten Tag an. Dieser Ansatz muss dann wiederum einen halben Tag lang "gehen", bevor er mehrere Stunden vor dem nächsten Backen mit Hefe und Mehl wieder aufgefüllt wird.

So kommt es, dass nach mehreren Jahren jede Bäckerei ihren eigenen Sauerteigstamm hat, der von Bäckerei zu Bäckerei etwas unterschiedlich im Geschmack ist. Dieser berühmt-berüchtigte "Hermann-Kuchen", den man jeden Tag "füttern" muß, funktioniert so ähnlich. Mehr braucht es für Brot nicht.

Einem von Hand gewalkten Brot oder einer Schrippe aus Natursauerteig merkt man seine Qualität durch den Geschmack an.

Die Arbeitszeiten der Bäcker sind allerdings nicht so, wie man sie sich als normaler Arbeitnehmer wünscht, denn sie beginnen meist kurz vor Mitternacht und gehen bis in den Vormittag hinein, bevor sie ab Mittag schlafen. Die Hitze am Arbeitsplatz in so einem Backhaus kann über 50°C betragen. Der normale Geräuschpegel einer Bäckerei stört wegen der Nachtarbeit heute oft die Anwohner. Mittlerweile beschweren sich Anwohner aber auch zunehmend über die Gerüche von Bäckereien (nach frischem Brot).

"Brot backen ist ein hartes Brot!", stellte mein Großonkel, Inhaber und Meister einer Bäckerei in Krakow am See in Mecklenburg, wo ich als Kind immer die Sommerferien verbringen und im Backhaus helfen durfte, regelmäßig fest. In meinem Buch "Sommer zwischen Backhaus und See - Kindheitserinnerungen", das vermutlich Ende Juni bei "Books on Demand" erscheinen wird, ist das mit der Familienbäckerei nochmals genauer beschrieben und dieser Text hier hinten angestellt.[20]

Das Bäckerhandwerk ist personalintensiv und körperlich harte Arbeit zu unmöglichen Arbeitszeiten.

Meine Hochachtung an alle, die das machen und können!

20 ... das Buch gibts mittlerweile

Das was Sie dagegen in Supermärkten oder in Backshops bekommen, wo "Rohlinge" (also eigentlich fertig gebackenes Zeugs) nur noch wegen des Geruchs und der Farbe einmal heiß gemacht wird, ist seelenloser, mit Farb- und Aromastoffen geschmacklich standardisierter Industriemist vom Band.

Diese Bäckereien am Prenzlauer Berg backen noch Brot, Schrippen und Kuchen selbst: Bäcker Lau Pasteurstr., Bäcker Zessin mit den Filialen Bötzowstr., Choriner Str. und Zionskirchstr., gebacken wird in der Zionskirchstr., Bäcker Blank Meyerheim/Kuglerstr., Bäcker Kroll Varnhagen/Kuglerstr., Bäcker Hacker Stargarder Str. kurz vor der Pappelallee, Bäcker Krautzig Schönhauser Allee 125, Bäckerei Siebert, Schönfließer Straße, die angeblich älteste Bäckerei Berlins, Bäckerei Kädtler Danziger Str. 135, die auch koschere Backwaren herstellen, Bäcker Loel, Greifswalder 225, das war bis 2017 Bäckerei Werner und das "Sowohl als auch" auf der Ecke Kollwitz / Sredzkistraße backen gleichfalls selbst ihr Brot. [21]

Der Konditor oder Zuckerbäcker ist ein vollkommen anderes Berufsbild, deshalb hab ich Konditoreien hier nicht berücksichtigt.

Dass man in einer Bäckerei einen Imbiss einnehmen und Kaffee trinken kann, kenne ich aus meiner Jugend nicht. Dafür aber die fünfzig Meter lange Schlange der Wartenden morgens vor der Ladentür.

Unveröffentlichter Zusatz vom 29.3.2019
… In einer echten Bäckerei riecht man nicht nur frisches Brot, sondern vor allem auch Mehlstaub und Sauerteig.
Woher weiß der das? Die Auflösung dazu gibts in meinem dritten Buch, das vermutlich im Juni oder Juli unter dem

---

21 … vergessen habe ich damals die Bäckerei in der Dunckerstr. / Stargarder, die in der Pappelallee 84 und das selbst Gebackene im Bioladen in der Winsstraße, gegenüber vom edeka

Titel "Sommer zwischen Backhaus und See –
Kindheitserinnerungen" erscheinen wird. Dafür wird dieser
Text hier diesem Buch dann hinten angestellt.

Die Kurzfassung hier:

Die Cousins und Cousinen meiner Großmutter hatten im
Städtchen "Krakow am See" in Mecklenburg bis 1987 eine
Bäckerei. Ich war dort mit meiner Oma und oft noch
anschließend mit meinen Eltern in den Sommerferien von
meinem siebenten bis zu meinem vierzehnten Lebensjahr
immer mindestens sechs Wochen zu Gast und hab dort
täglich zwei bis drei Stunden im Backhaus geholfen,
Schrippen gedreht, Brotleibe gewalkt, Pfannkuchen
abgebacken und mit Marmelade befüllt, den Teig für
Hefekuchen auf Bleche verteilt und manchmal durfte ich
auch, da war alles noch Handarbeit, an der Ofenluke stehen
und mit langen, hölzernen Schiebern das Brot in den Ofen
schieben und dort auch mal umschichten. Ich kann die
Handgriffe bis heute!

*

Firmengeschichten - Die Schulen – am 14./16.6.2019

Bildung ist etwas ganz Wichtiges. Wir haben derzeit
zweiunddreißig Grund-, Ober- und Sonderschulen, sowie
Gymnasien bei uns am Prenzlauer Berg, dazu zwei
Berufsschulen (in der Pappelallee und in der Mandelstraße),
eine Freie Waldorfschule, die GLS Sprachenschule in der
Kastanienallee, die Schule für Ballett und Artistik in der
Erich-Weinert-Str. und die Volkshochschule am Wasserturm.
Und genauso unterschiedlich, wie diese Schulen, so
unterschiedlich sind auch deren Gebäude. Über jedes
einzelne könnte man Bücher schreiben. Die meisten Schulen
wurden zwischen 1871 und 1918 gebaut.

Die Architekten waren in jener Zeit Hermann Blankenstein
(z.B. Danziger 50) und Ludwig Hoffmann, der fast schon
einen Einheitsbautyp in der Kaiserzeit hatte, den er je nach
Lage der Schule anpasste (z.B. Schule am Falkplatz, das

Museum am Wasserturm, Kurt-Schwitters-Gesamtschule alle Gebäude). Aus der Zeit vom Beginn der Weimarer Republik bis Kriegsende ist mir kein Schulneubau bekannt.

In der gesamten DDR wurden von 1953 bis 1990 etwa 2.500 Schulen neu gebaut. Dazu entwickelte man einheitliche Schultypen, die die einzelnen Bezirke ihren Gegebenheiten anpaßten. Die Baureihe SVB (bis 1963) wurde noch gemauert (Bsp: GLS Sprachenschule Kastanienallee, Paul-Lincke-Schule am Pieskower Weg).

In Berlin wurde ab 1962 aus Betonfertigteilen (Platten) der Typ "Berlin SK" gebaut, ab 1972 die "Schulbaureihe 80" und der für Berlin modifizierte Typ "Berlin 81 GT".

Diese Einheitsplattenbauten sind noch in relativ großer Zahl vorhanden. Beispiele dafür sind die Schulen am Kollwitzplatz, die Staatliche Ballettschule, die Freie Waldorfschule oder die Gustave-Eiffel-Oberschule.

Kennzeichnend für diese Schulen waren die Naturkundlichen Fachkabinette an den Stirnseiten der Gebäude, Schulessen, Hort und Werkunterricht waren im Keller untergebracht und es gab spezielle Räume für den staatlichen Pionierleiter und den FDJ-Sekretär der Schule. Eine Aula hatten diese Schultypen nicht, eine Sporthalle wurde meist neben sie gestellt.

Eine Schulpflicht gibt es in unseren Landen schon relativ lange. Eingeschult wurde bis weit nach dem Krieg kurz nach Ostern. In West-Berlin liefen diese Klassen erst Mitte der 70er Jahre aus, in Ost-Berlin wurde bereits seit 1948 einheitlich um den 1.September herum eingeschult. Bis zum Schuljahr 1953/54 wurden in der DDR Jungs und Mädchen in den Klassen getrennt unterrichtet. So ist auch der Name "Gemeinde-Doppelschule" zu verstehen, die zur Kaiserzeit errichtet wurden. Die eine Hälfte der Schule war für Mädchen, die andere Hälfte für Jungs und zwischen beiden gab es "Zaubertüren" durch die das Lehrpersonal wechselte. Aula und Turnhalle wurden von beiden Schulen gemeinsam genutzt (siehe das ehemalige Schulhaus in der Prenzlauer Allee, in dem heute u.a. das Pankower Heimatmuseum untergebracht ist). Aus der Kaiserzeit ist das Rektorenhaus, das viele Schulen haben (z.B. siehe Vorderhaus der genannten Schule oder Vorderhaus Danziger 50), in dem der Herr Direktor samt Familie, einige Lehrkräfte und der Hausmeister der Schule wohnten.

Bis etwa in die Mitte der 60er Jahre hinein gab es auf dem Land echte Dorfschulen, in denen in einem Raum alle Kinder der Klassen 1 – 4 unterrichtet wurden. Ich weiß das ganz sicher aus Erzählungen von jemandem aus dem durch Fontane berühmt gemachten Dörfchen Ribbeck im Havelland (mit dem Birnbaum).

Offiziell gab es aber diese Schulen nur bis 1953.

Die allgemeine Schulpflicht führte das Herzogtum Pfalz-Zweibrücken 1592 als erstes Territorium der Welt für Mädchen und Knaben ein.

Die Principia regulativa des Königs Friedrich Wilhelm I. vom 28. September 1717 wurden für ganz Preußen durch das General-landschulreglement Friedrichs des Großen von 1763 bestätigt. Allerdings handelte es sich bei diesem Schul-Edikt bestenfalls um eine wohlgemeinte Absichtserklärung. Die preußische Statistik von 1816 bestätigt dies und hält fest, dass zu diesem Zeitpunkt gerade einmal 60 % der Kinder an einer öffentlichen Schule registriert waren.

In der Provinz Posen waren es sogar nur 20 %. Für ganz Preußen stieg die Zahl der registrierten Schüler von 1816 bis 1846 um 82 % und erreichte dann in Posen 70 %.

Die Lehrer an den Schulen in Preußen waren meist invalide oder überalterte Soldaten, bei denen ehemalige Kavalleristen durchaus auch krumme, gebogene Beine haben konnten. Entsprechend rau war der Unterrichtston und Prügel an der Tagesordnung.

In der sowjetischen Besatzungszone wurde bereits 1945 die Prügelstrafe an den Schulen abgeschafft, in der Bundesrepublik überwiegend 1973, in Bayern erst 1983.

Die ehemalige "Sonntagsschule" gilt heute allgemein als Kindergottesdienst.

Den Samstagunterricht (im allgemeinen vier Unterrichtsstunden á 45 min) gab es in der DDR bis ins Frühjahr 1990. Es gab, bis auf eine Ausnahme (Katholische Theresienschule Berlin-Weißensee), keine staatlich anerkannten privaten Schulen in der DDR.

Dass es heute in der Bundesrepublik auch eine Berufsschulpflicht, gibt, die nach dem Ablauf der Vollzeitschulpflicht beginnt, war mir bisher nicht bewußt.

*

Firmengeschichten - Berlin und seine Mauern – Teil 1
am 12./13.8.2019

"Die Mauer muß weg!", tönte es einst aus dem "Volksmund" des "mündigen DDR-Bürgers". Aber manche Mauern muß man als solche erhalten, um die Geschichte der Stadt zu verstehen. Es gibt auf dem heutigen Gebiet Berlins dutzende "älteste Bauten" der Stadt. Das kommt daher, dass sich Berlin am 1. Oktober 1920 seine Vororte eingemeindete und sich fortan "Groß-Berlin" nannte.

Wenn wir also von den "ältesten Mauern Berlins" reden, bezieht man dann die 1920 hinzu gekommenen Ortsteile mit ein? Ich hab mich entschlossen, dies nicht zu tun und bei Berlin-Cölln zu bleiben. Die erste urkundliche Erwähnung Cöllns ist von 1237, darauf beziehen sich auch alle runden Stadtjubiläen, die Berlins ist von 1244.

Diese Doppelstadt hatte damals ca. 2.500 Einwohner.

Der letzte Rest von Berlins mittelalterlicher Stadtmauer, aus der Zeit um 1250 herum, steht in der Littenstraße. Er hat nur deshalb die Jahrhunderte überlebt, weil die Mauer hier Teil von Gebäuden war.

Erst 1948 wurde sie gesichert und unter Denkmalschutz gestellt. Nur nach Norden und Osten hatte Berlin diese Stadtmauer. Im Süden und Westen lag auf der Fischerinsel

Cölln und dieses wiederum war begrenzt und geschützt durch den südlichen Spreearm.

Nach dem 30jährigen Krieg begann man ab 1650 mit dem Bau eines Festungsgrabens rund um Berlin und dem Bau von Wällen. Bereits ab 1740 indes wurden diese Wälle wieder abgetragen. Sie hatten nie eine strategische Bedeutung und waren schon zu ihrer Fertigstellung veraltet und wären damals moderner Artillerie nie gewachsen gewesen. Der süd- und westliche Teil dieser Wehranlage wurde ganz normal überbaut. Der nord- und östliche Teil vergammelte, blieb aber seltsamer Weise im Eigentum der Stadt Berlin. Ab 1875 wurde dieser Teil des Festungs-grabens zugeschüttet und das Hochbahnviadukt darauf errichtet, auf dem 1882 die Stadtbahn fertig gestellt wurde. Die S-Bahn schlängelt sich also entlang des alten Festungsgrabens durch die Stadt. Übrigens wurde die Ringbahn 1869 - 1877 gebaut.

Vor diesem Festungsgraben wurden, damit außerhalb Berlins, verschiedene Marktplätze angelegt. Der einzige noch erhaltene davon ist der heutige Alexanderplatz, der unmittelbar vor dem "Georgenthor", später "Königsthor" lag und bereits 1701 angelegt wurde.

Dieses Tor wurde verlegt, denn eine neue Mauer wurde von 1734 – 1737 gebaut, die Zoll- oder Akzisemauer. Sie hatte achtzehn Stadttore und keinerlei militärische Bedeutung. Im Uhrzeigersinn waren es das Neue Tor (lag etwa dort, wie die Panke die Invalidenstraße unterquert), Oranienburger Tor (Torstraße Ecke Friedrichstraße), Hamburger Tor (Torstraße Ecke Kleine Hamburger Straße), Rosenthaler Tor (Rosenthaler Platz), Schönhauser Tor (Torstraße Ecke Schönhauser Allee), Prenzlauer Tor (Torstraße Ecke Prenzlauer Allee), Königstor (bis 1809: Bernauer Tor, Greifswalder Straße Ecke Am Friedrichshain), Landsberger Tor (Landsberger Allee Ecke Friedenstraße), Frankfurter Tor (deutlich westlicher als heute, etwa Friedenstr. / Str. d. Pariser Kommune), Stralauer Tor (zunächst: Mühlentor,

Warschauer Straße/Stralauer Allee/Mühlenstraße), Oberbaum (Oberbaumbrücke), Schlesisches Tor (zunächst: Wendisches Tor, am U-Bahnhof Schlesisches Tor).

Köpenicker Tor (Lausitzer Platz), Kottbusser Tor (am gleichnamigen U-Bahnhof), Wassertor (Wassertorplatz), Hallesches Tor (am U-Bahnhof Hallesches Tor), Anhalter Tor (am S-Bahnhof Anhalter Bahnhof), Potsdamer Tor (Leipziger Platz Ecke Potsdamer Platz), Brandenburger Tor (Pariser Platz Ecke Unter den Linden) als einziges noch heute erhaltenes Stadttor, Unterbaum (dort, wo die Unterbaumstraße auf die Spree trifft, gegenüber vom Paul-Loebe-Haus, die heutige Kronprinzenbrücke).

Die Akzisemauer war zum größten Teil ein Palisadenzaun und nur an ganz wenigen Stellen aus gebrannten Ziegeln (überwiegend) oder aus Feldsteinen gemauert. Etwa zwanzig Meter von dieser sollen in der Stresemannstraße 65 unter Denkmalschutz stehen.

Das Gebiet Berlins reichte aber weiter. Da gehörte noch die Feldmark dazu. Die Bürger der Stadt hatten hier ihre Felder und bewirtschafteten kleine Flächen.

Ausflugslokale entstanden rund um die Brauereien. Vieh wurde auf den städtischen Wiesen gehalten, Wein an den Hängen der Ausläufer des Barnim angebaut und in den städtischen Windmühlen wurde das Korn der Bevölkerung gemahlen. Das Gebiet Berlins umfasste zur Zeit der Besetzung Berlins durch Napoleon, der als "korsischer Pferdedieb" in die Analen Berlins eingegangen ist, weil er 1806 die Quadriga des erst 1793 eingeweihten Brandenburger Tores raubte und in Paris ausstellte, das Gebiet der heutigen Stadtteile Wedding, Prenzlauer Berg, Friedrichshain, Kreuzberg, Mitte und Tiergarten. Der "Hobrechtsche Bebauungsplan" von 1862 wurde für die Flächen der Berliner Feldmark ersonnen, die zu diesem Zeitpunkt noch nicht bebaut oder parzelliert waren. Für den Bau des Zentralviehhofs erwarb Berlin am 28. Oktober 1872 einen Teil der Lichtenberger Feldmark.

Zur Zeit des Baus der Ringbahn (im Volksmund "Hundekopf" genannt) ab 1869 dachte man man noch großzügiger und schloss darin auch Berlins westliche und einen Teil der südlichen Vororte mit ein.

Weder als Feldmark noch in irgendeiner Art bebaut muß man sich die Umgebung Berlins außerhalb der Stadtmauer und drum herum liegender Felder zur Zeit der ersten urkundlichen Erwähnung Berlins vorstellen. Es gab fast undurchdringlichen Wald, Dschungel, in dem viele Tiere (Biber, Wisente, Bären) hausten, dazwischen Sümpfe, Tümpel, schlammige Wege, die in die nächsten Dörfer führten und drum herum pure Wildnis. Das Naturschutzgebiet rund um den Faulen See an der Buschallee gibt etwa einen Eindruck von dieser Zeit. Wenn wir aber eines aus der Berliner Geschichte gelernt haben, dann dies: Mauern stehen in dieser Stadt nie ewig. Im November geht es an dieser Stelle um die Berliner Mauer, die viele von uns noch persönlich kennen gelernt haben.

*

Firmengeschichten - Berlin und seine Mauern – Teil 2
am 8./15.10.

Sie werden vermutlich zum Jahrestag eines der größten Versprechers der Weltgeschichte, Günter Schabowski: „... das tritt nach meiner Kenntnis ... ist das sofort ... unverzüglich ..." von allen Seiten mit Erinnerungen bombardiert. An die Wiedervereinigung dachten wir damals überhaupt nicht.

Wir wollten mal schauen, wie der Westen aussieht, dort die Verwandtschaft besuchen, vielleicht nach Italien oder London reisen, wir wollten aber die DDR erhalten und darin Meinungsfreiheit haben, keine Angst mehr, vor politischer Bevormundung, Pressefreiheit, aber weiterhin soziale Sicherheit, einen sicheren Arbeitsplatz, volle Lebensmittelregale und bezahlbaren Wohnraum. Die Gier nach der Westmark überrollte aber überschnell alles und so kamen unsere Ideale innerhalb eines knappen Jahres unter die Räder und die Bürgerrechtsbewegung der DDR verschwand bereits nach den ersten freien Wahlen in der DDR am 18. März 1990 fast in der Bedeutungslosigkeit.

Bis zum Tag der Währungsunion der DDR mit der BRD am 1. Juli 1990 wurden innerhalb Berlins alle Straßen und anderen Übergänge zwischen Ost- und Westberlin weitestgehend wieder geöffnet. Bei den Straßen war das recht einfach, man riss einfach die Mauer weg, bei den Zugängen zu den U- und S-Bahnhöfen, gerade am Potsdamer Platz, war es etwas schwieriger.

In einem atemberaubenden Tempo verschwand die Berliner Mauer. Die Reste davon sind kaum noch wahrnehmbar. Dass ich dereinst mit der Berliner Mauer einen Teil meiner Einkünfte (mit meiner Berliner Mauertour) erwirtschaften würde, hätte ich vor dreißig Jahren nie gedacht.

Aber wo gibt es denn nun noch Reste der Mauer?

Hier eine Zusammenstellung der Reste, von denen ich weiß, vermutlich aber ist das nicht alles:

Bernauer Straße zwischen Brunnenstraße und Gartenstraße ist die Mauergedenkstätte – nur zwischen Acker- und Gartenstraße steht etwa 100 m Originalmauer mit Hinterlandmauer, an der Ecke zur Gartenstraße nochmals weitere Reste der Hinterlandmauer, alles einsehbar vom Dach des Hauses der Gedenkstätte an der Ecke Ackerstraße.

Ein paar dutzend Meter Hinterlandmauer stehen auch am Prenzlauer Berg, 1. oben am Gipfel des Stadions am Jahnsportpark, 2. in der Bornholmer Str. zwischen Björnsohnstraße und Bösebrücke – dort wo die Gedenkstätte mit dem "Platz des 9. November" ist.

Entlang der Mühlenstraße zwischen Oberbaum- und Schillingbrücke – gemeinhin als "Eastsidegalerie" bekannt. Interessanter Weise gab es an diesem Abschnitt entlang der Spree keine Trennung zwischen Hinterland- und vorderer

Grenzmauer – hinter dieser Mauer war bereits der Postenbereich und die gesamte Spree bis zum Kreuzberger Ufer gehörte zu Ostberlin.

In der Puschkinallee, dort wo sie auf den Flutgraben, der parallel zum Landwehrkanal läuft, trifft, steht noch ein Wachturm.

Ein kleiner Mauerrest befindet sich Garten- Ecke Liesenstraße an der Liesenbrücke, dort wo die S-Bahn das einstige Gelände des Stettiner (Nord-) Bahnhofs verlässt.

Einen weiteren Rest sieht man aus der S-Bahn zwischen dem Bf. Wilhelmsruh und dem Nordgraben.

Nur noch wenige Meter Mauerfundemente kann man zwischen Lübars und Blankenfelde entdecken.

Ausgestellt sind ein paar Mauerstücke am Potsdamer Platz und am Checkpoint Charlie.

Bleibt anzumerken, dass der Verlauf der vorderen Mauer (fast nie der Hinterlandmauer) durch ein zweireihiges Kopfsteinpflaster mit einem auf den Gehwegen eingelassenen Stahlband mit der Aufschrift "Berliner Mauer 1961 – 1989", wo es machbar war, in die Berliner Straßen eingelassen ist, wie z. B. zwischen dem "Platz des 18. März" und dem Beginn der "Straße des 17. Juni". Ein Kuriosum noch am Rande. Weil der Flugplatz Gatow zum Teil auf Brandenburger Land steht und die britische Besatzungsmacht diesen aber nutzen wollte, bekamen die Sowjets die Westhälfte von Staaken mit dem Bahnhof Albrechtshof.[22] Bis 1951 patrouillierten noch Sowjets und Briten gemeinsam, dann besetzte die Volkspolizei Weststaaken. Es wurde bis in die 70er Jahre vom Bezirk Mitte mit verwaltet. Ein Telefongespräch nach Staaken galt als Ortsgespräch. Die Kinder an den Schulen in Staaken bekamen, wie in ganz Berlin, ihre Schulbücher durch die Besatzungsmächte kostenlos gestellt. Mit dem 3. Oktober 1990 wurde Weststaaken wieder unter die Verwaltung von Spandau gestellt. Es zählt heute zum Beitrittsgebiet.   *

22 ... es handelte sich um einen Gebietstausch

Die Grenzen des Prenzlauer Berg – Teil 21
der Märchenbrunnen - am 7.12., 10.12.,13.12.2018

Da es in der heutigen Folge dieser Serie um den Märchenbrunnen geht, hab ich mir erlaubt, für diesen Teil einmal das Format des Märchens selbst zu nehmen.

Es war einmal, vielleicht war es auch zweimal, vor langer, langer Zeit, als sich ein paar kluge Beamte in einem großen Kaiserreich, dass sich gar nicht so weit weg von hier befand, zusammensetzten, um einen ohnehin schon königlichen Park, den es zu diesem Zeitpunkt bereits hundert und mehr Jahre gab, noch weiter verschönern zu lassen.
In ihrem kaiserlichen und königlichen Magistrat, es war um das Jahr Anno1890 herum, beratschlagten sie gemeinsam mit vielen ihrer Gelehrten und Höflinge, welcher ihrer hervorragenden Baumeister am besten dafür geeignet wäre, aus Anlass des 25. Thronjubileums ihres Kaisers denn nun diesen wunderbaren Garten im Osten ihrer Residenzstadt weiter zu verschönern.
Der eine ihrer Baumeister war bereits greise und alt und hatte bisher zwar wichtige, aber im eigentlichen Sinne oft blutige Gebäude errichtet, wie Schlacht- oder Krankenhäuser. Ein anderer ihrer Baumeister war bereits gestorben, wieder ein anderer hatte nur Burgen oder Zitadellen gebaut und ein weiterer verstand sich zwar ganz besonders auf den Bau von Anlagen für Kutschen, Häfen oder gar Untergrundbahnen, aber niemand war den weisen Beamten gut genug. So gingen die Jahre ins Land. Da entsannen sie sich eines Herren Namens Ludwig Hoffmann, der schon viele für die Menschen segensreiche Gebäude in ihrem Reich geplant und errichtet hatte, wie zum Beispiel Bildungs-, Heil- und Säuglingsanstalten, Badehäuser, Gerichte, Brücken die die Menschen miteinander verbanden und Brunnen an denen man sich am kühlen Nass erquicken konnte.

Ludwig Hoffmann war sehr erfreut über diesen Auftrag und begann in tagelangen Reisen die auserwählte Gegend des Parks selbst zu erkunden. Dabei stieß er auf viele spielende Kinder. Diese erzählten ihm ihre Märchen und Sagen und so beschloss der fromme Baumeister in die Welt der Kinder einzutauchen und ihnen einen Brunnen mit Märchen zu planen. Der Kaiser jedoch war mit seinen ersten Entwürfen sehr, sehr unzufrieden und lehnte diese immer und immer wieder ab. So gingen beim Streit zwischen den Änderungen Hoffmanns, den ihn unterstützenden Stadtverordneten und dem grantelndem Kaiser erneut viele Jahre ins Land und der erste Spatenstich erfolgte erst 1907.

Aber wie im Märchen wurde der Brunnen, wie geplant, am 15.Juni 1913 pünktlich fertig. In einem Zweiten Weltkrieg wurde der Park schwer zerstört und die Märchenfiguren wurden in einem Gemüsegarten in Sicherheit gebracht, aus dem sie 1950 wie durch ein Wunder wieder auftauchten.

Nach immer wiederkehrenden Sanierungen des Brunnens, wurde einhundert Jahre nach dem ersten Spatenstich, im Jahre 2007 endlich ein hoher Zaun um den Brunnen angelegt und eine nächtliche Zugangssperre verhängt, damit die Anlage nicht immer wieder aufs Neue durch marodierende Horden vom Volk der Vandalen zerstört werde. Mit über 15.000 qm Fläche ist die Anlage mehr als zweimal so groß wie ein normales Spielfeld für den Fußball. Und wenn im Frühling der Spargel sprießt, erwachen auch die Märchenfiguren des Brunnens jedes Jahr zu neuem Leben. Sie sprengen ihre winterliche Umhausung und man kann die Märchen erraten.

Es sind „Brüderchen & Schwesterchen", „Aschenputtel", „Hans im Glück", „Der gestiefelte Kater", „die sieben Raben", „Schneewittchen mit dem Menzelzwerg", „Rotkäppchen", „Dornröschen", „Hänsel aus Hänsel & Gretel", „der Zwerg aus Rübezahl" und eine Schildkröte. Es fehlen aber heute „Frau Holle", „Menschenfresser" und „eine Riesentochter". Öffnungszeiten: Montag bis Freitag: 8

bis 22 Uhr, Wochenende und Feiertage 9 bis 22 Uhr; die Brunnenanlage wird täglich von 9 bis 20 Uhr betrieben, außer im Winter

Könnten Sie eines der Märchen ad hoc erzählen?

*

Die Grenzen des Prenzlauer Berg – Teil 22
Gegenüber vom Friedhof - am 15.1.2019

In der heutigen Folge dieser Serie geht es vom Märchenbrunnen aus weiter.

Schräg gegenüber des Friedhofs in der Greifswalder Straße, dem der St. Georgen- und Parochialgemeinde, direkt an der Georgenkirchstraße liegt nicht etwa, wie vermutet, die Georgenkirche, sondern die Kirche der evangelischen Gemeinde St. Bartholomäus, also umgangssprachlich die Bartholomäuskirche.

Die ab 1695 erbaute Parochialkirche dagegen ist die älteste Kirche der reformierten Gemeinde Berlins. Die Kirche samt dem dazugehörigen ersten Kirchhof befindet sich zwischen der Klosterstraße, der Parochialstraße und der Waisenstraße direkt hinter der alten Stadtmauer Berlins, die an dieser Stelle zu Teilen erhalten ist.

Die Georgenkirche war wie viele andere Kirchen in Berlin, im Zweiten Weltkrieg zerstört und nicht wieder aufgebaut worden. Der von 1898 bis zu seiner Sprengung 1949 bestehende Kirchturm war mit 105 m Höhe nach der alten Kuppel des Berliner Doms (114 m) die größte Höhendominante im historischen Berlin.

Der Georgenkirchplatz auf dem die Kirche stand, lag nordöstlich des Alexanderplatzes. Die Kirche stand in etwa da, wo heute das ehemalige „Haus der Statistik" vor sich hin rottet, also Höhe Einfahrt zum Autotunnel am Alexanderplatz. In den 60er Jahren wurde das gesamte Areal rund um den Alex umgebaut und dabei u.a. die Landsberger Allee komplett verlegt und die

Georgenkirchstraße arg verkürzt. In ihr befindet sich direkt an der Ecke zur Friedenstraße das Evangelische Konsistorium. Es ist die Oberste Verwaltungsbehörde der Evangelischen Kirche Berlin-Brandenburg-Schlesische Oberlausitz (EKBO).

Bis zum Jahr 2000 war es in einem Verwaltungsgebäude im nördlichen Berliner Ortsteil Hansaviertel, Bachstraße 1, Ecke Altonaer Straße, untergebracht. Wenn Sie z.B. Kirchensteuer bezahlen müssen, da wird sie eingetrieben. Dort gibt's aber auch die Seelsorge, Fort- und Weiterbildung, eine spezielle Buchhandlung uvam.

Die Bartholomäusgemeinde bildet gemeinsam mit der Advent-Zachäus-Kirchgemeinde und der Immanuel-Kirchgemeinde den „Pfarrsprengel Am Prenzlauer Berg" im Kirchenkreis Berlin Stadtmitte („Pfarrsprengel" = Verwaltungseinheit ähnlich einem Bezirk). Zusätzlich zu den normalen „Gemeindeaufgaben" finden u.a. die Tagungen der Landessynode, sowie andere kirchliche und kulturelle Veranstaltungen wie Orgel-, Kammermusik- und andere Konzerte statt.

Nachdem im Jahr 1854 die Parochie der Kirche am Königstor – die zukünftige Bartholomäusgemeinde – von der Gemeinde der St. Georgenkirche abgetrennt worden war, war ein neues Gotteshaus notwendig. König Friedrich Wilhelm IV. persönlich übernahm das Patronat zum Bau der Kirche und stiftete eine ansehnliche Geldsumme.

Auf dem früheren Weinberg am Königstor nordöstlich des Alexanderplatzes entstand 1854 bis 1858 die nach St. Bartholomäus benannte Kirche. Bei dem Gebäude handelt es sich um einen dreischiffigen Backsteinbau in gotisierenden Formen nach einem von Baumeister Friedrich Adler überarbeiteten Typenentwurf von Friedrich August Stüler. Die Kirche wurde 1858 eingeweiht.

Das Abendmahlsgerät aus der Erbauungszeit ist erhalten und wird für die Gottesdienste benutzt. Der Friedhof zur Kirche befindet sich in der Gierstraße in Weißensee und wird u.a.

von der Bernkasteler Straße (Tram Betriebshof) und Piesporter Straße tangiert. Es ist der erste und einzige Friedhof Deutschlands mit einem Bestattungswald.

P.S.: Auch die Kirche redet von „AM Prenzlauer Berg" und nicht „IM". Das wird von den allermeisten Menschen falsch gemacht. Wir leben AM Prenzlauer Berg, also auf ihm, neben ihm, über ihm, mit ihm. Wenn wir dagegen IM Prenzlauer Berg lebten, wären wir Höhlenmenschen, denn wir befänden uns in diesem Falle innerhalb eines Berges als geologischem Massiv.

*

Die Grenzen des Prenzlauer Berg – Teil 23 – Kraftwerksanlagenbau - am 11.2.2019

In der heutigen Folge dieser Serie entfernen wir uns von der Bartholomäuskirche nur wenige Meter.
Nach meinem Grundwehrdienst bei der NVA wollte ich 1988 etwas Neues ausprobieren und in einem schönen, geheizten Büro sitzen. Aus diesem Grund bewarb ich mich beim Kraftwerksanlagenbau Otto-Braun-, damals Hans-Beimler-Str. 90. Die Ablehnung auf meine Bewerbung dauerte lange und hatte in etwa folgenden Inhalt: „... blabla .... sie sind schon zu lange aus ihrem erlernten Beruf raus ... blabla ... in Absprache mit den entsprechenden höheren Stellen und mit ihrer Kaderabteilung wurde festgestellt ... blabla ... dass sie im Einzelhandel auf ihrer bisherigen Leitungsstelle besser eingesetzt sind. ... blabla..."

Auf einer Website der Deutschen Bundesregierung steht:
„Mit Wirkung vom 01. April 1969 waren die Betriebe VEB Kraftwerksbau Radebeul, VEB Kernkraftwerksbau Berlin, VEB Energieprojektierung Berlin und VEB Wissenschaftlich-Technisches Zentrum (WTZ) Kraftwerksanlagenbau Pirna zu einem Betrieb zusammen-geschlossen, welcher die Bezeichnung "VEB Kombinat

Kraftwerksanlagenbau" erhielt. Mit Beschluss des ZK der SED vom 17. Mai 1978 und des Präsidiums des Ministerrates der DDR vom 29. Mai 1978 wurden in der DDR die Vereinigungen Volkseigener Betriebe aufgelöst und die Bildung von Kombinaten veranlasst, die nun direkt den für ihren Produktionsbereich zuständigen Ministern unterstellt wurden. Gemäß dieser Beschlüsse ordnete der Minister für Schwermaschinen- und Anlagenbau am 27. Juni 1978 an, die VVB Kraftwerksanlagenbau zum 31. Dezember 1978 aufzulösen und stattdessen ein neues "Kombinat Kraftwerksanlagenbau" mit Wirkung vom 01. Juli 1978 zu bilden."

Die TAZ schrieb am 28. März 1990, also zu einer Zeit, als weder an Währungsunion noch an Deutsche Wiedervereinigung zu denken war:
„...Das Kombinat VEB Kraftwerksanlagenbau war bis zur Wende im November zuständig für die Planung und Projektierung sämtlicher Großkraftwerke in der DDR. Seit einigen Jahren hat sich das Stammwerk in Ost-Berlin ausschließlich mit der Errichtung der sowjetischen AKW-Zentralen in Greifswald und Stendal beschäftigt. In Ost-Berlin arbeiten etwa 1.200 MitarbeiterInnen in dem Kombinat. ..." Im besagten Artikel ging es darum, dass „... Reaktorbauer von Siemens/KWU wollen sich die AKW-Planer vom VEB Kraftwerksanlagenbau einverleiben..."
Eckhard Netzmann war der letzte Generaldirektor des VEB und der erste der AG. Er erhielt 1987 als Sonder-bevollmächtigter den Auftrag, das letzte Kernkraftwerk der DDR ans Netz zu nehmen, »Block V« in Greifswald.

„Neues Deutschland" schrieb am 6.Oktober 1995: „Eine High-Tech-Firma im Osten von Berlin soll in diesem Monat noch (erneut) privatisiert werden: die K.A.B. AG, ein Anlagenbauer, der Kraftwerksbau, Umwelttechnik und Ingenieurleistungen in petto hat. Die heutige AG mit rund

600 Mitarbeitern ist der übriggebliebene Kern von einst 6000 Beschäftigten, der sich 1989/90 aus dem DDR-Kombinat Kraftwerksanlagenbau herausgeschält hatte."

Was daraus nun geworden ist, weiß ich nicht. Interessanter Weise gibt's noch immer einen Fußballclub unter dem Namen „BSG Kraftwerksanlagenbau K.A.B."

Heute befindet sich in dem Hochbunker ähnlichen, grauen Haus-Klotz das „Leonardo-Royal-Hotel." Ob die Hotelgäste wohl wissen, dass man in ihren Zimmern u.a. einmal Kernkraftwerke projektiert hat?[23]

*

Die Grenzen des Prenzlauer Berg – Teil 24 – das Frauengefängnis Barnimstraße - am 19.3.2019

In dieser Folge gehen wir von der Otto-Braun-Straße etwa zweihundert Meter in die Barnimstraße hinein. Ein blauer, etwa 30 cm breiter Streifen auf dem in Laufrichtung rechten Fußweg führt uns zum Standort des ehemaligen Berliner Frauengefängnisses. Dort, wo die Barnimstraße einen Bogen nach rechts über Parkplätze einschlägt, trifft man links auf ein abgezäuntes Areal und die Weinstraße, die hier nur als reiner Geh- und Radweg existiert. Direkt an diesem Zaun ist eine Gedenktafel. Man folgt weiter dem blauen Band nach links in die Weinstraße.
Genau so weit ist es von der Friedenstraße aus. Hier geht man in die Weinstraße hinein und folgt dem blauen Band im Fußweg. Dabei kommt man an einem privat betriebenen

---

23 Von diesem Text gibt's drei Fassungen, die sich nur in den Formulierungen unterscheiden, die aber alle vom selben Tag sind, nur von der zeitlichen Erstellung liegen sie anderthalb Stunden bzw. dreißig Minuten auseinander. Ich hab mich deshalb entschieden, hier nur die letzte Version zu veröffentlichen.

DDR-Museum und an einer „original DDR-Speisegaststätte" vorbei. Vor dem Haupteingang der „Schule am Königstor", einer Sekundarschule, treffen sich diese beiden Bänder. Auf der einen Seite der Weinstraße ist der Haupteingang zur Schule, auf der anderen der Haupteingang zu einem Übungsplatz der Jugendverkehrsschulen.

Makaber: genau an der Stelle, an der heute der Zugang zum Übungsplatz ist, befand sich früher der Haupteingang zum Berliner Frauengefängnis. Beim Platzwart im „Geräteschuppen" kann man sich einen Audioguide holen und das Gelände erkunden.

Das Frauengefängnis war von 1864 bis 1974 eine Haftanstalt in der Berliner Königsstadt, die 1920 mit der Gründung Groß-Berlins auf die Bezirke Mitte, Friedrichshain und Prenzlauer Berg aufgeteilt wurde. Es ist ursprünglich als „Schuldgefängnis" gebaut, also für Leute, die ihren Zahlungsverpflichtungen nicht nachgekommen waren. Nach der Abschaffung der „Schuldhaft" in Preußen wurde es 1868 zum „Königlich-Preußischen Weiber-Gefängnis" umgebaut und erweitert. Dazu wurden eine Entbindungs- und eine Mutter-und-Kind-Station eingerichtet. Mit einem von 1910 bis 1913 errichteten Erweiterungsbau war es das modernste Gefängnis der Stadt und bot Platz für 210 Insassen. Für erkrankte Häftlinge gab es darüber hinaus ein Lazarett.

Wegen der Arbeitsmöglichkeiten in der ehemaligen Spindlerschen Großwäscherei wurde 1974 in Berlin-Köpenick eine komplett neue Frauenhaftanstalt dort gebaut. Diese Großwäscherei wurde 1871 von Wilhelm Spindler auf 50 Hektar Köpenicker Feldmark errichtet und bekam sogar einen eigenen Bahnanschluss für Personen- und Güterverkehr. „Spindlersfeld" war die erste industrielle chemische Großreinigung in Deutschland.

Die Familie Spindler liegt auf dem St. Nicolai- St. Marienfriedhof am Prenzlauer Tor. Spindlers wurden 1946 enteignet, der Betrieb aber von staatlicher Seite weiter geführt. Die Wäscherei firmierte 1961 als VEB Vereinigte Wäschereien Berlin Rewatex (abgeleitet vom Spruch „reinigt und wäscht Textilien") und wurde weiter ausgebaut. Das Gefängnis in der Barnimstraße wurden ab 1974 abgerissen. Auf dem Gelände wurde zunächst ein Sportplatz mit Turnhalle, Betonboden und Sprunggrube und in den 1990er-Jahren ein Verkehrsgarten eingerichtet. Zu den prominentesten Gefangenen gehörte sicher Rosa Luxemburg. In der Nazidiktatur wurden hier viele „Politische" inhaftiert, deren Namen heute Straßen tragen wie u.a. Olga Benario-Prestes, Anna Ebermann, Judith Auer, Elli Voigt oder Liselotte Herrmann.

*

Die Grenzen des Prenzlauer Berg – Teil 25
Haus der Statistik - am 8.4.2019

In dieser Folge gehen wir zuerst an die Ecke Mollstraße / Otto-Braun-Straße. Dort wo heute ein Hoteltower hoch empor ragt, das IBIS-Hotel, war einst ein von der Architektur her ähnliches Hochhaus bereits in den 60er Jahren entstanden.
Unten, kurz vor der Ecke, gab es eine „Moccabar", deren Buchstaben im schmiedeeisernen Schild schon wie leckere Kaffeebohnen aussahen. Wenn man aus Hohenschönhausen, Lichtenberg oder Marzahn mit der Straßenbahn in die Innenstadt fuhr, um zum Alexanderplatz zu gelangen, mußte man an der Moccabar aussteigen.
Das tat man übrigens auch, wenn man aus Richtung Greifswalder Straße kam, nur sah man von da das Schild nicht. Die restlichen etwa sechshundert Meter zum Alex lief man am Haus der Statistik vorbei.
Dort, wo heute die östliche Abfahrt in den Autotunnel ist und dem gegenüber, wo seit einigen Jahren die Tram in die Wadzeckstraße einbiegt, stand einst die Georgenkirche. Der von 1898 bis 1949 zu seiner Sprengung bestehende

Kirchturm der Georgenkirche war mit 105 Metern Höhe nach der alten Kuppel des Berliner Doms (114 Meter) die größte Höhendominante im historischen Berlin.

Am 8.März 1968 war an dieser Stelle Baubeginn für das „Haus der Statistik". 1970 wurde es fertig. Der Gebäudekomplex zieht sich von der Mollstraße bis zur Karl-Marx-Allee. In der unteren Etage gab es Geschäfte wie zum Beispiel die „Suhler Jagdhütte" (wo man u.a. Luftdruckwaffen kaufen konnte und alles, was man zur Jagd brauchte), sowie Restaurants und Cafès. Darüber und dahinter war die „Zentralverwaltung für Statistik".

In der Planwirtschaft der DDR wurde für jedes Produkt, vom Nagel über die Kartoffel bis hin zur Luftmatratze, dem Babyschnuller oder der in Restaurants ausgetrunkenen Tasse Kaffee der gesamte Verbrauch, aber auch die Produktion für die Alltäglichkeiten, die die 17 Millionen DDR-Bürger brauchten, Buch geführt und daraus die Produktions-vorgaben und -pläne für alle Betriebe in der DDR für immer das nächste Jahr berechnet, einschließlich des Imports & Exports, aber auch einschließlich des in die DDR gelangten Kaffees mittels der Westpäckchen.

Dies erforderte eine enorme Rechenleistung, … die heute vermutlich schon jedes Smartphone hat … damals aber ganze Hallen füllte.

Und natürlich interessierte sich auch die Staatssicherheit für diese Zahlen.

Deshalb saß die Stasi ganz oben mit im Gebäude!

Nach der deutschen Wiedervereinigung beherbergte das Haus die Berliner Außenstelle des Statistischen Bundesamtes und den Berliner Dienstsitz der Bundesbeauftragten für die Stasi-Unterlagen. Beide Behörden zogen bis 2008 aus. Das Bezirksamt Mitte, die Wohnungsbaugesellschaft Berlin-Mitte, die Senatsbau-verwaltung, die landeseigene Immobilienmanagement-Gesellschaft (BIM) und die Stadtentwicklungs-genossenschaft Zukunft Berlin schlossen sich 2017 zu einem Projekt zusammen, um nach dem Kauf der Immobilie (für einen Kaufpreis von 50 Millionen Euro vom Bund) durch Sanierung und Umbaumaßnahmen die großen Häuser einer neuen Nutzung zuzuführen.

*

Die Grenzen des Prenzlauer Berg – Teil 26 – Rund um den Alexanderplatz 1 von 3 - am 13.5.2019

In dieser und in den nächsten zwei Folgen entfernen wir uns zwischen Otto-Braun-Str. und Prenzlauer Allee entlang der Mollstraße, die hier die Grenze zwischen Prenzlauer Berg und Mitte bildet, einen knappen Kilometer aus unserem Stadtteil.

Hinter dem „Haus der Statistik" steht in der Karl-Marx-Allee 3 das „Haus der Gesundheit" eigenartig quer. Genau an dieser Stelle und in diesem Winkel stieß einst die Landsberger Allee auf den Platz. Dieses Haus und der 30 m lange Zipfel der davor befindlichen, heutigen Berolinastraße bilden, von der Straßenbreite her, letzte Relikte der alten Landsberger, wie auch Pumpen und einstige Straßenbäume im Gesamten Gebiet bis zum „Platz der Vereinten Nationen". Ab 1967 wurde die hier befindliche Georgenvorstadt schonungslos abgerissen und die Leninallee (1950 – 1992) bis zum Leninplatz (heute „Platz der Vereinten Nationen", ursprünglich „Landsberger Tor") verkürzt.

Das „Haus des Lehrers" wurde am 9.September 1964 eröffnet. Den einst großen Platz vor diesem und der Kongresshalle nimmt heute die Grunerstraße ein. Es war mit zwölf Etagen das erste echte Hochhaus in der DDR.

Dem Gegenüber ist das „Haus des Reisens". Es wurde 1971 fertig gestellt. Mein Vater arbeitete bis Mitte der 70er Jahre als „Putzer" auf dem Bau und nahm mich gelegentlich, wenn er Sonntags arbeitete, auf die eine oder andere Baustelle mit. Und so entsinne ich mich noch recht lebhaft daran, dass er mal, ich weiß nicht mehr das Jahr, dort arbeitete und sein Polier mich auf eine Erkundung mitnahm. Das 18-geschossige Haus hatte zu jenem Zeitpunkt ab der zehnten Etage noch keine Außenwände und ab der 14. Etage krakselten wir ausschließlich über Holzleitern bis auf das Dach des Gebäudes.

Der Alexanderplatz ist der letzte der ehemaligen Städtischen Markt-Plätze, die vor den Toren der Stadt lagen. Bis 1805 war es der „Platz vor dem Königs Thor" und wurde erst dann nach dem russischen Zaren benannt.

Der Platz war bis zu seiner Umgestaltung in den 60er Jahren ein großer Kreisverkehr, ähnlich dem „Großen Stern" und genauso schwierig zu befahren. Einzig die Straßenbahnen kreuzten ihn direkt.

Die Stadtbahn, ab 1875 zeitlich nach dem Ring gebaut, entstand auf dem bis 1871 bestehenden alten Festungsgraben. Dort wo heute der Fernsehturm steht, befand sich die einstige Marienstadt.

Das Nikolaiviertel hinter dem Rathaus wurde im Krieg fast vollständig zerstört und erst zur 750-Jahrfeier an Hand alter Unterlagen, ab 1980 nachgebaut. Davor stand dort seit Kriegsende nur die Kirchenruine.

Einzig einige Gebäude des Parochialviertels zwischen Litten-, Jüden-, und Stralauer Str. sind in Teilen noch im Original erhalten, wie z. B. die genannte Kirche, die Gaststätte „Zur letzten Instanz" und direkt daneben etwa dreißig Meter historischer, mittelalterlicher Stadtmauer aus dem Jahr 1270.

*

Die Grenzen des Prenzlauer Berg – Teil 27 – Rund um den Alexanderplatz 2 von 3 - am 14.6.2019

Es ist der 7.Oktober 1977 und in der DDR der alljährliche Jubeltag. Ich bin sechzehn und stehe mit einem Schulkumpel am Rande des Alexanderplatzes, auf dem mehrere hundert, vielleicht sind es sogar einige tausend

Jugendliche wie wir herum stehen, durchbrochen von vielen Grüppchen sehr „unauffälliger" Herren die zu zweit oder dritt zwischen uns stehen und deren Kunstlederjacken sich an einer Seite der Brust deutlich ausbeulen. Plötzlich Bewegung unter den Jugendlichen aus Richtung Fernsehturm und von der Seite sieht man Hundertschaften der Polizei. Sie treiben uns in den Autotunnel. Vorn kläffen wütende Hunde. Unter uns Jugendlichen geht es wie eine Warnung von Mund zu Mund: „Die kommen aus der Keibelstraße!" Ich entwische mit meinem Kumpel nach hinten, vorn prügelt die Polizei.

Ein Schüler aus der Parallelklasse unserer Schule ist zwei Wochen lang verschollen. Als er wiederkommt hat er keine Haare mehr und seine Kopfhaut ist überall schorfig.

Er murmelt nur immer wieder:

„Ich war in der Keibelstraße in U-Haft."

„Keibelstraße" als Hort der Angst prägt sich mir ein und aus dem „freundlichen Volkspolizisten" aus Kindertagen wird fort an der „Bulle", vor dem man auch dann Angst hat, selbst wenn man nichts getan hat. Es dauert nach der Wiedervereinigung noch Jahre, bis ich verinnerliche, dass der Berliner Polizist kein Bulle, sondern ein echter Kumpel ist, dem man ruhig vertrauen kann und der einem nichts tut. Leicht unwohle Schauer hatte ich beim Bilder machen für diesen Artikel in der Keibelstraße dennoch.

Das eigentliche Polizeipräsidium Berlin Alexander / Dircksenstraße wurde 1886–1890 nach Plänen des Stadtbaurates Hermann Blankenstein errichtet. Ab 1933 wurde der Komplex, im Volksmund „Rote Burg" genannt, Sitz der Berliner Gestapo. Im Krieg erlitt das Gebäude 1944 und 1945 bei Luftangriffen der Alliierten und der Schlacht um Berlin schwere Schäden, wurde nicht wiederaufgebaut und 1957 die letzten Reste abgetragen, sodass ein Parkplatz entstand. Seit 2007 befindet sich auf dem Areal farblich in Anlehnung an die „Rote Burg" das Einkaufszentrum Alexa.

Das Haus in der Keibelstraße wurde 1930/1931 für das Warenhaus-Unternehmen Rudolph Karstadt AG errichtet. Da es sich schnell als Kaufhaus als zu groß erwies, wurde es an das Reichsfinanzministerium verkauft. Dieses richtete hier das Statistische Reichsamt ein, das die jüdischen Einwohner Berlins erfasste und zentrale Informationen für die Kriegsführung sammelte.

Nach der Zerstörung des alten Präsidiums am Ende des Zweiten Weltkriegs wurde der Bau nach rascher Reparatur ab 1945 Sitz des Berliner Polizeipräsidenten.

1951 wurde ein rückwärtiger Gebäuderiegel in der Keibelstraße angebaut. Bis 1990 war das Haus die Zentralverwaltung der Berliner Volkspolizei, in dem Neubau wurde das Polizeigefängnis eingerichtet.

Der 1951er Bau erstreckt sich über acht Etagen und verfügte über 100 Gefängniszellen.

Das erste Stockwerk wurde in Abstimmung mit dem Denkmalschutzamt im Jahr 2018 als Lernort umgestaltet und am 18. Februar 2019 eröffnet. Schüler der Altersgruppen 15 bis 20 Jahre können die Zellen und die Ausstellung besichtigen und sich mit der Geschichte des Ortes sowie dem Schicksal einiger Gefangener intensiv beschäftigen.

*

Die Grenzen des Prenzlauer Berg – Teil 28 – Rund um den Alexanderplatz 3 von 3 - am 16.7.2019

Weiter mit diesem kleinen Dreiteiler und dieses mal wieder etwas genauer an der Grenze unseres Stadtteils entlang.

Direkt gegenüber dem Prenzlauer Tor, dort wo aus der Mollstraße die Torstraße wird und die Karl-Liebknecht-Straße beginnt, noch halb in der Mollstraße gelegen, war einst der Hauptsitz der staatlichen Nachrichtenagentur ADN (Allgemeiner Deutscher Nachrichtendienst). ADN war neben „Panorama DDR" die einzige zugelassene

Nachrichten- und Bildagentur der DDR und nahm eine Monopolstellung bei der Belieferung der Medien mit Nachrichten von überregionalem Charakter ein. 1992 wurde er aufgelöst und das umfangreiche Archiv ins Bundesarchiv Koblenz überführt.

Heute sind in diesem Gebäudekomplex Hotels, Hostels und andere touristische Gewerbe untergekommen.

Der Bereich zwischen Hirten- und Memhardtstraße war bis zum Kriegsende das Verlagsviertel Berlins. Dort entstand nach dem Vorbild des Springer-Hochhauses in der Kochstraße zwischen 1970 und 1973 das „Haus des Berliner Verlags" durch den IHB. Im Berliner Verlag erschienen sowohl Tageszeitungen wie u.a. die „BZ am Abend", als auch Wochen- und Monatszeitungen wie die „Wochenpost" oder die Fernsehzeitung „FF-dabei". 1990 ging der Verlag ein Joint-Venture mit „Gruner & Jahr" ein, die den Verlag 1992 komplett übernahmen. Der Verlag ist heute eine 100-%-ige Tochter der DuMont Mediengruppe und sitzt seit 2018 in einem Gebäude am Spittelmarkt.

In der Karl-Liebknecht-Straße steht aus Richtung Torstraße kurz vor der Hirtenstraße die große Bronzeplastik eines Bauarbeiters mit Schutzhelm. Sie ist von Gerhard Thieme aus dem Jahr 1968. Außerhalb der Vegetationsphase und im richtigen Winkel kann man erkennen, dss der ausgestreckte rechte Arm der Plastik die Kugel des Fernsehturms hält.

Zwischen Hirtenstraße und Linienstraße befindet sich das ehemalige IHB-Gebäude, in dem mein Vater bis zur Liquidation des IHB um das Jahr 1992 herum arbeitete.

In der DDR-Hauptstadt gab es mehrere große Baubetriebe, die recht spezialisiert waren.

(Das „Tiefbaukombinat" baute Straßen, Keller, Entwässerung, Kanalisation, die Schächte der U-Bahn. Das „Wohnungsbaukombinat" baute nur diese. „Spezial-hochbau", im Volksmund „Stasibau" genannt, errichtete Wohnungen, die

Berliner Mauer, Gefängnisse, die Haftanstalt Hohenschön-hausen oder die Zentrale des MfS in der Magdalenenstraße. „Kraftwerksanlagenbau" baute nur diese.)

Der IHB hieß mit vollem Namen „VEB Bau- und Montagekombinat, Ingenieurhochbau Berlin".
Dieser Betrieb wurde um 1956 durch den Zusammenschluss nach Kriegsende enteigneter Baufirmen neu geschaffen.
Mein Opa arbeitete bereits in den frühen 30er Jahren bei einer dieser Vorgängerfirmen, mein Vater lernte dort.
Der IHB baute u.a. das Staatsratsgebäude am Schloßplatz, den Fernsehturm (an dem mein Vater vor seinem Ingenieursstudium noch mitbaute), alle Schulen und Schwimmhallen, das Planetarium im Thälmannpark, die ehemalige Müllverbrennungsanlage und einzige Anlage dieser Art in der DDR, in der Rhinstraße, die Bürohochhäuser und das Gewerbegebiet in der Storkower Straße, Kaufhallen, diese Dienstleistungswürfel in den Neubaugebieten, Klubgaststätten in der Art von „Rübezahl" am Müggelsee, das Alfred-Brehm-Haus und die Anlagen im Tierpark, aber auch in beschränktem Umfang Wohnungen, wie zum Beispiel die Spezialhochhäuser in der Leipziger Straße.

*

Die Grenzen des Prenzlauer Berg – Teil 29
Prenzlauer Tor am 8./13.8. 2019

Wir befinden uns in dieser Folge der Reihe noch immer am Prenzlauer Tor / Torstraße. Eine Ecke weiter, vor der Tankstelle Prenzlauer Allee / Prenzlauer Berg steht seit 2002 die Skulptur „Tor zum Prenzlauer Berg" von Hubertus von der Golz mit seinem auf dem Tor balancierenden Menschen.
Ab 1750 war es, neben dem Rosenthaler und dem Halleschen Tor, eines der drei Berliner Tore, durch das Juden die Stadt verlassen oder betreten durften und hieß daher früher auch „Judentor".

Die Torstraße verläuft direkt auf der ehemaligen Akzisemauer. Die eigentliche erste Straße innerhalb der Akzisemauer war die Linienstraße, die komplett parallel zur Torstraße verläuft.

Die Akzisemauer wurde ab 1734 errichtet. Zwischen 1867 und 1870 wurde sie, mit samt den meisten Toren, abgerissen.

Auf der Seite des Prenzlauer Berg, da wir uns auf dieser Tour im Uhrzeigersinn bewegen, ist das fast immer rechts, stehen Häuser aus der Gründerzeit. Gegenüber, auf der Seite des alten Stadtbezirks und heutigen Ortsteils Mitte, begann an dieser Ecke mal das „Scheunenviertel". Es wurde nach dem Ersten Weltkrieg, auf Grund der Hyperinflation und des entsprechenden Geldmangels nur zögerlich abgerissen.

Und so stehen zwischen Karl-Liebknecht-Straße und Zolastraße recht langweilige, viergeschossige, plus Parterre, Wohnbauten aus der Zeit der Weimarer Republik.

Das Scheunenviertel selbst war sehr eng bebaut und galt auf Grund des hohen Anteils an jüdischer Bevölkerung und wegen der schlechten hygienischen Zustände als Hort sowohl des Verbrechens, als auch von Krankheiten und galt deshalb als Ärgernis für die restliche Berliner Bevölkerung.

Im Jahr 1670 hatte Kurfürst Friedrich Wilhelm aus Brandschutzgründen den Unterhalt von Scheunen innerhalb des Stadtgebietes untersagt, um 1672 ordnete er den Bau von 27 Scheunen in unmittelbarer Nähe der damaligen Stadtmauer an. So entstand das Scheunenviertel.

Der Alexanderplatz war zu jener Zeit ein Viehmarkt, für dessen Betrieb große Mengen Heu und Stroh benötigt wurden. Friedrich Wilhelm I. befahl 1737 allen Berliner Juden, die kein eigenes Haus besaßen, ins Scheunenviertel zu ziehen.

Die Torstraße ist hier sehr laut. Bis zur ... man muß ja in diesem Falle „Wiederinbetriebnahme" sagen, obwohl sich wohl niemand mehr an die Stilllegung dieser Strecke am 17.12.1966 erinnern wird ... bis zur Wiederinbetriebnahme der Strecke Prenzlauer Tor über die Karl-Liebknecht-Straße zur Dirksenstraße, fuhr die Straßenbahn aus der Prenzlauer Allee kommend, sehr quietschend in die Torstraße hinein. Der Fußweg in der Torstraße ist auf beiden Seiten so schmal, daß nicht einmal Platz für Straßenbäume ist. Das macht die Torstraße insgesamt sehr laut und sehr schmutzig. Kurz vor der Ecke Zolastraße gibt es auf einer bis heute nicht bebauten Kriegslücke einen Spielplatz.

Die Zolastraße ist die direkte Verlängerung der Straßburger Straße aus dem Prenzlauer Berg. Sie hat nur zwei postalisch relevante Hausnummern: 1 + 1a. Mit nur vierzig Metern Länge zählt sie zu den kürzesten Straßen Berlins. Eine genaue Liste mit den Straßen Berlins nach Länge sortiert, gibt es leider nicht. Die kürzesten Straßen sind, nach der Verifizierung mehrerer Quellen durch mich:

Eiergasse – 16 m – im Nicolaiviertel in Mitte
Pohligstraße – 19 m – Tempelhof-Schöneberg
Am Gartenheim – 30 m – Steglitz-Zehlendorf
Kantstraße – 30 m – Steglitz-Zehlendorf
Ginsterheide – 31 m – Steglitz-Zehlendorf

Die kürzeste Allee in Berlin ist übrigens mit 50 m die Thusnelda-Allee in Moabit.

Im nächsten Monat möchte ich mich an dieser Stelle der Volksbühne widmen, deren gewaltiges Bühnenhaus vermutlich höher, als die Zolastraße lang ist und von ihr nur eine Kirschkernspucklänge entfernt ist.

*

Die Grenzen des Prenzlauer Berg – Teil 30
Volksbühne + Babylon - am 11.9.2019

Auch in dieser Folge der Reihe schauen wir ein wenig über den Tellerrand des Prenzlauer Berg hinaus.

Die Volksbühne steht zwar seit weit mehr als einhundert Jahren am selben Ost, aber nicht am selben Platz. Babelsberger Platz hieß er bis 1910, dann Bülowplatz bis

1933. Genau dort erschoss der spätere Chef der DDR-Staatssicherheit, Erich Mielke, 1931 mit einem Helfer zwei Polizeioffiziere und nur wegen dieser Tat, nicht etwa wegen seiner Tätigkeit als Minister, wurde er am 23. Oktober 1993 zu sechs Jahren Zuchthaus vom Landgericht Berlin verurteilt, wovon er zwei Drittel absaß. Das Verfahren wegen des auch durch ihn verantworteten Schießbefehls an der Berliner Mauer wurde auf Grund seiner Verhandlungsunfähigkeit aber eingestellt. Mielke starb am 21. Mai 2000 im Alter von 93 Jahren.

Die Volksbühne entstand 1890 während der Gründungsversammlung des Vereins Freie Volksbühne, einem Arbeiterverein, dem vor allem Mitglieder der SPD angehörten. Sie hatte als erste kulturpolitische Massenorganisation der deutschen Arbeiterbewegung das Ziel, gesellschaftlich und sozial schwächer gestellten Bevölkerungsgruppen einen Zugang zu Bildung und zum kulturellen Leben zu ermöglichen. Als Freie Volksbühne hatte das Haus nur bis zum 17. Mai 1933 Bestand. Ab 1947 wurde sie als Volksbühne unter Hoheit des FDGB bespielt. Nach dem Mauerfall übernahm es Frank Castorf, Sohn des Inhabers des Jealousienladens, der bis 2012 an der Ecke Pappelallee / Stargarder Straße bestand hatte. Gewissermaßen „Haus- und Hofmusikant" von Frank Castorf war der Rockmusiker Steve Binetti. Frank Castorfs Amtszeit endete 2017. Sein Nachfolger Chris Dercon trat im April 2018 zurück. Seit 2018 wird das Haus interimistisch von Klaus Dörr geleitet.

Der ursprüngliche Zuschauerraum hatte drei Ränge mit 1968 Plätzen. In den 1960er Jahren wurde ihre Zahl auf die heutigen 800 verringert.

Ich entsinne mich noch ein Theaterstück, das wir als Schüler im Rahmen unserer Jugendweihevorbereitsungsstunden im Frühjahr 1976 in der Volksbühne besuchten. Darin ging es um das legendäre Woodstock-Festival vom 15. - 17. August 1969. Schon allein dieses Thema auf eine DDR-Bühne zu stellen, war für die damalige Zeit revolutionär, aber auch die Inszenierung des Stückes selbst! Erste Szene: der Vorhang ging auf und auf der Bühne saßen auf Zuschauerrängen junge Leute in unserem Alter uns Aug in Aug gegenüber, und dann wurde klar, dass wir Zuschauer eigentlich auf der Bühne saßen, gewissermaßen hinter Janis Joplin, Jimi Hendrix und Jefferson Airplane und beobachteten, wie diese Schauspieler als Zuschauer auf das Geschehen auf und vor der Bühne reagierten. Ich war sehr beeindruckt!

Der Volksbühne gegenüber ist das Kino Babylon, das genauso wie diese gleichfalls bis heute sehr progressiv ist. Das Gebäude wurde 1928/29 nach Plänen des Architekten Hans Poelzig errichtet und gilt als ein beispielhaftes Werk in dessen Schaffensperiode der Neuen Sachlichkeit. 1948 wurde das Haus stark umgebaut und diente danach in der DDR als Spartenkino. Am 11. April 1929 wurde das Babylon noch als Stummfilmkino eröffnet. Zur musikalischen Begleitung der Filme gab es einen Orchestergraben und eine Kinoorgel. Beim Umbau (1948) wurde der Orchestergraben geschlossen und die Orgel abgebaut.
Das Kino wird heute sowohl für Filmvorführungen als auch für Konzerte und andere Veranstaltungen genutzt. Der Titel der gleichnamigen TV-Serie ist inspiriert durch dieses Kino. Nächsten Monat geht es um das Schönhauser Tor.

*

Kurzmeldungen
Ihnen sind sicher auch die großen Bilder auf dem Fußwegpflaster, die etwa so groß sind, wie diese Granitplatten, die der Berliner „Schweinebäuche" nennt, aufgefallen. Seit dem 6. September läuft eine Aktion des Heimatmuseums Pankow, das diese Bilder überall im Stadtteil vor einigen Häusern aufgeklebt hat.
Über einen QR-Code auf den Bildern kann man sich Audiodateien anhören, von Menschen, die genau zur Zeit der Politischen Wende in diesen Häusern lebten und die in

kurzen Berichten, je ca. 7 min lang, erzählen, wie sie diese Zeit des politischen Umbruchs erlebt haben.

*

Die Grenzen des Prenzlauer Berg – Teil 31
das Schönhauser Tor – am 14./15.11.2019

In der heutigen Folge sind wir am Schönhauser Tor. Dieses befand sich etwas nördlich vom Rosa-Luxemburg-Platz, dort, wo aus der „Alten Schönhauser Straße" die „Schönhauser Allee" wird.

In der „Alten Schönhauser", im Scheunenviertel, liegen Straßenbahngleise. In der Nacht vom 01. zum 02.01.1967 gegen ca. 04:51 Uhr fuhr die letzte Straßenbahn über den Alexanderplatz. Es handelte sich dabei um den Wagen 4010 (TE 59) der Linie 69 der ca. 04:29 Uhr vom Walter-Ulbricht-Stadion mit dem Fahrtziel Lichtenberg, Betriebshof fuhr.

Danach wurden die Straßenbahnlinien, die bisher über den Alexanderplatz zum Hackeschen Markt fuhren, über die sehr enge Alte Schönhauser geführt. Es waren um 1989 die Linie 11 aus Biesdorf, 20 aus Lichtenberg, 24 vom Pasedagplatz, 28 aus der Zingster Str., 58 aus Falkenberg, 63 aus Alt-Hohenschönhausen und die 71 aus Heinersdorf. Die BVG benutzt diese Strecke heute nur noch für Betriebsfahrten.

Die ursprünglichen Namen für die Alte Schönhauser Straße waren „Steinweg nach Schönhausen" (Mitte des 17. Jahrhunderts bis 1699) und Pankower Straße (1699–1750). An der Ecke mit der Weinmeisterstraße befand sich im 19. Jahrhundert die Konditorei von Anthieny, in der sich lesehungrige Bewohner trafen.

Die Schönhauser Allee entstand im Mittelalter als Verbindungsweg zwischen der noch recht kleinen Stadt Berlin und den Dörfern Pankow und Niederschönhausen. Das Gebiet beiderseits des Wegs war bis ins 13. Jahrhundert hinein bewaldet, wurde dann gerodet und landwirtschaftlich genutzt. Man sieht auf alten Bildern und Stichen, daß der Wald fast bis an die Stadtmauern Berlins heran reichte, während Berlin/Cölln im Sumpf lag, mit all seinen Auswirkungen wie: gute Krebs- und Aalfischerei, reichlich vorhandenes Bau- und Brennholz, aber auch Sumpffieber, die von den Römern nach Mitteleuropa eingeschleppte Malaria, Mücken-schwärme und Überschwemmungen.

Die ersten öffentlichen Verkehrsmittel in Berlin waren zehn Sänften. Diese sogenannten Portechaisen wurden ab 1688 eingesetzt. Zunächst waren die Hugenotten als Sänftenträger privilegiert.

Simon Kremser, der seit 1825 eine Pferdeomnibuslinie zwischen dem Brandenburger Tor und Charlottenburg betrieb, eröffnete 1835 den Linienverkehr zwischen dem Schönhauser Tor und Pankow, der vor allem an Sonn- und Feiertagen gern genutzt wurde.

Das Schönhauser Tor wird als solches heute nicht mehr wahr genommen, da viele Zugezogene glauben, die Kreuzung Schönhauser / Torstraße sei der Rosa-Luxemburg-Platz. Aber dieser ist weiter südlich und an ihm steht die Volksbühne.

Die vielen Kriegslücken aus meiner Kindheit sind mittlerweile alle bebaut.

Erst kürzlich fiel einer der letzten Zeitungskioske Berlins an dieser Ecke dem Bauboom zum Opfer. Alle in den letzten Jahren an dieser quirligen Kreuzung neu errichteten Gebäude sind architektonisch sehr interessant.

Aber schon eine Ecke weiter, zwischen Max-Beer- und Alte Schönhauser Straße strahlt das alte, Berlin seine behäbige, besonnene Ruhe aus.

*

Die Grenzen des Prenzlauer Berg – Teil 39
an der Gormannstraße – am 17./18.11.2019

Bevor wir uns im Januar mit der für uns unlogischen Grenzziehung an der Torstraße befassen, dreht es sich in dieser Folge der Reihe um den Zweig der Gormannstraße, der nicht am Prenzlauer Berg endet . „Jips jibs inne Jipsstraße bei Jips!", pflegte mein Vater, der kam „vom Bau", immer zu sagen, wenn er vor meinen staunenden Kinderaugen „Gips" einrührte, um irgendwelche Löcher oder Risse in Wänden zu verspachteln.

Die Gormannstraße beginnt im Scheunenviertel an der Gips-/ Weinmeisterstraße und führt über die Torstraße bis an den Prenzlauer Berg.

Dabei läuft die Gormannstraße an der Rückseite des „Alter Garnisonfriedhof" vorbei. Dessen Eingang ist in der „Kleine Rosenthaler Straße".

An der Ecke zur Linienstraße befindet sich ein besetztes Haus, die „Linie 206", ein alternatives Wohnprojekt. Es wirkt in diesem Schicki-Micki-Kiez mittlerweile wie aus der Zeit gefallen, aber es lebt.

Und das ist gut so! Besetzt wurde es im Zug der politischen Wende 1990, geräumt wurde es in den dreißig Jahren seines Bestehens einige male, aber tot gesagte, leben länger und so halten die Besetzer weiter tapfer durch.

Der „Alter Garnisonfriedhof", kaum fünfzig Meter vom Prenzlauer Berg entfernt, ist einer der ältesten Berliner Friedhöfe. Er wird ähnlich genutzt, wie der Friedhofspark zwischen Pappelallee und Lychener Straße. Es ist ein offenes Gelände mit sehr vielen Ehrengräbern. Freiräume wie dieser müssen in der Stadt als Kälteinseln in den immer heißer werdenden Sommern erhalten bleiben.

Der Friedhof wurde bereits um 1706 gegründet, wobei die genauen Zeitangaben hierzu nicht überliefert sind. Damals erhielt die schon 1655 gegründete evangelische Garnisongemeinde Berlins auf Anweisung des Königs

Friedrich I. für die Bestattung ihrer Toten ein Grundstück am damaligen Stadtrand, zwischen dem Rosenthaler und dem Schönhauser Tor.

Dieses Grundstück war wesentlich größer als der heute erhaltene Friedhof, da er auch das Gelände östlich der heutigen Gormannstraße beinhaltete.

Dieser östliche, der „Soldatenfriedhof" oder „Gemeinen-Friedhof" genannte Teil wurde 1867 geschlossen und anschließend bebaut, während der westliche Teil an der „Kleine Rosenthaler Straße" vornehmlich als Begräbnisstätte für Offiziere des preußisch-deutschen Heeres genutzt wurde.

Zum Kriegsende 1945 entstanden hier noch Massengräber.

Ab 1951 sollte er geschlossen werden, allerdings fanden bis 1961 noch Erbbegräbnisse statt.

Der Friedhof gilt heute als denkmalgeschützte Parkanlage und steht unter der Verwaltung des Bezirks Mitte. Nur 180 von ursprünglich insgesamt 489 Grabmälern sind erhalten. Dazu zählen viele gusseiserne Kreuze, Bronzereliefs uvam.

Die Alte Garnisonkirche stand zwischen heutigem Litfaßplatz und Garnisonkirchplatz in der Verlängerung der Spandauer Straße zum Bahnhof Hackescher Markt (dort wo heute die Straßenbahnlinie M4 einsetzt).

Die Kirche wurde 1720, nachdem eine Pulverexplosion den Vorgängerbau an gleicher Stelle zerstört hatte, neu gebaut, brannte nach einem Bombentreffer am 23. November 1943 komplett aus und die Ruine wurde 1962 abgerissen.

Erhalten ist das Predigerhaus (Frommel-Haus) in der Anna-Louisa-Karsch-Straße und der berühmte Spruch in goldenen Buchstaben über dem Eingangsportal von 1720: Ein Adler mit NON SOLI CEDIT (lateinisch: Er weicht der Sonne nicht) – der preußische Adler weicht dem Machtanspruch des Sonnenkönigs (Ludwig XIV. von Frankreich) nicht.

*

Firmengeschichten – April 2020 - am 14./16.3./18.5.2020

Ich hab in meiner Kindheit und Jugend vermutlich genug Speiseeis gegessen. Auf halber Strecke zwischen der Schule und unserer Wohnung lag der Eisladen. Er existiert noch heute! Von April bis September wurde Eis verkauft, den Rest des Jahres heiße Bockwurst mit Schrippe und Senf auf Pappteller für 0,95 Mark.

Das Eis gab es in verschiedenen Varianten. Man bekam Vanille, Waldmeister, Erdbeer, Mehrfrucht oder Schoko als Eiswaffel mit einem Spachtel in einer Form gestrichen. Beim zusammendrücken der Waffel quoll das Eis ringsherum heraus. Eiskugeln kamen erst ab Anfang der 70er Jahre auf. Waldmeister gab es irgendwann nicht mehr, mit der offiziellen Begründung, dass Waldmeister ungesund sei. Vanille hatte oft „schwarze Punkte", woran man erkannte, dass hier echte Vanille und nicht nur das aus Holzspänen hergestellte billige Aroma benutzt wurde.

Ab Mitte der 70er Jahre gab es Softeis.

Zum Supermarkt am S-Bf. Storkower Straße, in dem ich ab 1981 arbeitete, gehörte eine Softeisbude.

Der Bananenbruch, der bei den Lieferungen zweimal pro Woche anfiel, wurde samt Schalen bei unserem Fleischer durch den Hackfleischcutter gejagt und unserem Softeis beigemischt. So hatten wir echtes Bananeneis. (Man google meine Bücher).

Die Eisherstellung war bereits, als Sorbet, im alten China bekannt. Auch die Griechen kannten es und Alexander der Große und Hippokrates sollen es geliebt haben. Die römischen Kaiser ließen sich durch Schnellläufer Schnee und Eis aus den Apenninen bringen. Mit dem Ende des weströmischen Reiches ging auch das Wissen um die Eisherstellung verloren. Erst die Kreuzfahrer brachten dieses Wissen aus Arabien wieder zurück nach Europa, wobei die Araber ihr Wissen davon wiederum erst von den

Chinesen erworben hatten. Rezepte für Eis aus Zucker, Salz, Schnee, Zitronensaft und verschiedenen Früchten, mit Schokolade oder Zimt enthält eine italienische Schrift, geschrieben um 1692. In den 1920er Jahren öffneten in Deutschland die ersten italienischen Eisdielen.

Italienische Eisdielen waren die erste Welle nach Deutschland eingewanderter Gastronomie, die ab den späten 50ern / frühen 60ern in der alten Bundesrepublik und in Westberlin mit italienischen, griechischen und chinesischen Restaurants und Imbissen u.a. ihre Fortsetzung nahm.

Die industrielle Herstellung von Speiseeis begann in Deutschland Mitte der 1930er Jahre mit den Firmen Langnese (1935) und Schöller (1937). In Berlin eröffnete nach dem Krieg 1946 der erste italienische Eisladen seine Pforten. Welcher das war, ist nicht nachvollziehbar, denn Erfolg hat bekanntlich viele Eltern.

Speise-Eis ist bis heute ein Geschäft, bei dem man wie beim Bier, beim Brot, der Wurst oder der Musik den Unterschied zwischen handwerklich und industriell Hergestelltem merkt. Viele der kleinen Eisdielen bei uns am Prenzlauer Berg produzieren selbst und vor Ort. Der beste Eisladen des Prenzlauer Berg wandert wie ein Pokal durch die Kieze und ist mal in diesem, mal in jenem anzutreffen, denn letztendlich ist Eis, wie vieles andere auch, eine Geschmacksfrage. Welches ist denn nun Ihr Lieblingseisladen? Und welches Ihr Lieblingseis?

*

Firmengeschichten – Unternehmergeschichten - Güterbahnhof Greifswalder Str. - am 14.7.2020/19.10.2020

Entlang der Ringbahn gingen einst die einzelnen Güterbahnhöfe fast in einander über. Die Güterabfertigung an der Schlesischen Bahn am Ostkreuz wurde gekreuzt durch eine schon vor 1920 oberleitungselektrifizierte Anschlussbahn zur Engelhardtbrauerei in Richtung Rummelsburg. Am Bf. Frankfurter gab es den ersten reinen Containerbahnhof Ostberlins. Auf ihm lagerten ab 1984 die Oberleitungsmasten für die Elektrifizierung der Gütergleise, die dort Helikoptern angehängt wurden.

Danach folgten die Entladerampen des Zentralviehhofs und dessen eigener Güterbahnhof. Kurz vor der Kniprodestraße war ein Ablaufberg, der sowohl für die Güterzüge am Viehhof, als auch für die am Güterbahnhof Greifswalder genutzt wurde. Nur dann halt jeweils in der anderen Richtung. Hinter der Greifswalder Straße stehen bis heute die Gebäude der ehemaligen Stückgutabfertigung für den Prenzlauer Berg, ein wiederum eigener Güterbahnhof. Dem schloss sich an der Güterbahnhof der Städtischen Gasanstalt. An der Kremmener-, Stettiner- und Nordbahn kurz vor der Behmbrücke liegt ein Gelände der BSR. Heute überwiegend ein Recyclinghof, wurde etwa bis zum Mauerbau und dem damit verbundenen Bau der Ulbricht-Kurve der S-Bahn, deren Stromschiene man dort an die Gütergleise nagelte, auf diesen Gütergleisen Schüttgutwagen abgestellt, in die die BSR ihren in der Stadt eingesammelten Müll kippte.

Nicht über den Ostring zu erreichen war der Güterbahnhof Eberswalder Straße. Dem schloss sich an die Stückgut-abfertigung am Bahnhof Gesundbrunnen, der Güterbahnhofsteil einschließlich Viehverladerampen am Stettiner-(Nord-)bahnhof an, die Güterabfertigung des Hamburger und die des Lehrter Bahnhofs ebenfalls.

Jeder einzelne dieser Güterbahnhöfe benötigte Dampflockinfrastruktur. Etwa alle 100 km braucht eine Dampflok Wasser, etwa alle 220 km muss Kohle nachgebukert werden. Dampfloks können zwar rein theoretisch in beide Fahrtrichtungen gleich schnell fahren, aber bei der Rückwärtsfahrt hat der Lokführer dann die großen Bedienhebel im Rücken, er steht auf der falschen

Fahrzeugseite (bei Dampfloks und deshalb auch bei den Vorkriegs-S-Bahnen, ist der Lokführer auf der rechten Seite des Führerstands, um mit seiner linken Hand dem Heizer nebenbei die Feuerbüchse beim Kohle schaufeln zu öffnen und mit der rechten Hand die Fahrthebel und Bremse zu bedienen) und der Fahrtwind würde sich im Führerstand fangen, was zu einer schnelleren, aber weniger heißen Verbrennung der Kohle führt. Deshalb gehörte idealerweise eine Drehscheibe zu einem Güterbahnhof, auf der die Loks samt Tender umgedreht werden konnten.

Vervollständigt wurde die Infrastruktur durch eine Schlackegrube, denn vor jedem Abstellen einer Lok wurden noch der Feuerrost und der Kessel ausgekratzt. Werks- und Anschlussbahnen fuhren oft mit Oberleitung (siehe oben oder der „Bulle", der die Fabriken in Schöneweide bediente) oder verdieselt, wodurch man das etwa zwei Stunden dauernde Anheizen einer Dampflok sparte. Wo es auf Hygiene ankam oder darauf, auf keinen Fall Funkenflug zu haben und den hat man sowohl bei der Dampf-, als auch bei der Diesellok und beim Stromabnehmer, setzt man bis heute zum Beispiel in Raffinerien, Gaswerken und Munitionsfabriken sogenannte Dampfspeicherloks ein.

Der Ablauf-, oder Rollberg ist ein künstlich aufgeschütteter Hügel bei der Bahn. Über ihn werden komplett gekuppelte Züge gezogen. Hinter diesem Hügel werden die einzelnen Wagen von einem Rangiermeister voneinander abgekuppelt und der Zug mit weit unter Schrittgeschwindigkeit zurück über diesen Hügel geschoben. Dabei lösen sich die einzelnen Wagen und sie rollen durch ihr eigenes Gewicht, nur mit Hilfe des Beharrungsvermögens der eigenen Masse, langsam den Hügel herab. Im Stellwerk beobachtet man das und stellt die entsprechenden Weichen, so dass nun jeder der Wagen auf ein anderes Gleis geleitet werden kann.

Am heutigen Güterbahnhof mit seinem Betonwerk glaubt man, in Richtung Kniprodestr. Stumpfgleise zu haben. Dem ist aber nicht so. Dieser Rollberg befindet sich etwa 50 m hinter der Kniprodebrücke Richtung Landsberger Allee und ist als solcher kaum noch zu erkennen. Zwischen den S-Bahn-Gleisen befand sich eines der Stellwerke.

Die Eisenbahngesellschaft Potsdam EGP, die den überwiegenden Teil des Güterverkehrs auf und zum Betonwerk übernimmt, kooperiert in Berlin in der NEF, der Norddeutschen Eisenbahnfachschule, die sich in der Storkower Str. 132, das ist gegenüber der Einfahrt zu Kaufland, befindet mit der DB AG und bildet an diesem Standort Lokführer, aber auch Wagen- und Rangiermeister im Güterverkehr aus. Sie setzt dabei u.a. den „Zusi – Bahnsimulator" ein. Die EGP hat in dem Gebäude wohl auch ein Büro.

*

Firmengeschichten – Januar 2020
Kioske – ein Abgesang - am 3./5./6./13.12.2019

Zeitungskioske prägten, wie auch die Straßenbahn am Zoo, in Steglitz oder Spandau, einst sehr stark das Berliner Stadtbild und gelangten, immer unfreiwillig, mit auf die Ansichtskarten aus der Hauptstadt.
Mehr als fünfzig Prozent aller Zeitungen/Zeitschriften gingen über ihre Tresen.
Kioske verschwinden heimlich. Ade!
Meine Vermutung, dass es da mögliche neue Hygienebestimmungen gäbe und die derzeitigen Kioske deshalb nur noch Bestandsschutz hätten und nach der Geschäftsaufgabe des jeweiligen Besitzers Kioske deshalb abgerissen werden müssen, schilderte ich in einer E-Mail dem Handelsverband Berlin-Brandenburg HBB.
Nur einen Tag später bekam ich bereits einen Anruf von dessen Vorsitzendem, Herrn Nils Busch-Petersen: "Herr Gänsrich, ihre Vermutung ist falsch. Daran liegt es nicht! Wir betrachten das Kiosksterben in Berlin mittlerweile selbst mit großer Sorge, wissen aber nicht, woran es liegt."

Kioske gab es am Prenzlauer Berg an mehreren Stellen. "Bernies", Greifswalder / Naugarder schloss vor drei Jahren und wurde dann abgerissen. Der an der Ecke Greifswalder / Danziger Str. schloss auch vor ein paar Jahren und wurde anschließend abgetragen. Den Kiosk direkt am Ausgang des U-Bf. Eberswalder Str. ereilte das gleiche Schicksal.

So eine Art Kiosk existiert im Eingangsbereich des S-Bf. Greifswalder Str., aber mit Selbstbedienung und zusätzlichem Fahrkartenverkauf. Ähnlich verhält es sich mit dem Point-Markt neben dem S-Bf. Prenzlauer Allee und einem "Service-Center" am Bf. Schönhauser.

Einen Zeitungskiosk in einer kleinen Ladenstraße gab es dereinst bis zu seiner Umgestaltung Mitte der 80er Jahre im Zugang zum S-Bf. Landsberger (damals Lenin-) Allee und ein echter Kiosk, ich erwähnte es im Oktober in der "Grenzen-Serie" gab es bis vor wenigen Monaten am Schönhauser Tor.

Momentan existieren noch ganze zwei von diesen Kiosken am Prenzlauer Berg.

Gegenüber vom Frannz-Club, Schönhauser Allee / Choriner Str. hat der Zeitungskiosk sein Sortiment sichtbar um legale Drogen, Schnaps und Zigaretten, erweitert.

Auf der Straßenbahnhaltestelleninsel Bornholmer / Björnson ist nicht klar, ob der Kiosk nicht mittlerweile auf Dauer geschlossen ist.

Kioske gab es einst an fast jedem Umsteigepunkt der BVG. Wurde "früher" einfach mehr Papier gelesen?

Wenn man sich in der DDR mit dem Kioskbesitzer gut stellte, hatte der für einen eventuell unter seinem Tresen ein Exemplar des "Mosaik", des "Das Magazin" oder der "Wochenpost" vorrätig und in Berlin bekam man ganz öffentlich an diesen Kiosken internationale Presse wie z. B. den "Morning Star" („Britain's only socialist daily") oder die "Prawda" aus der Sowjetunion. Im "Eulenspiegel" machte man sich 1988 über die angebliche Pressevielfalt der DDR in einer Karikatur lustig. Darin war ein Kiosk zu sehen, an dem viele nationale Tageszeitungen hingen, von denen nur der Kopf der Zeitungen und die Headlines zu lesen war – Neues Deutschland: "Großer Sieg für den Sozialismus" und BZ am Abend: "der Sozialismus siegt im Großen" und Der Morgen: "Sieg für den großen Sozialismus", über der Karikatur das Wort "Pressevielfalt" und unter der Karikatur der lakonische Satz "Viel Falter falten viel".

Es verschwinden immer wieder klammheimlich Alltagsdinge. Der "Wahrig"/"Duden", "Brockhaus", "Meyers-Lexikon" wurden vom Internet verdrängt, die Schreibmaschine vom PC, die morgendlichen Zeitungsmauern in der U-Bahn, das Groschenheft im ärztlichen oder der Schmöker im Amts-Wartezimmer wurden durch das Smartphone verdrängt.
Übrigens wäre früher kein Kraftfahrer auf die Idee gekommen, während der Fahrt, am Steuer, nebenbei, noch einen Krimi zu lesen.
Aber es gibt auch Beispiele unter dem Motto: "Tot gesagte leben länger". Die Hörspiel-Audiocassette lebt noch immer in Kinderzimmern und die Schallplatte feiert seit Jahren ihr Comeback und hat bereits vor fünf Jahren in Stückzahlen die verkauften CD's pro Jahr wieder überholt.
Dinge, die außerdem klammheimlich verschwanden: Schienenstöße bei der S-Bahn, Badeofen, Güterverkehr mit der Straßenbahn, S-Bahn-Türen die sich während der Fahrt (und bereits während der Einfahrt in den Bahnhof) öffnen lassen, Alu-Besteck in Kantinen, Gummihopse, Röhrenbildschirme, Floppydisk, Windows 95, Schaffner, Rentier (also jemand der eine private Apanage bekommt), Playboy, Gammler, Trapo (Bahneigene "Transportpolizei"), Oberleitungen die in Hauswänden verankert sind, Modeleisenbahnen, Flomen, Motorradbeiwagen, Lakritz-stangen, Schmerzmittel Faustan, Karbidlampen, Berliner Mundart, Auto-Antennen, Bambirad, Kriegsbrachen,

unsanierte Häuser ... und die Kenntnisse der vielen Kommunikationsmöglichkeiten die ein Kraftfahrer so alles zur Verfügung hat (Blinker, Lichthupe, anbremsen, Handzeichen, aussteigen und fragen) ...

*

Firmengeschichten – Unternehmergeschichten – Eisenbahn - am 14./20.7.2020

Das Thema Eisenbahn fasziniert Kinder jeden Alters. Entsinne mich, wie ich am Tag der Eröffnung des neuen Bahnhofs Südkreuz, als ich aus der Ringbahn ausstieg, plötzlich einen altbekannten Geruch in die Nase bekam, dem ich nur zu folgen brauchte und ich dann plötzlich auf dem unteren Fernbahnsteig vor einer echten Dampflok der Baureihe 03 stand. Oder am Endbahnof der Rügenschen Bäderbahn in Göhren bilden sich regelmäßig ganze Trauben von Schaulustigen, wenn dort die Dampflok umsetzt.
Ich glaube, am Sonntag den 12. Juli sogar eine Dampflok auf dem Ring mit langezogenem Tuten gehört zu haben!
Das Dampflokende vollzog sich Ende Oktober 1977 bei der Bundesbahn. Von da an bis zur Vereinigung mit der Deutschen Reichsbahn DR zum 1. Januar 1994 gab es auf den Strecken der Bundesbahn ein Dampflokverbot, denn die alte DB wollte modern erscheinen und da passte die Dampflok nicht mehr hinein. Bei der DR sollte bereits Ende 1976 die Dampfära vorbei sein, aber mehrere Ölkrisen, der gestiegene Ölpreis auf dem Weltmarkt und das bis dahin noch sehr unvollständig elektrifizierte Netz der DR führten ab Anfang der 80er Jahre zu einer Renaissance der Dampflok. Erst am 29. Oktober 1988 wurde letztmals bei der DR eine Dampflok im Plandienst eingesetzt.
Seit der Gründung der DB AG wird die Dampflok wieder als Sympathieträger der Bahn angesehen, allerdings fehlen dem hochdefizitären Staatskonzern mittlerweile die Mittel, Dampflokomotiven weiterhin für Sonderfahrten fahrbereit

172

zu halten. Trotz alledem wird das Damplokwerk Meiningen noch immer zur Fahrzeuginstandhaltung von der DB AG betrieben und macht heute vornehmlich die Hauptuntersuchungen für die ganzen dampfbetriebenen Schmalspurbahnen in Deutschland, aber auch für ausländische Bahnunternehmen.[24]

Es gab einst viele Kilometer an Bahngleisen mehr am Prenzlauer Berg, als heute. Allein auf dem Zentralviehhof lagen gut 12 km, auf dem Güterbahnhofsgelände der Städtischen Gasanstalt lagen weitere rund 5 km. Berechnet man je zwei S- und zwei Fernbahngleise der Ringbahn zwischen Scheffelstraße und Bornholmer Str. so kommt man heute auf insgesamt gerade einmal rund 25 Gleiskilometer am Prenzlauer Berg. Rechnet man aber den Bahnanschluss des Betonwerks zwischen Greifswalder Str. und Kniprodestr. dazu, dürften locker nochmals sechs Kilometer Bahngleis dazu kommen.

In den letzten Jahren sind alle ehemaligen mechanischen Stellwerke, so gab es u.a. eines an der Kniprodebrücke, abgerissen worden. Von dort wurden per Seilzug (ansehen kann man sich so etwas im Film „Der Zug") die Weichen und Formsignale, aber auch die relaisgeschalteten SV-Signale und die mechanischen Fahrsperren der S-Bahn betrieben. Bedenkt man, dass jeder Bahnsteig und jedes der Stellwerke für die Güteranschlussgleise rund um die Uhr besetzt war, kann man sich vorstellen, wie viele Angestellte die DR allein am Prenzlauer Berg einst hatte.

Der Güterbahnhof Eberswalder Str., dessen Betrieb offiziell zum 11. Juli 1985 eingestellt wurde, war ein absolutes Unikum. Er lag bereits auf Westberliner Gebiet. Zum rangieren und um überhaupt Güter zu diesem Bahnhof zu bringen, mussten regelmäßig die Züge in den Todesgrenzstreifen bis zum Bf. Bornholmer Str. hinein fahren. Die Waggons, die der Güterbahnhof Eberswalder

---

24 ... und macht damit wohl sogar Gewinn

bekam, wurden ab Beusselstr. über die Gütergleise der Ringbahn bis auf die Nordbahn zur Bornholmer Str. gezogen und dann in den Güterbahnhof Eberswalder hinein gedrückt. Das heißt diese Güterzüge fuhren von Westberlin nach Ostberlin (Prenzlauer Berg) und wieder nach Westberlin. An der Stelle des Güterbahnhofs befindet sich heute der Mauerpark. Die Stellwerksmeister an diesem Güterbahnhof waren Ostberliner, die in Westberlin arbeiten durften, alles andere waren Westberliner.

*

Die Grenzen des Prenzlauer Berg – Teil 40
an der Gormannstraße – am 12.12.2019

Schon im letzten Monat war ich im Eingangssatz kurz auf die für mich unlogische Bezirksgrenzziehung an der Gormannstraße eingegangen.

Schauen wir mal kurz komplett auf unseren Stadtteil und lassen wir den Gedanken freien Lauf. Was wäre geschehen, wenn auf der Konferenz in Jalta, im Januar 1945, also vor 75 Jahren, als die Aufteilung Deutschlands in Sektoren beschlossen wurde, der Prenzlauer Berg den westlichen Aliierten und Neukölln statt dessen der Sowjetunion zugeschlagen worden wäre.
Der Zentralviehhof wäre ummauert gewesen, Weißensee vom Stadtzentrum abgeschnitten und die wundervolle Altbausubstanz bei uns im Stadtteil wäre vermutlich dem Baufilz des alten Westberlin zum Opfer gefallen. Warum endete die Sektorenaufteilung Berlins nicht genau so geräuschlos wie die Wiens und Österreichs, das ja ebenfalls aufgeteilt war?
Auch nach mehrtägiger Recherche habe ich keine Erklärung dafür, warum die Grenze des Prenzlauer Berg mitten in der Torstraße abzweigt und in Richtung Norden plötzlich entlang der Gormannstraße verläuft.

Am 25. April 1920, also vor ziemlich genau 100 Jahren, wurde das „Groß-Berlin-Gesetz" in der „Preußischen Landesversammlung" beschlossen und trat am 1. Oktober 1920 in Kraft.

Dabei wurde aus 8 Stadtgemeinden, 59 Landgemeinden und 27 Gutsbezirken ein Berlin mit 20 Bezirken, das sich fortan und juristisch bis heute „Groß-Berlin" nennt.

Auch das ehemalige quasi Kerngebiet der preussischen Hauptstadt Berlin (der Name „Reichshauptstadt" wurde erst ab 1933 verwendet) wurde strukturell von der Verwaltung her neu geordnet. Aus Teilen der „Königsstadt", die wiederum selbst in mehrere kleinere Verwaltungsgebiete aufgeteilt war und Teilen der Rosenthaler Vorstadt, sowie einigen Teilen, die noch gar nicht verwaltet wurden, weil sie schlicht noch nicht bebaut waren (außerhalb der Ringbahn), wurde mit dem Groß-Berlin-Gesetz der Bezirk „Prenzlauer Tor", der bereits ein Jahr später in „Prenzlauer Berg" umbenannt wurde.

Aber auch wenn man nach alten Verwaltungskarten von vor 1920 geht, ist die Grenzziehung an der Gormannstraße nicht nachvollziehbar. Gut möglich, daß es sich um alte Postzustellungsgrenzen, Polizeiverwaltungs- oder um Diözesegrenzen handelt. Eine andere Erklärung hab nicht.

Übrigens hatte Berlins Stadtwappen bis 1926 eine rote Mauerkrone, ab 1926 eine gülden verzierte, ähnlich der heutigen, eine schmucklose rote Mauerkrone ab 1934, die Ost-Berlin bis 1990 beibehielt (zu sehen ist dieses Wappen heute noch an einem Geschäft in der Schönhauser Allee, ein paar Häuser neben der Kulturbrauerei), die heutige goldene Mauerkrone wurde 1954 in West-Berlin eingeführt und 1990 auf die ganze Stadt übertragen. Der Bär war immer schwarz, hatte eine rote Zunge und rote Krallen. Das rot geht auf das rot-weiß der alten Provinz Brandenburg zurück, der schwarze Bär auf weißem Grund geht auf die schwarz-weiße Kriegsflagge Preußens zurück, auf die auch die

Farben Deutschlands im Sport zurück zu führen ist. Die Berliner Bezirke haben in ihren eigenen Wappen den Berliner Bären in einer roten Mauerkrone.

*

Die Grenzen des Prenzlauer Berg – Teil 41
Choriner Straße – am 14./ 15.1.2020

Die Verlängerung der Gormannstraße, und damit möchte ich an den letzten Teil anschließen, ist die Choriner Straße. Wie schon in der letzten Folge, ist auch hier der Grenzverlauf zwischen „Mitte" und „Prenzlauer Berg" für mich nicht nachvollziehbar.

In den Zeiten, als man die Brunnenstraße nicht als Ausfallstraße aus Berlin benutzen konnte, weil da schlicht etwas im Weg stand, die Berliner Mauer an der Kreuzung zur Bernauer Straße, waren Gormann- und Choriner Straße als Umfahrung besagter Mauer und wenigstens bis zur Schultheiß-/Kulturbrauerei als Umfahrung der Schönhauser Allee ausgebaut. Deshalb ihr (Choriner Str.) guter Zustand.

Das ganze ist schon seit Jahren eine wunderbare Fahrradstraße, die nur einen Makel hat: der Aufstieg aus dem Berlin-Warschauer-Urstromtal auf die Ausläufer des Barnim ist doch recht heftig. Regelmäßig sieht man sich hier sightseeende Fahrradgruppen die Straße hinauf quälen.

Im Jahr 1823 kaufte der damals in der Berliner Bevölkerung bekannte und beliebte Veteran aus den Napoleonischen Befreiungskriegen, Christian Wilhelm Griebenow, das am Schönhauser Tor liegende und vor dem Konkurs stehende ehemalige Königliche Vorwerk Niederschönhausen. Dessen Ländereien erstreckten sich zu beiden Seiten der Chaussee nach Pankow, der späteren Schönhauser Allee, als breiter Ackerstreifen von der Fehrbelliner, Choriner Straße im Süden bis an die Pankower Feldmark. Er parzellierte das Gelände und legte überwiegend unbefestigte Straßen, oder damals eher noch Feldwege, an. Bebaut war das Areal bei weitem noch nicht, wenn man von einigen Geräteschuppen für die Bodenbearbeitung oder ein paar Ställen für Kleinvieh, die die neuen Besitzer der Parzellen errichteten, absieht.

Stellen Sie Sich das Bild im Jahr 1826 vor: im Sommer sandige, staubige, im Winter morasige ausgefahrene, von Hufen ausgetretene, unbefestigte Wege, dazwischen Acker-Streifen von vollreifen Ähren, Stoppelfelder, vereinzelte Schuppen, unterschiedlich hohe Gehölze einzelner Baumschulen, wenige Obstbäume, vor allem Apfel und Pflaume, kleine Gemüse- und Kräutergärten, Städtische Mühlen, letzte Reste an Reihen von Rebstöcken, vor allem für den Eigenbedarf, vereinzelte Wiesen und darauf grasende Ziegen oder Schafe.

Den Berlin einst umgebenden Dschungel hatte man bereits einhundert Jahre zuvor zwischen dem Schönhauser Tor und Niederschönhausen verdrängt und abgeholzt.

Den Beginn des von Griebenow erworbenen Teils erkennt man an dem Knick, den die Choriner Str. hinter der Fehrbelliner Straße macht. Führt sie ab Gormannstraße noch in Nord-Nordöstlicher Richtung in einem Winkel von etwa 6° zu Nord heraus aus dem alten Berlin, schwenkt sie dann in einen etwa 30°-Winkel zu Nord mehr Richtung Nordost. Gründerzeitliche Wohnbebauung zu beiden Seiten. Die Zufahrt zum Gästeparkplatz der GLS-Sprachenschule findet man neben dem Spielplatz.

Aber da gehört die Choriner Straße schon mit beiden Seiten zum Prenzlauer Berg. Am Ende des Sommers findet seit Jahren auf diesem Teil das von den Anwohnern initiierte Straßenfest statt. Die das Fest überspannenden Girlanden bleiben meist hängen und geben der Straße etwas Mittelalterliches.

Wo die Stadtteilgrenze weiter geht, lesen Sie in der nächsten Ausgabe!

*

Die Grenzen – am 16./17.2.2020

Verlassen wir in dieser Folge der Serie die Grenze einmal und gehen wir in die Zionskirchstraße. Auf der Kreuzung Choriner Str. / Zionskirchstraße schauen wir stadtauswärts zunächst nach rechts in den Prenzlauer Berg hinein und sehen dort am Ende der Straße den Pfefferberg, die ehemalige Brauerei Pfeffer. Auf deren Gelände ist in den letzten Jahren viel passiert. Es entstand ein Theater, ein Hostel, Atelierräume, ein Architekturmuseum, viele Start-Up-Unternehmen und der chinesische Künstler Aiweiwei arbeitete hier.

Schaut man von der Ecke aus nach links in den Bezirk Mitte, sieht man dort am Ende der Straße das Namengebende Gebäude, die Zionskirche, die gemeinsam mit der Gethsemaneekirche eiue wichtige Rolle vor und während der friedlichen Revolution in der DDR spielte.

Auf dem Weg dorthin über die Zionskirchstraße zur Kirche ist etwa auf halber Strecke links die Bäckerei Zessin, die neben diesem Laden in zwei weiteren am Prenzlauer Berg verkauft. Dem Laden hier ist die Backstube angeschlossen. Gelangt man durch die Toreinfahrt einmal auf den Innenhof des Gebäudes, steht man direkt neben dem Backhaus. Sowohl dort, als auch im Geschäft riecht man frisches Mehl, Natursauerteig, Zuckerguß und knackig-frisches Brot.

Das Haus neben der Bäckerei wird gerade aufgestockt.

Das das Baugeschehen ummantelnde Gerüst sieht gewaltig aus und lässt vermuten, dass man hier gleich um zwei Etagen aufstockt.

Die Zionnskirche wurde am 2. Mai 1873 im damaligen Norden Berlins als Tochtergemeinde der St. Elisabeth-Gemeinde im Beisein des Deutschen Kaisers eingeweiht. Architekt war August Orth. gestiftet wurde dir Kirche von Kaiser Wilhelm I., der 1888 starb. Während der Nazi-Diktatur wirkte in ihr Dietrich Bonhoeffer als evangelischer Pastor. Kurz vor dem Ende der DDR war sie, wie oben erwähnt, eines der Zentren der DDR-Opposition. Hier wurden unter anderem die „Umweltblätter" herausgegeben, die „Umweltbibliothek" ab 1986 eingerichtet und Mahnwachen abgehalten.

Der 67 m hohe Kirchturm steht auf einer 52 m hohen Anhöhe am Schnittpunkt von Zionskirch- und Griebenow-Straße. Dieser Punkt an dem drei Straßen auf einem fünfeckigen Platz zusammentreffen,war für den Architekten so bedeutsam, dass die Kirche nicht „geostet" wurde, so wikipedia. Zu einem Überfall von rechten Skinheads kam es 1987 auf die Kirchgemeinde, bei dem die Volkspolizei, trotz Hilferufen, sie observierte gerade ganz „diskret" die Kirche, nicht eingriff. Erst auf Druck der DDR-Presse wurden die Täter verfolgt und anschließend in Schauprozessen verurteilt.

Im Krieg wurde die Kirche schwer beschädigt. Plünderungen und vor allem Holzklau für Brennholz, bei denen immer wieder Kirchenbänke verschwanden, veranlassten die Kirchgemeinde im Hungerwinter 1946 die unteren Fenster der Kirche zu vermauern. Bis 1953 war die Kirche wieder notdürftig hergestellt und wurde erst ab 1988 nach und nach gründlich durchsaniert. Die Kirche wirkt einerseits wuchtig, andererseits mit ihren bunten Fensterscheiben leicht und luftig.

*

Die Grenzen – Teil 43 – Weinbergsweg und Kastanienallee - am 10/14..3.2020

Bleiben wir in dieser Folge der Reihe ein wenig an der Kastanienallee / Schwedter Straße. Der Grenzverlauf ist ab der Schwedter / Choriner Straße entlang der Schwedter, wobei diese auf halber Strecke zwischen Choriner Str. und Kastanienallee einen Knick um etwa 30° nach Norden macht. Bis zur Fehrbelliner Straße heißt die Kastanienallee so. Deren Fortsetzung in Mitte ist der Weinbergsweg. Er führt hinab ins Warschau-Berliner-Urstromtal. Das Tal entstand im Pleistozän durch eisrandparalleles Abfließen der Schmelzwässer der Gletscher während der Frankfurt-Phase der Weichsel-Kaltzeit etwa von 22.000 bis 20.000 v. Chr. Auch die Schmelzwässer der jüngeren Pommern-Phase nutzten um 18.000 bis 15.000 v. Chr. die Talung als Abflussbahn nach Nordwesten in Richtung Elbe zur damals noch nicht in der heutigen Form existierenden Nordsee. Die Blockierung der Flüsse im Norden durch Kontinentalgletscher verursachte eine Breite des Tales von bis zu 20 Kilometern. Das während dieser Eiszeiten im Eis gebundene Wasser, immerhin hatte das Eisschild eine Dicke von mehr als drei Kilometern[25], verursachte, dass die Nordsee überwiegend trocken fiel und der in dieser Zeit ohnehin schwache Golfstrom nicht einmal mehr die Küste der Normandie erreichte. Wohin aber sollte das Schmelzwasser der Gletscher abfließen?

Das Gefälle ging eindeutig Richtung Norden, wurde dort aber vom Eispanzer gestoppt. Im Süden lagen die Gebirge wie z. B. Harz, Kyffhäuser, Thüringer Wald, Elbsandsteingebirge, Schwarzwald, die Alpen und die Karpaten, die gleichfalls vergletschert waren und eine Barriere darstellten, und so suchte sich das Wasser seinen Weg in Richtung Nordwesten.

Die nach Südwesten hin gelegenen Hänge dieses Urstromtals eigneten sich hervorragend für den Anbau von Wein. Aber schon Preußens König Friedrich I riet seinen Bauern, von diesem arbeitsintensiven und im Ertrag von Jahr zu Jahr recht unterschiedlichem Gewächs weg und zu anderen Feldfrüchten hin zu kommen.

Zahlreiche Straßen in Berlin erinnern noch an den Weinanbau („Weinstraße", „Weinmeisterstr.). Die „Kleine Eiszeit", die sich etwa vom ausgehenden Mittelalter bis ins frühe 19. Jahrhundert durch relativ kühles Klima (bedingt

---

25 ... je nach Jahreszeit 3,5 – 4,2 km

durch weniger Sonnen- und Vulkanaktivität) auszeichnete, sowie einige Rebkrankheiten, vernichteten etwa bis 1745 den größten Teil der Berliner Weinstöcke. Lediglich zwischen dem Weinbergsweg und der Veteranenstraße, auf dem Gelände des heutigen „Volkspark am Weinberg" wurde noch bis 1906 von dem dort ansässigen Lokal Wein angebaut.

Nächsten Monat mehr!

… by the way … am 13. April mache ich seit genau 25 Jahren komplett ehrenamtlich Radio, teils bei alex-berlin auf der UKW-Frequenz 91,0 MHz, teils nur im Internet bei Rockradio.de e.V. Ich hatte zum Ende des Monats eine Radioparty mit Sondersendung und TV-Übertragung geplant. Auf Grund der aktuellen Umstände fällt die ersatzlos aus. Deshalb hier, an dieser Stelle, mal mein Dank an tolle Gäste aus Kunst, Kultur, Politik und Wirtschaft ohne die meine Sendungen sicher weit weniger gehaltvoll wären und danke vor allem an Euch als meine Hörergemeinschaft! Ihr seid alle toll!

Führungen im April:
… so lange es keine generelle Ausgangssperre gibt, finden die Führungen statt, allerdings muß ich mir zur möglichen Weiterleitung ans Gesundheitsamt Ihren Vor- und Zunamen, ihre komplette Adresse und Telefonnummer notieren! Auch sollten Sie einen Sicherheitsabstand von ca. 2 m zu mir einhalten.

*

Hinweis: Die April-Ausgabe des Jahres 2020 der Zeitung wurde auf Grund von Corona nicht einmal mehr angedruckt und erschien überhaupt nicht. Deswegen erschien der April-Artikel erst in der Mai-Ausgabe 2020.

*

In dieser Folge der Reihe gehen wir noch einmal in den Kiez rund um die Zionskirche. Die Schwedter Straße ist weiterhin die Bezirksgrenze zwischen den Ortsteilen Prenzlauer Berg und Mitte. Die Parkraumbewirtschaftung übernimmt allerdings auf beiden Straßenseiten Mitte. Man erkennt es an den Parkscheinautomaten, die im Prenzl. Berg sind blau, die in Mitte grau.

Weil die Ost-Berliner nach dem Bau der Berliner Mauer am 13. August 61 die heutige U-Bahnlinie 8, damals Linie D, nicht mehr nutzen konnten (die Linie fuhr ohne Halt als Transit unter Ost-Berlin hindurch), auch die Straßenbahn bereits seit vor 1948 nicht mehr über die Brunnenstraße zwischen Bernauer- und Invalidenstraße fuhr und man an die Straßenbahnlinie 4 (ab Januar 1953 nach der Straßenbahnteilung Linie 2 West) in der Bernauer Straße, die bereits komplett auf Westberliner Gebiet lag, heran kam, war das Viertel rund um den Arkonaplatz vom ÖPNV her ein wenig ins Abseits geraten, weshalb man ab 1967 die Buslinie 16, ab 1979 als Linie 78, über die Brunnen-, Rheinsberger, Schwedter und Fürstenwalder Str. in dieses Gebiet legte.

Die Griebenowstraße führt von der Schwedter Straße, quasi parallel zur Kastanienallee, direkt zum Zionskirchplatz. Auf halber Strecke geht davon die Wolliner Straße ab. Diese wiederum geht bis zur Demminer Str. im Wedding. Die Schwester meiner Urgroßmutter wohnte am Tag des Mauerbaus direkt Wolliner / Bernauer Straße, wurde morgens nach 4 Uhr früh „vom Militär" geweckt, ihre Wohnung wurde, weil sie Parterre wohnte, komplett geräumt und sie wurde in eine Wohnung in der Pflugstraße mit Blick auf den Mauerstreifen am Nordbahnhof umgesetzt.

Christian Wilhelm Griebenow gilt so ein bischen als der Vater des Prenzlauer Berg. Ihm gehörte das Gut Niederschönhausen und er legte ab 1826 die ersten Straßen, wie z.B. Kastanien- und Pappelallee, Choriner und Schwedter Str. im heutigen Prenzl. Berg an. Seine Witwe stiftete der Gethsemane-Gemeinde ein Grundstück an der Stargarder Str. und als Dankbarkeit für die Benennung der heutigen Straße nach ihrem Mann der Zionskirche das Grundstück für ihr Gemeindehaus in eben der genannten Griebenowstraße. In diesem Gemeindehaus gründeten Oppositionelle am 2. September 1986 die Umwelt-Bibliothek, die eine wichtige Rolle im Zug der politischen Wende in der DDR einnahm. Der Bestand dieser Bibliothek ist heute in der Robert-Havemann-Stiftung aufgegangen.

*

Die Grenzen – Teil 45 – an der Fürstenwalder Str.
am 19.6.2020

Es ist herrlich, an diesen langen Abenden im Sommer mit einem Laptop auf dem Balkon zu sitzen, in der untergehenden Sonne den nächsten Teil dieser Serie zu schreiben und ihn schließlich beim flackernden Schein einer Petroleumlampe zu beenden.
Richtung Bernauer Straße folgt hinter der Griebenow- die Fürstenwalder Straße. Dort waren einst vor dem Supermarkt einige Parkplätze, die jetzt vermutlich wegfallen. Der Supermarkt ist ein ehemaliger Plattenbaueinheitstyp, der sowohl für die staatliche HO WtB (bis 1982 HO Kaufhallenverband), als auch für die Konsum-genossenschaft gebaut wurde.
Nach einem Baukastensystem wurden dabei die Größen dieser Einrichtungen variiert. Ein Beispiel für 1.200 m² Verkaufsfläche wäre die heutige Kulturmarkthalle in der Kniprodestraße, die vor einem Jahr abgerissene in der Pappelallee hatte einmal 1.500 m², die hier an der

Fürstenberger hatte, wie die meisten gebauten 1.800 m², in der Bölschestraße in Friedrichhagen stand gar eine mit 2.200 m². Errichtet wurden sie in Berlin, wie auch Schulen, Schwimmhallen, Bürogebäude oder der Fernsehturm vom IHB (Ingenieurhochbau Berlin).

Der Typ in der Fürstenwalder Str. hatte ca. 85 Vollzeitmitarbeiter, von denen die meisten im Zweischichtsystem, die Waren-annahme hingegen im rollenden Vierschichtsystem arbeiteten. Lag die reguläre Wochenarbeitszeit in der DDR bei 43 h + 45 min, so waren es bei zwei Schichten nur noch 42 h und bei vier Schichten 40 h. Außerdem gab es Schicht- und Samstagszuschläge, wurde am Wochenende frisches Obst verkauft, gab es unter Umständen gar Sonntags- und Überstundenzuschläge.

Da der Grundlohn pro Stunde mit ca 3.50 M im Einzelhandel relativ niedrig war, waren diese Zuschläge in der Lohntüte wichtig. Vollzeit verdiente man so zwischen 620,00 M und 680,00 Mark Brutto im Monat.

Vor einigen Wochen nun wurde diese in den letzten Jahren von Edeka betriebene Filiale geschlossen und sie wird derzeit abgerissen und durch ein Wohnhaus mit Supermarkt und möglicher Weise Tiefgarage ersetzt.

Gegenüber davon ist einer der „Kindergärten City – ein Eigenbetrieb von Berlin". Kann mich entsinnen, dass wir einmal beim Zeitung ausfahren, ich stand mit dem Wagen nicht im absoluten Halteverbot, von einer Polizeistreife hier recht rüde angefaucht wurden.

Gegenüber der Einmündung der Fürstenberger Straße in die Schwedter Straße befand sich einst die Cyliax-Schokoladenfabrik, über die ich in der Januar-2019-Ausgabe berichtete. Man findet den Text im Netz.

Das große Wandgemälde in der Schwedter Str. 34 ist vom spanischen „Street Artist" „Deih", der seit gut fünfundzwanzig Jahren aktiv ist. Leider habe ich nicht heraus bekommen, wem das Gebäude, an dem das Kunstwerk zu bewundern ist, derzeit gehört, aber es ist zu vermuten, dass es sich bei „Kunst am Bau" um eine städtische Immobilie handelt, weil die dazu vor einigen Jahren verpflichtet wurden, solche Kunst zu fördern.

Links neben dieser Immobilie mit seinen Hausdurchfahrten und damit weiterhin quasi gegenüber dem geschlossenen Supermarkt, ist der Marthashof. Der Marthashof gilt offiziell als Privatstraße. Die Diakonie gründete 1854 den Marthashof als eine evangelische Herberge und Bildungseinrichtung für junge Dienstmädchen, die in der beginnenden Gründerzeit unter oftmals abenteuerlichen Bedingungen für ihre „Herrschaft" arbeiten mussten und entsprechend schlimm ausgebeutet wurden. Der Name Martha ist hebräisch und bedeutet ‚Gebieterin'.
Nach der Zerstörung im Zweiten Weltkrieg wurde das Gelände 1969 von der DDR enteignet und in Volkseigentum überführt. Die Firma Robotron baute Baracken für 100 Mitarbeiter. Später diente das Gelände als Kohle-, Obst- und Gemüselager.
Das Areal wurde 2006 an einen Investor verkauft
Die Wohnanlage umfasst heute 129 Einheiten auf einer Fläche von 12.380 m². Nach der Grundsteinlegung im September 2008 zogen im Juli 2010 die ersten Anwohner ein. Im Mai 2013 waren alle Wohneinheiten verkauft.

*

Die Grenzen – Teil 46 – Knabenschule Schwedter Straße
am 24.8.2020

Wir gehen in dieser Fortsetzung weiter entlang der Fürstenwalder Straße und damit wieder direkt in den Stadtbezirk Mitte hinein.
Neben dem gerade im Abriss befindlichen ehemaligen Supermarkt und damit wieder genau gegenüber vom Marthashof befindet sich ein historischer Gebäudekomplex, der vor einigen Jahren denkmalgerecht saniert wurde. Die

Schrift über dem einstigen Hauptportal sagt, dass es sich hierbei um die ehemalige 96. Gemeindeschule für Knaben handelt. Das Gebäude ist bereits 1876/77 zusammen mit einer daneben stehenden Turnhalle nach Plänen von Hermann Blankenstein, von dem zum Beispiel auch der einstige Zentralviehhof stammte, errichtet worden.

Das Ganze ist ein recht solider Bau und ähnelt dem in der Danziger Straße 50, der gleichfalls von Blankenstein ist.

Im hinteren Gebäude war bis Sommer 2004 eine Zweigstelle der Wilhelm-Busch-Sonderschule untergebracht. Seitdem sind dort Künstler der Ateliergemeinschaft Milchhof e. V. eingezogen.

Das Schulgebäude an der Straße war Ende der 1990er-Jahre wegen sinkender Schülerzahl nicht mehr für den Schulbetrieb erforderlich, sodass es im Dezember 1999 von anderen Einrichtungen belegt werden konnte. Heute nutzen die Abteilung Jugendförderung des Bezirksamtes Mitte und der freie Träger Kinderring Berlin e.V. das FaM in Kooperation. In das 3. OG ist die Geschäftsstelle des Kinderring Berlin e. V. eingezogen, der das JugendKULTurzentrum im FaM im Erdgeschoss betreibt, im 2. OG befindet sich die kommunale Einrichtung KinderKlub, im 1. OG stehen Projekträume und ein Internetcafé beiden Einrichtungen zur Verfügung. Die an das Vorderhaus anschließende Turnhalle wird nach dem Auszug der Wilhelm-Busch-Schule aus dem rückwärtigen Schulgebäude vom FaM und verschiedenen Vereinen für sportliche Aktivitäten genutzt.

Erst zum Schuljahreswechsel 1953/54 wurden in der sowjetischen Besatzungszone Berlins Anweisungen der Berliner Stadtverordnetenversammlung vom 1. Juli 1948, nach Genehmigung durch den alliierten Kontrollrat für Groß-Berlin, in Kraft gesetzt, nach der die Klassen künftig von den Geschlechtern her gemischt werden sollten. In den anderen drei Besatzungszonen Berlins geschah dies erst nach und nach in den folgenden zehn Jahren und war erst

Mitte der 60er-Jahre abgeschlossen. Folgte die DDR dem Beispiel aus Groß-Berlin unverzüglich, so dauerte es in der alten Bundesrepublik bis zum Ende der 60er-Jahre. Heute gibt es noch drei Schulen in Deutschland, die nur für Jungen zugelassen sind: das „Bischöfliche Willigis-Gymnasium in Mainz", das „Collegium Josephinum in Bonn" und das „Musikgymnasium der Regensburger Domspatzen in Regensburg". Mädchengymnasien wurden als „Lyzeum" bezeichnet. Es gibt davon kein einziges mehr in Deutschland.

*

Die Grenzen – Teil 47 – an der Bernauer Straße Teil 1 von 3 - am 23.8.2020

In der heutigen Folge dieser Reihe geht es an die ehemalige Staatsgrenze der DDR.

Bernauer Straße / Schwedter Straße, da entlang verlief ab dem 13. August 1961 das, was Walter Ulbricht auf einer Pressekonferenz am 15. Juni 1961 mit „Mauer" („Niemand hat die Absicht eine Mauer zu errichten!") und später auch die ganze Welt so bezeichnete und was ich als „antifaschistischer Schutzwall" kennen gelernt hab. Es soll ja Leser geben, die meine persönlichen Geschichten zu den einzelnen Punkten lieben. Hier sind dazu gleich drei. Nur wenige Tage nach dieser Pressekonferenz und am selben Datum im Jahr, wie der Verursacher dieses Satzes wurde ich geboren. Vermutlich nuschle ich deshalb so.

Am Donnerstag den 10.August 61 war meine Mutter mit mir noch bei ihrer Oma in der Uhlandstraße in Charlottenburg. Sie erzählte mir Jahrzehnte später, dass sie genau an diesem Tag überlegt hatte, eventuell übers Wochenende, also bis einschließlich Sonntag dort zu bleiben, konnte aber meinen Vater, damals Kraftfahrer bei der HO, nicht erreichen, um ihm Bescheid zu geben. So kehrten wir am selben Tag wieder nach Hohenschönhausen zurück. Als im Frühjahr 1990, das genaue Datum kann ich nicht nachvollziehen, aber es muß vor März 90 gewesen sein, die Mauer an der Bernauer Str. wieder geöffnet wurde, warnte mich mein Vater vor: „Du ich komm da mal besser mit dir mit. Das sieht da im Wedding schlimmer aus, als bei uns am Prenzlauer Berg." Wir fanden Neubauten, aber auch wie vor dem Mauerbau in der Bernauer Straße, Buden für Nippes und Kitsch und Wechselstuben, in denen sich der Kurs D-Mark zu DDR-Mark täglich änderte und mal bei 1 : 4, mal bei 1 : 5, mal bei 1 : 10 lag.

Heute sind ja Oderberger und Schwedter Str. zusammengelegt und dort, wo sie auf die Bernauer Str. stoßen, ist ein schöner, kleiner Platz entstanden. So ich mich recht entsinne kam man in der Schwedter Str., ohne Wochen vorher beantragten Passierschein, nur bis zur Ecke Rheinsberger. Das Stück bis zur Kremmener Str. war bereits Sperr- und Grenzgebiet, in dem sich nur noch Menschen aufhalten durften, die dort auch wohnten. Eine Verbindung zur Oderberger Str. gab es nicht, so daß die Schwedter hier als Sackgasse endete.

Dass sie von dort aus theoretisch noch bis zur Ringbahn führte, war auf Stadtplänen nicht mehr verzeichnet.

Anders war es in der Oderberger Straße.

Ab der Einfahrt zur Feuerwehr standen große Betonpflanzkübel auf der Fahrbahn, die so dicht aneinander standen, daß sich noch ein Notarztwagen hindurch schlängeln konnte, aber für LKWs war es zu eng. Das hatte einen Grund!

Bis 1988 (!) betrug der Abstand zwischen Hinterland- und vorderer Grenzmauer an der Ecke Oderberger / Eberswalder Str. kaum zwei Meter und man hatte deshalb Angst, dass es hier Grenzdurch-bruchsversuche mit LKW geben könne.

Der sonst doch recht breite „Todesstreifen" beherbergte an dieser Stelle nur den Postenweg und etwas Stacheldraht. Im Gegensatz zur Schwedter Straße jedoch, kam man als Fußgänger von der Oderberger in die Eberswalder Str. hinein. Das Eckhaus, an dem sich der Fußweg entlang schlängelte, beherbergte, das sieht man noch auf historischen Fotos, einen Club der Volkssolidarität. Diese Ecke hier war bis zum Fall der Mauer die einzige Stelle, an der man als Normalbürger ohne Passierschein bis an die Hinterlandmauer heran kam. Westberlin war man nie näher.

Sektorenaufteilung, warum je drei Trupps unterschiedlich Uniformierter ab 1961 das Baugeschehen beobachteten, Ida Siekmann und Conrad Schumann in der nächsten Folge Tunnelbauten und Straßenbahnteilung übernächste Folge

Hinweis: Da zum Redaktionsschluss noch immer Corona-Einschränkungen herrschen, fahre ich derzeit meine Führungen „auf Sicht" und veröffentliche deren Termine immer Montagabend für die Folgewoche auf meiner Website. Eckpunkte: Mindestteilnehmerzahl zwei Personen, Preis: Spende in den Hut

*

Die Grenzen – Teil 48 – an der Bernauer Straße Teil 2 von 3 - am 19.9.2020

Bleiben wir auch in dieser Folge der Reihe an der Bernauer Straße. Wurden die Besatzungszonen ganz Deutschland betreffend erst im August 1945 auf der Konferenz in Potsdam beschlossen, so wurde die Aufteilung Berlins in unterschiedliche Besatzungssektoren bereits ein halbes Jahr zuvor auf der Konferenz in Jalta auf der Krim im Februar 45 festgelegt. Dabei ging man streng nach den Stadtbezirks-grenzen. An den sowjetisch besetzten Prenzlauer Berg grenzte der französische Wedding. Die Grenzziehung entlang der Stadtbezirksgrenzen hatte teils merkwürdige Auswirkungen. Oft verlief die Zonengrenze straßenmittig. In der Bernauer Str. z.B. entlang der Häuserfront der südlichen Straßenseite. Die Häuser standen im Ostsektor, der Fußweg im Westsektor, die Balkone ragten in den

Westsektor hinein. An einer Stelle zwischen Treptow und Neukölln gehörten eine Straßenseite, die ganze Straße und der Fußweg zum Ostsektor, die Vorgärten und die dahinter liegenden Häuser zum Westsektor. An der Grenze zwischen Kreuzberg und Treptow gab es das gegenteilige Bild zur Bernauer Str. Eine Straßenseite, samt Straße und Gehweg der gegenüber liegenden Seite gehörten zum Ostsektor, die dort stehenden Häuser zum amerikanischen Sektor und deren Balkone ragten nun wieder in den Ostsektor hinein.

Mit dem Bau der Berliner Mauer hätte die DDR ja nun direkt an diese Hausmauern DIE Mauer bauen können, sie ließ aber großzügig Platz für einen Gehweg, so dass an dieser Stelle die Westberliner bei mehr oder weniger illegalem passieren des Ostsektors in ihre Häuser gelangten, sie aber damit rechnen mussten, auf diesem Gehweg auch Grenzsoldaten der DDR zu begegnen.

Im Ortsteil Staaken, dessen Westteil zum Ostsektor gehörte, war an jener Stelle die Fahrbahn mittig geteilt, die Oberleitung für den Westberliner O-Bus hing deshalb in eine Fahrtrichtung im sowjetischen Sektor, in die andere Fahrtrichtung im britischen Sektor und konnte deshalb nicht gründlich genug von der BVG-West (ab 1949) gewartet werden.

Der Mauerbau begann in der Nacht vom 12. auf den 13. August 61 mit der Trennung des S-Bahnnetzes kurz vor deren Betriebsende.

Dann erst wurden die Straßen besetzt.

Die Schwester meiner Urgroßmutter, Tante Friedchen, lebte Wolliner Ecke Bernauer Str. und wurde, wie sie mir vor ihrem Tod Ende der 70er Jahre erzählte, „um zwanzig nach vier morgens durchs Militär aus der Wohnung geklingelt." Sie mußte ihre Wohnung sofort über die Wolliner verlassen, weil der Ausgang zur Bernauer bereits verschlossen war, denn dessen Außenstufen lagen bereits in Westberlin, Grenztruppen luden ihr Hab und Gut auf einen LKW und sie bekam sofort eine Wohnung in der Pflugstraße.

Im Verlauf der nächsten Wochen wurden die Wohungen in der Bernauer nach und nach beräumt. Vielen gelang noch die Flucht, indem sie in letzter Sekunde aus ihren Fenstern sprangen. Das erste Maueropfer war Ida Siekmann, die am 22. August 61 mit 59 Jahren aus dem dritten Stock der Bernauer Str. 48 sprang, als das Sprungtuch der westberliner Feuerwehr noch nicht aufgespannt war.

Am 15. August 61 flüchtete der Grenzsoldat Conrad Schuman mit einem beherzten Sprung über den Stacheldraht von der Ruppiner Straße in die Bernauer Str.

Nachdem im Herbst 61 die Ost-Häuser in der Bernauer Str. ohne Bewohner waren, wurden deren Fenster und Türen vermauert. In den 60er Jahren wurden zunächst die Seitenmauern der Häuser abgerissen und schließlich die vordere Hauswand auf ca. 4,50 m gekürzt.

Anschließend wurde dahinter eine weitere Mauer mit Stacheldraht gemauert und dann die restlichen Hausmauern vorn abgerissen. Erst hinter dieser neu gemauerten Mauer wurde ab etwa Mitte / Ende der 70er Jahre diese 3,60 m hohe Betonmauer aus Fertigteilen errichtet.

Der Zement dafür kam aus Rüdersdorf, das Eisen aus Eisenhüttenstadt und das Werk für diese Fertigteile stand in der Nähe von Neubrandenburg.

Der Verlauf dieser Fertigbetonteilmauer wird in der Bernauer Straße durch Stelen angezeigt. Die eigentliche Grenze ist jedoch dort, wo der Rasenstreifen in den befestigten Fußweg übergeht.

Ich habe diese ganzen Infos durch einen ehemaligen Klassenkameraden, der an der Bernauer Straße, freiwillig, seinen verlängerten Grundwehrdienst leistete.

Nach 1991 offenbarte er sich mir als ehemaliger Mitarbeiter der Staatssicherheit.

Wir haben seit einigen Jahren wieder Kontakt zueinander.

*

Die Grenzen – Teil 49 – an der Bernauer Straße Teil 3 von 3 - am 14.10.2020

Ich setzte diese Reihe fort mit dem Hinweis, dass wir im Text dieser Serie in der letzten Ausgabe etwas kürzen mussten: Die gesamte Bernauer Straße gehörte, bis auf die Häuser der Südseite, zum französischen Sektor. In Kreuzberg gab es jedoch eine Stelle, wie die gesamte Straße, außer einer Hauszeilenseite zum sowjetischen Sektor gehörte. Hier ließ die DDR den Fußweg frei, damit Westberliner, nach passieren des Ostberliner Fußwegs, zu ihren Häusern gelangen konnten. Allerdings mussten sie damit rechnen, auf diesem Fußweg hin und wieder Soldaten der Grenztruppen der DDR zu begegnen.

Wie viele Fluchttunnel es in der Bernauer Straße gab, lässt sich bis heute nicht genau beziffern. Aber es waren wohl die meisten. Einige sind bekannter, weil es über sie Filmdokumente gibt. Die, die bekannt wurden, sind in der Bernauer Straße von oben kenntlich gemacht.

Die Straßenbahnteilung begann mit der Einführung der D-Mark in Westberlin am 24. Juni 48 (in der Trizone am 21.6.48) und der Blockade Berlins. Das hieß zwei Währungen in der Stadt.
Am 24.3.1949 wurde deshalb der Schaffnerwechsel an der Sektorengrenze eingeführt. Am 1.9.1949 wurde die BVG gespalten und das Liniennetz der Straßenbahn entzerrt. Lediglich sechs Linien wurden noch gemeinsam gefahren, darunter die 3 (heute M13).
Die Linie 4 (heute M10), die in der Bernauer Straße komplett auf Westberliner Gebiet fuhr, wurde aber allein durch die BVG-Ost betrieben. Am Nachmittag des 15.1.1953 erfolgte die sogenannte Straßenbahnspaltung. Weil ab 1.1.1953 in der Bundesrepublik und Westberlin keine Straßenbahn-fahrerinnen mehr zugelassen waren, aber

auf den Ost-Zügen weiterhin, provokativ, Frauen eingesetzt wurden, trennte die BVG-West die letzten sechs Linien an der Sektorengrenze. Die 4 fuhr nur noch bis Eberswalder Str. und wurde in der Bernauer Str. durch die 2 ersetzt. Die 3, die bis dahin noch bis zur Grünthaler Str. im Wedding gefahren war, wurde bis zur Björnsohnstr. zurück gezogen.

Die 73 und 74 von Weißensee über Greifswalder Str. und Potsdamer Platz bis Lichterfelde, fuhren nur noch bis Leipziger Platz und weiter ab Potsdamer Platz.

Bis Zur Einstellung der Strecke Leipziger Str. am 24.8.1970 befuhr die 74 eine Wendeschleife am Leipziger Platz, die bis zur Stresemannstr. reichte.

Am 28.2.53 beschloss die BVG-West den Straßenbahnverkehr bis 1972 einzustellen. Am 1.6.64 wurde die 2 in der Bernauer Str. eingestellt, am 1.8.64 die 3 West. Am 11.6.65 fand die letzte Hauptuntersuchung Straßenbahn in der Uferstraße im Wedding statt. Vorfristig bereits am 2.10.67 wurde die Straßenbahn in Westberlin eingestellt, bis zum 21.12.67 fanden aber noch Betriebs- und Überführungsfahrten statt.

Es hatte allerdings in Westberlin Bestrebungen gegeben, wenigstens ein Rumpfnetz aus drei Linien vom Zoo bis nach Spandau auf Dauer zu erhalten.

Bis 1973 kam es auch in Ostberlin zu Streckenstilllegungen. Aber da war man schon in den Planungen für die Neubaugebiete im Osten der Stadt und stellte dabei fest: U-Bahnbau ist zu teuer, mit der S-Bahn kommt man nicht in die Tiefe der Wohngebiete hinein, Bus hat nicht die ausreichende Fahrgast-Kapazität und so wurde, nach dem Neubau der Brücke am Bahnhof Lichtenberg, über die Rhinstraße das erste Straßenbahnneubaustück am 2.11.75 eröffnet.

*

Die Grenzen – Teil 50 – die Grenzverschiebungen

am 13.11.2020

Wir bleiben auch in dieser Folge noch an der Ecke Bernauer / Schwedter Straße. Seit Mitte November gibt's direkt dort am Mauerpark eine weitere, zweite, Einfassung in den Straßenbelag mit der Aufschrift „Berliner Mauer 1961 – 1988". Ich denke, das muss etwas erklärt werden, gibt's doch an dieser Stelle insgesamt zwei Grenzverschiebungen. Wie in älteren Folgen beschrieben, befand sich anstatt des Mauerparks von 1872 – 1985 der Nordbahnhof (ab 1950 Güterbahnhof Eberswalder Str.).

Auf ihm wurden z.B. 1977 Teile der NBC-TV-Serie „Holocaust" gedreht.

Der gesamte Bahnhof befand sich auf Weddinger Seite.

Nach Potsdamer Abkommen behielt die Reichsbahn mit Sitz in Ostberlin die Betriebsrechte für den gesamten Eisenbahnverkehr (auch S-Bahn) in ganz Berlin.

Damit gehörten sämtliche Gebäude (Bahnhöfe, Stellwerke usw.) zwar zu Ostberlin, der Boden aber, auf dem das Zeugs stand, komplett zu Westberlin.

Ein Dieb z. B. der in einen Bahnhof flüchtete, konnte dort nicht mehr von der Westberliner Polizei festgenommen werden, denn für das Bahngelände war die Ostberliner Transportpolizei[26] zuständig. Flüchtete ein Dieb vom Bahngelände auf die Straße, durfte ihn die Trapo nicht verfolgen.

Lediglich alliierte MP[27] konnte grenzenlos agieren. Der Güterbahnhof Eberswalder Str. lag auf Westberliner Gebiet, seine Anlagen gehörten aber zur Ostberliner Reichsbahn, … die im übrigen gern provokativ ihre Westberliner Anlagen mit DDR-Flaggen versah.

Der Güterbahnhof war bereits seit der Blockade 1948 unrentabel und wurde deshalb 1985 geschlossen.

---

26 Transportpolizei = Trapo
27 MP = Militär Polizei

Die Berliner Mauer war zu diesem Zeitpunkt an dieser Stelle gleichzeitig die Ostbegrenzungsmauer des Bahnhofs. Strategisch ungünstig, weil vom Westen aus zu sehen, standen die Grenzposten auf dem Anstieg zum Sportstadion hin. Mit der Schließung des Bahnhofs ergab sich die Möglichkeit, den Todesstreifen zu erweitern.

Nach Verhandlungen der Bahn mit dem Magistrat, dem Senat und allen vier Alliierten kam es zu einer „Grenzbegradigung", bei der eine Hälfte des Bahnhofs Ostberlin zugeschlagen wurde, das Gelände aber in Gänze weiterhin Reichsbahngelände blieb.

Es war dies bereits die dritte dieser Vereinbarungen. Sie trat nach vierjährigen Verhandlungen am 1.7. 1988 in Kraft. Westberlin erhielt dafür u.a. 14 unbewohnte Exklaven und das Lennè-Dreieck am Potsdamer Platz.

Zum ersten Gebietsaustausch kam es in den 70er Jahren. Noch am 3. September 1971, dem Tag der Unterzeichnung des Viermächte-Abkommens, ermächtigte die Alliierte Kommandantur den Senat von Berlin entsprechende Verhandlungen mit der DDR-Regierung aufzunehmen.

Diese Gespräche führten am 21.Dezember 1971 zur Unterzeichnung der Vereinbarung über die Regelung von Enklaven durch Gebietsaustausch, die am 3. Juni 1972 zusammen mit dem Viermächte-Abkommen in Kraft trat.

Danach erhielt die DDR insgesamt 15,6 ha Fläche zugesprochen, zu Berlin (West) kamen Flächen von insgesamt 17,1 ha.

Die bedeutendste Fläche war der 2,3 ha große Zugang nach Steinstücken, das damit ab 30. August 1972 eine direkte Straßenverbindung zum Bezirk Zehlendorf erhielt.

Als Wertausgleich zahlte der Senat der DDR-Regierung 4 Mio. DM. In einer ergänzenden, zweiten Vereinbarung schlossen Senat und DDR-Regierung am 21. Juli 1972 ein 8,5 ha großes, zu Ost-Berlin gehörendes Gelände am ehemaligen Potsdamer Bahnhof in den am 21. Dezember

1971 vereinbarten Gebietsaustausch ein. Die DDR erhielt 31 Mio. DM für dieses Areal.[28]
Der Zugang zu Steinstücken ist in diesem Zusammenhang interessant. Um dorthin zu gelangen, musste mit einer Brücke eine Bahnstrecke gequert werden. Der Deal war dann der, dass alles oberhalb der Straßenbrücke zu Westberlin gehörte, unterhalb zur DDR.

Ein drittes mal wurde die Grenze zum Wedding mit der Erweiterung des Mauerparks verschoben. Weil man einsah, dass es ungünstig ist, wenn zwei unterschiedliche Berliner Bezirke sich die Verwaltung eines Parks teilen, wurde der westliche Teil des Areals am 31. März 2017 Teil des Bezirks Pankow.

*

E-Busse – am 23.4.2021

An der Endhaltestelle Michelangelostraße stehen derzeit mehrere Schnellladesäulen für Elektrobusse.
Der 200er fährt bereits komplett so, während der 156 weiter ein Verbrenner ist.
Abgenommen wird der Strom per Pantographen. Diese Art des Schnelladens erhöht natürlich die Reichweite dieser Busse, was sich allerdings negativ auf die Lebensdauer der Batterien auswirkt. An sehr kalten Tagen ist darüber hinaus die Batterieleistung, wir kennen das von der PKW-Batterie, spürbar geringer, so dass diese Busse dann teilweise mit gedimmtem Licht oder ohne Heizung fahren, wie Erfahrungswerte von Fahrgästen zeigen.
Deshalb lässt sich kaum eine Kilometerlaufleistung pro Batterieladung beziffern. Derzeit fahren bereits sechs Linien elektrisch, bis zum Jahr 2030 soll die gesamte Flotte der BVG auf E-Busse umgestellt sein. Die ökologisch sicher

---

28 ... dass das Gelände des im Krieg weitgehend zerstörten Potsdamer Bahnhofs und Potsdamer Ringbahnhofs zu Ostberlin gehörte, kann man auf alten Stadtplänen sehen.

bessere Alternative zum Batteriebus, der Oberleitungsbus, in Ostberlin abgeschafft Ende 1972, kommt in den aktuellen Planungen der BVG leider nicht vor.

*

Firmengeschichten - Schlachthof, Viehhof, was denn nun? - am 8.12.2020

In Bezug auf das oben genannte Gelände habe ich ja bereits in einer Folge dieser Reihe, das ist durchaus schon ein paar Jahre her, müsste sich aber online im Archiv unserer Zeitung befinden, geschrieben, sowie, erneut, im Rahmen meiner "Grenzen"-Reihe.

Das Gelände, das ich meine, ist der ehemalige "Zentralviehhof". In den letzten Jahren ist nur noch vom "alten Schlachthof" oder "Altes Schlachthofgelände" die Rede. Ja was denn nun?

Als mir im Oktober wieder der "alte Schlachthof" bei einer offiziellen Veranstaltung als Namen über den Weg lief, fragte ich bei der Politik in BVV und AGH nach.

Einhelliger Tenor, ganz gleich bei welcher Partei: "Das hat sich so eingebürgert".

Mh ... Der Prenzlauer Berg hat, so offizielle Zahlen, in den letzten ca. 15 Jahren rund 90% seiner Einwohner verloren.

Da sind dann noch nicht die drin, die vor 25 Jahren in der ersten Modernisierungswelle unseren Stadtteil verließen. In den angrenzenden Bezirken Fhain und Lichtenberg mögen die Zahlen nicht ganz so hoch sein, aber nicht vernachlässigbar.

Das heißt, niemand erinnert sich mehr an seine Umbenennung vor 44 Jahren und dass von 1882 – 1977 der heutige S-Bf nicht Storkower Straße, sondern Zentralviehhof hieß. Im Jahr 1934 kam während einer Gebietsreform das ganze Gelände, das die Stadt Berlin ursprünglich der Gemeinde Lichtenberg abgekauft hatte, vom Bezirk Fhain zum Prenzl. Berg.

Auf dem Zentralviehhofs gab es je eine Albuminfabrik, Börse, Darmschleimerei mit Gastwirtschaft, Häutesalzerei, Kaldaunenwäsche, Lederfabrik, Talgschmelze, Schweine-, Hammel-, Rinderauktionshalle, Seuchenhaus, dazu noch mehrere Verwaltungsgebäude, einen Wasserturm, den Fußgängerhochgang "Langer Jammer", ein Polizeischlachthaus, fünf Schweine- und drei Rinderschlachthallen. Der Rest waren Kuhställe!

Ungefähr zehntausend Rinder wurden gehalten. Warum?

Zur Zeit der Fertigstellung des 1. Teils 1882 war die Kühltechnik noch nicht so weit. Zu dieser Zeit hatte Berlin ca. 1,25 Millionen Einwohner. Zwar konnte sich nur ein geringer Teil der Bevölkerung Frischmilch (andere gab es noch gar nicht) oder Butter leisten (Margarine war gerade erst in Frankreich erfunden worden und wurde aus Walfleisch gemacht), aber Milch und Butter waren nicht unwichtig und da man nicht zu kühlen wusste, wurde nicht die Milch, sondern die Kühe nahe an die Abnehmer heran gebracht.

Geschlachtet wurden nur Schweine und Rinder. Eine Hammelschlachterei fehlt auf dem Gelände, weshalb ich annehme, dass Hammel, wie Karnickel und Hühner, als Kleinvieh galten, für die das preußische "Schlachtzwanggesetz" nicht galt und sie von den "Schlächtereien" so geschlachtet werden konnten. "Gäule" wurden u.a. an der Bizetstraße in Weißensee "abgedeckt", weshalb es entlang Berliner Allee und Greifswalder Straße relativ viele Restaurants gab, die Pferdefleisch in Gerichten anboten.

Ja mir ist klar, dass man lieber auf dem "alten Schlachthof" wohnt, als auf dem "Zentralviehhof". Das klingt so schön dramatisch und man ist nicht dem Berliner Spott ausgesetzt: "Wohnst de etwa in'nem Schweinestall, du blöde Kuh?" "Du oller Hammel kiekst hier schon wie 'n Rindvieh kurz vorm Schlächter!"

Also nochmal: das Gelände war einst der Zentralviehhof, denn geschlachtet wurde nur auf etwa zwei Prozent des

Areals. "Alter Schlachthof" ist zwar nicht falsch, aber das ist so, als würde man ein homöopathisches Mittel als echte Medizin bezeichnen oder eine Cognacbohne als Flasche Rum.

*

Die Bezirksgrenzen – Teil 53
S-Bahnhof Bornholmer Straße – am 22.3.2021

Liebe Leser, zuerst möchte ich mich für Ihre Treue bedanken! Vor 25 Jahren, im April 1996, erschien hier mein erster Zeitungsartikel. Es ging darin damals um das Ladenschlussgesetz. Stellen Sie sich vor, die Geschäfte in der DDR durften Montag – Donnerstag von 7 – 19 Uhr, Freitag bis 20 Uhr und Samstag bis 11.30 Uhr öffnen und nur Tankstellen an damals Fern- heute Bundesstraßen hatten auch am Wochenende geöffnet und dort konnte man nur tanken. In der Bundesrepublik konnte 1996 Montag – Mittwoch und Freitag von 7 – 18.30, Donnerstag bis 20 Uhr und Samstag bis 14 Uhr eingekauft werden. Tankstellen hatten nur an Bundesstraßen und Autobahnen durchgängig geöffnet. Wer übrigens wie ich und das waren nur wenige, bereits vor 1990 ein Girokonto hatte, konnte Nachts und an Wochenenden nur in einer Filiale im Postbahnhof am Ostbahnhof per Scheck Bargeld abheben.

Aber weiter im regulären Text. Auf meiner Tour entlang der Stadtteilgrenze sind wir jetzt am Bahnhof Bornholmer Straße angelangt. Die ehemalige Grenzübergangsstelle behandel ich hier weiter hinten gesondert.
Obwohl die Gleise der Stettiner Bahn schon ab 1842, die der Nordbahn ab 1877 lagen, wurde der S-Bahnhof erst am 1. Oktober 1935, nach Bauplänen von Richard Brademann eröffnet. Heute nutzen ihn täglich rund sechzigtausend Reisende. Neben den Linien S 41, S 42, S 8, S 85 die man im Prenzlauer Berg über die Ringbahnhöfe erreichen kann, ist hier, wie auch in Gesundbrunnen, der Umstieg zu vier

weiteren S-Bahnlinien, S 1, S 2, S 25, S 26, allerdings bequemer wegen der Richtungsbahnsteige, möglich. Mit dem Mauerbau am 13. August 61 wurde auch der S-Bahnhof geschlossen.

Man hatte kurzzeitig das weitere offen halten des westlichen Bahnsteigs für die S-Bahn zur Nordbahn angedacht, ähnlich wie am Bahnhof Wollankstraße, der zwar auf Ostberliner Gebiet gelegen, nur für Westberliner zugänglich war, aber auf Grund der komplizierten Situation mit dem gleichzeitigen Betrieb der Ulbrichtkurve, erschien dies für die Grenzsicherung zu heikel und so schloss man ihn zu schließen, wie auch alle anderen Transitbahnhöfe unter Ostberlin (außer Friedrichstraße) und er wurde zum Geisterbahnhof, durch den die Züge in Schritt-geschwindigkeit hindurch fuhren.

Nach der Grenzöffnung am 9. November 1989 konnte man sich als Ostberliner aus den fahrenden Zügen diese Geisterbahnhöfe, von denen „die Alten" oder die Westverwandtschaft hinter vorgehaltener Hand erzählten, endlich selbst ansehen. Sie sahen aus, wie vom Personal fluchtartig verlassen.

An den Wänden Werbung von 1961 für Fewa-Waschmittel, für einen Besuch im Tierpark oder einfach nur Propaganda, auf den Bänken Tageszeitungen vom 12. August 1961, Theater- und Kino-Plakate, die blätterten, Stapel von ungeknipsten Fahrkarten in den Entwertungs- und Fahrkartenwannen an den Bahnhofsenden, die Kaffeetassen der Mitarbeiter in den noch halb offenen Häuschen der Bahnhofsaufsicht, Pappschalen für Bockwurst an den einstigen Mitropa-Imbissbuden, in denen nur noch staubiger Schimmel an die Reste von Senf erinnerte, Kleinbunker mit Sehschlitzen und Wände aus Sandsäcken für die Grenzer, die man gelegentlich sogar offen über die Bahnsteige patrouillieren sah und über allem, wie Patina, eine dicke Schicht aus fast dreißigjährigem Staub. Unwirklich und wie ein Zeitfenster in die Vergangenheit.

Der westliche Bahnsteig des Bahnhofs Bornholmer Straße, für die Nordbahn, wurde bereits am 22 November 1990 wiedereröffnet. An der Ulbrichtkurve eröffnete man am 5. August 1991 provisorische Außenbahnsteige. Der ehemalige Bahnsteig für die Stettiner Bahn wurde am 1. Dezember 1997 wiedereröffnet, nun ganz im Konzept des offiziell am 26. Mai 2006 eröffneten Nordkreuzkonzepts bereits als Richtungsbahnsteig.

Das Bahnhofseingangsgebäude auf der Südseite der Bösebrücke ist von 1935 und steht heute unter Denkmalschutz, der Eingang auf der Nordseite ist hingegen ein Neubau aus den 1990ern.

*

von der Zeitung gekürzte Version, die ursprüngliche Version ist nicht erhalten

Die Grenzen des Prenzlauer Berg – Folge 54 - Grenzübergang Bornholmer Straße

geändert auf ohne Privates - am 9./12./24.3./23./28.4.2021

Der Prenzlauer Berg hat nicht nur ein Welterbe, die einzige Straße Berlins, in der komplett Magnolien als Straßenbäume stehen, das einzige Gleislager der BVG-Straßenbahn und das erste Berliner Wasserleitungsnetz, sondern mit der einstigen in der Überschrift genannten „GÜSt" (so die korrekte Schreibweise für „Grenz-Übergangs-Stelle") auch historischen Boden in Bezug auf die Deutsche Einheit.

Der Grenzübergang Bornholmer Straße nahm das gesamte Gelände zwischen Finnländischer, Malmöer, Bornholmer Str. und Bahn ein.

Fußgänger betraten ihn von Osten her durch ein Gittertor in der Malmöer Straße, für PKW's gab es gestaffelt angelegte Schlagbäume in beide Richtungen.

Es standen mehrere Abfertigungshallen (Reste davon findet man auf einem Hof in der Marienburger Str.) und Baracken.

Die nördliche Hinterlandmauer zwischen Björnsonstr. und

Brücke blieb erhalten. Die Gedenkstätte ist dort eingerichtet, während auf dem eigentlichen Kontrollgelände heute Wohnhäuser, Parkplätze und Supermärkte stehen.

Neben diesem gab es die Übergänge Friedrichstraße (nur für Bahnreisende), Oberbaumbrücke (nur für Fußgänger), Invalidenstraße, Chausseestraße, Sonnenallee (alle drei für Fußgänger und PKW), Heinrich-Heine-Straße (nicht für Berliner). Für Flugreisende von und nach Westberlin, die von Schönefeld abflogen, gab es in Rudow einen eigenen Übergang. Der legendäre Checkpoint Charlie in der Friedrichstraße durfte genauso nur von den alliierten Besatzungsmächten genutzt werden, wie die für ihre Agentenaustausche berühmte Glienicker Brücke. Lichtenrade / Mahlow war nur für Müllwagen der BSR zur Deponie Schönheiche, Dreilinden war ausschließlich für Transitreisende nach Helmstedt und Marienborn (heute A 2 und A 9). Bis zur Fertigstellung der Transitautobahn nach Hamburg 1982, über den Berliner Ring in Stolpe / Heiligensee, wurde die Fernstraße 5 (heute B 5) ab Heerstraße benutzt.

Der Bahntransit nach Hof erfolgte über Dreilinden. Wobei hier ab 1972 die Zufahrtsstraße zur ehemaligen Exklave Steinstücken unterquert wurde. Der Transitverkehr auf der Hamburger Bahn wurde nach einem Grenzdurchbruch mit einem Personenzug von Albrechtshof nach Spandau am 5. Dezember 1961 über Staaken, Wustermark und Bredow umgeleitet und erreichte erst kurz vor Nauen seine ursprüngliche Strecke. Die Gleisanlagen über Bredow wurden bereits in den frühen 1990er Jahren aus Rentabilitätsgründen komplett demontiert. Dazu kamen noch mehrere Grenzübergänge auf den Wasserstraßen.

Weltweite Berühmtheit erlangte der GÜSt Bornholmer Straße, weil er der erste war, der am 9. November 1989, tja fast versehentlich, geöffnet wurde. Eine zu diesem Zeitpunkt noch gar nicht beschlossene, handschriftliche

Notiz wurde von ZK-Mitglied Günter Schabowski bei einer Pressekonferenz falsch formuliert, nur nebenbei erwähnt und erst durch pfiffige Journalisten von RIAS, SFB und ARD passend interpretiert.

Auch ich pilgerte mit meinem Fahrrad mitten in der Nacht zum Grenzübergang Bornholmer Straße „um ma zu kieken". Erst zehn Tage später benutzte ich, zusammen mit meinem Vater, diesen Übergang.[29] Einen Schulkumpel, der im April 1990 Vater geworden war, lud ich aus diesem Anlass „auf ein Bier" in den Wedding ein. Den Grenzübergang gab es noch, zwei Währungen in der Stadt auch. Aus dem „einen Bier" wurde ein friedliches Besäufnis, weil wir laufend eingeladen wurden.

Der TV-Film „Bornholmer Straße" von 2014 zeigt sehr gut und auf witzige Art die Absurdität dieses Grenzübergangs und die Ereignisse in dieser Nacht. Er wurde allerdings, mit viel Green-Screen-Technik, eine Ecke weiter, an der Swinemünder (Millionen-) Brücke gedreht. Wie es zum „Versprecher" von Schabowski kam, zeigt ein Fernsehspiel der ARD von 1990, also zeitlich noch sehr nah dran.

*

Die Grenzen des Prenzlauer Berg – Folge 55
… bis zur Grünthaler Straße … - am 15.5.2021

In dieser Folge der Serie, die wir in diesem Jahr wohl beenden werden, gehen wir auf der Verlängerung der Norweger Straße weiter, unter der Bösebrücke hindurch. Schuhe hängen heute unter der Brücke genau da, wo einst Stacheldraht auch an ungewöhnlichen Orten den Weg nach Westen versperrte.

---

29 … allerdings ging ich erst am 14. November 89 über den an diesem Tag neu eröffneten Übergang am Potsdamer Platz rüber, fand mich da im Nirgendwo und kehrte schnell wieder um und fuhr einen Tag später mit der S-Bahn allein zum Zoo

Das hier unten ist das eigentliche, das normale Geländeniveau. Mit Pferdekarren, kleinen, schmalspurigen Feldbahnen und dampfbetriebenen Kettenbaggern ist der Anstieg zur Brücke einst auf beiden Seiten der Bahn aufgeschüttet worden, viel Handarbeit mit Schaufeln dabei.

Mit Beginn der Grenzsicherung am 13. August 1961 wurde die Kleingartenanlage Bornholm ab der Björnsohnstraße zum nichtöffentlichen Sperrgebiet. Ich bin mir nicht sicher, ob man als Normalbürger die Kleingartenanlage von der Straßenbahnschlaufe Björnsohnstraße zur Esplanade hin überhaupt queren durfte. Sicher ist, dass westlich dieses Weges nur noch Zutritt hatte, wessen Datsche dort stand. Kontrolliert wurde ständig. Die Stasi spitzelte hier noch mehr, denn ihr waren alle Kleingärtner verdächtig. Die Norweger Straße ist entlang der Bahn auf Plänen bis zur Esplanade hoch gekennzeichnet. Vermutlich war sie bis zum Mauerbau nur ein weiter Weg innerhalb der Gartenkolonie und wurde dann zum Postenweg für die Grenzer. Die Gärten zwischen dem Postenweg und der Bahn verschwanden völlig. Auf der Ostseite verschwand die komplette erste Reihe der Gärten neben ihm.

Deutsche und Japaner haben ja seit langem ein recht inniges Verhältnis zu einander. Weil wir nie im Krieg miteinander standen? Weil uns ein ähnliches und zeitgleiches Schicksal im 20. Jahrhundert miteinander verbindet? Entlang des gesamten ehemaligen Postenweges rund um Berlin stehen heute japanische Kirschbäume, gespendet von japanischen Mitmenschen. Die Aktion geht auf den TV-Sender TV Asahi zurück. Er rief 1990 zu einer großen Spendenaktion in Japan auf, nachdem dort Mauerfall und deutsche Einheit große Begeisterung verursacht hatten. Rund 20.000 Japaner spendeten umgerechnet rund eine Million Euro. Letztendlich wurden mehr Bäume gespendet, als am Streifen gepflanzt werden konnten und so landeten einige davon unter anderem im Thälmannpark.

Der Prenzlauer Berg geht bis zur Südseite der Esplanade. Folgt man ihrem Verlauf ab der Dolomitenstraße weiter Richtung Westen, trifft sie als Weg zuerst auf die Verlängerung der Norweger Straße, führt dann unter den gesamten Bahnanlagen hindurch und wird auf Weddinger Seite durch die Grünthaler Straße fortgesetzt. Bis über die Bahnanlagen hinweg und genau zu jenem Punkt, wo aus der Esplanade die Grünthaler Straße wird, reicht des Gebiet des Prenzlauer Berg.

Nördlich dieses Gebietes, hinter der Trennung von Nord- und Stettiner Bahn, gibt es eine gewollte Brache, einst Grenzgebiet, als Grünfläche, die als „Nasses Dreieck" bekannt ist. Auf Westberliner Stadtplänen von 1956 ist eine Eisenbahntrasse vom Güterbahnhof Pankow zur Wollankstraße eingezeichnet, die auf Ostberliner Stadtplänen aus dem selben Jahr nicht mehr eingezeichnet ist, die aber die Erklärung für den Namen der Brache ist.

*

Die Grenzen des Prenzlauer Berg – Folge 56
… Esplanade … - am 14.6.2021

Das ist die letzte Folge unserer kleinen Reihe über die Grenzen des Prenzlauer Berg, in der ich im Uhrzeigersinn entlang gegangen bin, rechts der Prenzlauer Berg, links andere Stadtteile.
Ab der nächsten Ausgabe werde ich mich den unbekannteren Orten, Höfen, Plätzen, Personen widmen.

Der Grenzverlauf entlang der Esplanade ab der Ecke Dolomitenstraße ist eindeutig, ab der Schönhauser Allee nicht. Auf dem Gebiet des Prenzlauer Berg liegen an der Esplanade überwiegend Kleingartenanlagen, die durch den Eschengraben durchzogen werden. Der Eschengraben selbst bezog einst einen Teil seines Wassers aus dem westlichen

Weißensee und aus der Gegend „Am Steinberg". Sein Verlauf wurde im Zuge der Bebauung nach der Gründung Groß-Berlins 1920 in weiten Teilen zugeschüttet. Lediglich ein kleiner Rest von ihm ist in den Kleingartenanlagen an der Esplanade zu finden. Der Eschengraben mündete dereinst hinter der Wollankstraße ins Pankebecken.

Die Esplanade wurde 1874 vom Rittergutsbesitzer Stuttmeister aus Charlottenburg angelegt, dem das Gelände vermutlich gehörte. Erst 1902 bekam die Straße ihren Namen. Der Name „Esplanade" verspricht schon etwas Mondänes. Gegenüber vom Brennerberg ist eine moderne Sportanlage angelegt.

Es folgen ehemalige, zum Teil mittlerweile ihres exterritorialen Status entwidmete Botschaftsgebäude, in denen jetzt u.a. eine Tagesklinik für minimalinvasive Eingriffe oder ein Steuerberatungsbüro (auf Pankower Seite) eingezogen sind. Südlich der Esplanade befinden sich zwischen Gotland-, Ibsen- und Stavanger Straße nach wie vor Botschaften, wie z.B. von Ghana, Kuba oder Bosnien-Herzegowina. Es folgt ein Supermarkt aus der Kategorie „Nahversorgung". Entlang der Stavanger Straße, die hier bis zu ihrer Einmündung in die Esplanade eine Einbahnstraße ist, steht ein großer Gebäudekomplex der, wie die Gebäude in der Gürtelstraße an der Grenze zu Weißensee, zur „Seniorenstiftung Prenzlauer Berg" gehört.

Sowohl alte Karten, Stadtpläne, aber auch google-maps zeigen mir an, dass die Grenze des Prenzlauer Berg von der Einmündung der Esplanade in die Berliner Straße nun genau in der Mitte der hier Stadteinwärts (gemeint ist das Zentrum Berlins) beginnenden Hochbahntrasse bis zur Ecke Wisbyer Straße verläuft. Warum die Schönhauser Allee bis zur Ecke Schonensche geht und dann in Richtung Pankow Berliner Straße heißt, in der Gegenrichtung wechselt der Straßenname genau gegenüber der Schonenschen Straße, ist für viele kaum nachvollziehbar. Dies zeigt die ehemalige Stadtgrenze Berlins von vor 1920 an. Da beide Straßen nach dem preußischen Hufeisensystem aber jeweils in die entgegengesetzte Richtung nummeriert sind, die Berliner Straße beginnt an der Ecke Breite Straße stadtauswärts links mit der „1", die Schönhauser Allee stadtauswärts an der Ecke Torstraße rechts mit der „1", lassen sich beide Straßen weder bis zur Wisbyer / Bornholmer noch bis zur Esplanade verlängern oder verkürzen. Es bleibt dabei, auf die Berliner Straße 75 folgt die Schönhauser Allee 97.

*

Die Bezirksgrenze Teil 50 - Grenzverkehr Teil 1 von 2
am 20.11. + 8.12.2020

Liebe Leser, der Mauerbau jährt sich in diesem Jahr zum 60. mal. Mit ihm und schon im Jahrzehnt davor passierte im ÖPNV Berlins sehr viel an Teilung, Trennung. Nun kann man sich vom Verständnis her nicht nur einen Teil, in unserem Falle den einstigen Güterbahnhof Eberswalder Straße, heraus picken. Um der Genauigkeit Genüge zu tun, ist der Text dazu deshalb sehr lang geworden und damit zu lang für eine Episode.

Mit der Teilung Berlins nach dem Krieg hab ich mich ja hier bereits ein paar mal beschäftigt. Nach der Spaltung der Währung im Juni 1948 und der Spaltung der BVG 1949 kam es, ich berichtete es in dieser Serie bereits, am 15. Januar 1953 zur "Straßenbahnspaltung".

Pech für die Ostberliner Straßenbahn, denn die Hauptwerkstatt stand an der Panke in der Uferstraße im Wedding, nur 150 m vom heutigen U-Bf. Osloer Str. entfernt (Warum man das Gelände 2006 verkaufte, obwohl man das Tramnetz jetzt Richtung Westen wieder ausbaut und man diese Werkstatt gut hätte reaktivieren können, ist mir unklar!).

Vorübergehend wurde daraufhin die U-Bahnhalle in der Rudolf-/Warschauer Str. genutzt, bis das RAW Schöneweide diese Aufgabe übernahm. Schon 1952 wurde ein

Verbindungstunnel von der U2 zur U5 gebaut, um die Züge der U2 nun in Friedrichsfelde warten zu können. Dabei mussten allerdings die Kleinprofilzüge der U2 / AII wegen des anderen Abgriffs der Stromschiene und der umgekehrten Strompolung von Dieselloks nach Friedrichsfelde gezogen werden.

Weil man es Genossen der SED nicht zumuten wollte und es Staatsbediensteten der DDR verboten war, in Westberlin umzusteigen, setzte die S-Bahn ab 18. Mai 1953 6 x täglich sogenannte "Durchläuferzüge" ein, die in Westberlin nicht hielten. Beispiel: Friedrichstraße, nächster Halt Griebnitzsee bzw. Albrechtshof oder Bornholmer Straße, nächster Halt Hohen Neuendorf bzw. Hennigsdorf.

Mit dem Bau der Berliner Mauer am 13. August 61 kam es zu weiteren Einschränkungen. Die Bahnhöfe der Westberliner U-Bahnlinien C + D (heute 6 + 8) in Ostberlin wurden geschlossen. Ab 1963 kassierte Ostberlin für diese Unterfahrungen Transitgebühren.

Die BVG-West wollte die U 8 (damals D) bis Moritzplatz zurückziehen und Ostberlin hatte Interesse, die Strecke Neanderstr. (H.-Heine.--Str) bis Rosenthaler Platz zu befahren. Aus rein politischen Gründen hielt Westberlin dann aber doch an dieser Strecke fest.

Eine Verbindungskurve zwischen der heutigen U5 und U8 aus der Vorkriegszeit, der Waisentunnel, hätte dies unkompliziert möglich gemacht. Über diesen Tunnel exportierte die West-BVG 1988 mehrere alte U-Bahnzüge, die als strategische Reserve bis dahin in Westberlin vorgehalten waren, nach Ostberlin.

Deshalb wurden auf der Ostberliner AII / U2 von da an nochmals Wagen von vor dem I. Weltkrieg eingesetzt und nur mit den Westberliner Rundköpfen der U-Bahnbaureihe D war die Verlängerung der U5 nach Hönow überhaupt möglich (diese Wagen fahren übrigens seit 1992 in Pjöngjang in Nordkorea). Am Transit der U6 hielt die BVG-West vorerst fest, weil sie ihre Hauptwerkstatt U-Bahn in

der Seestraße hatte. Mit der Fertigstellung der U9 1971 und damit der Umfahrung Ostberlins, kam eine Übergabe der Transitstrecke der U6 unter Ostberlin an die Ost-BVG wieder ins Gespräch. Dazu wurde 1988 ein Tunnel von der AII / U2 zur U6 am Bahnhof Stadtmitte begonnen.
Die Deutsche Wiedervereinigung verhinderte seine Fertigstellung. Dieser Tunnel ist mittlerweile wieder verfüllt. Im Übrigen verkehrt die U9 seit ihrer Inbetriebnahme zwischen Walter-Schreiber-Platz und Rathaus Steglitz auf der Trasse der einst geplanten U10 von Steglitz über Alexanderplatz, Greifswalder Straße bis Weißensee.

Leserbrief
In Ihrem Artikel in den Prenzelberger Ansichten zur U-Bahn sind einige Fehler. So wurden die Kleinprofilwagen der damaligen Linie A (heute U2) nicht mit Dieselloks geschleppt, sondern wurden von einem Stromwagen (Kleinprofil-Triebwagen mit Großprofil-Stromabnehmer) über die Hochspannungskupplung mit Strom versorgt, um diese über die Linie E (heute U5) zu überführen.
Da es für den gesamten Zug nur einen Strom abnehmenden Wagen gab, war die Geschwindigkeit eingeschränkt. Mit Diesellok wurden U-Bahnwagen nur von Hennigsdorf nach Berlin (Neulieferungen) und zwischen der Übergabestelle Kaulsdorf und dem RAW Schöneweide (ab 1988, Streckenverlängerung nach Hönow) überführt.
Es gab unterschiedliche Stromwagen für AI-/AII-Züge wegen der unterschiedlicher Kupplungen. Für die AIIU-Wagen (ex. Westberlin 1972, dort modernisiert, z.B. mit Türschließer nachgerüstet) wurde einer dieser Triebwagen mit 2. Führerstand ausgerüstet und als Stromwagen genutzt.

*

Grenzverkehr Teil 2 – Nachschliff
am 20.11.2020 / 15.1.2021 / 25.1.21

Haben wir beim letzten mal U-, Straßenbahn und Bus behandelt, so schauen wir uns in dieser Ausgabe die Situation nach dem Krieg bei der Reichsbahn an.

Mit Sicherung der Interzonengrenzen 1952 durften Westberliner nicht mehr ins Berliner Umland und in die DDR einreisen. Ostberliner sollten möglichst nicht Westberlin betreten. Somit sanken die Fahrgastzahlen auf den Berliner Kopfbahnhöfen und sie wurden geschlossen (Lehrter, Anhalter, Görlitzer, Nordbahnhof). Der Potsdamer Ring- und Stadtbahnhof lag direkt neben dem Anhalter Bahnhof in Ostberlin, die Gleise ab Bahnsteigende lagen aber bereits in Westberlin.

Bei der S-Bahn machte man es anders. Offiziell weil man es Genossen der SED nicht zumuten wollte und es Staatsbediensteten der DDR verboten war, in Westberlin umzusteigen, inoffiziell weil die DDR Schiss hatte, dass sich ihre Staatsbediensteten in den Westen abseilten, setzte die S-Bahn ab 18. Mai 1953 6 x täglich sogenannte "Durchläuferzüge" ein, die in Westberlin nicht hielten.

Mit dem Mauerbau befand sich auf der erst am 14.8.1950 elektrifizierten Strecke nach Falkensee ein einziger Zug, der bis Oktober 61 noch auf der einen Station bis Albrechtshof pendelte. Abgeschnitten waren auch die Stücke Griebnitzsee – Potsdam Hbf, Dreilinden – Stahnsdorf, Mahlow – Rangsdorf, Hennigsdorf – Velten, Oranienburg – Hohen Neuendorf, der Bf. Teltow (hier wurde noch nach dem Mauerbau, in der Nacht vom 14. zum 15.8.61 die Strecke noch einmal unter Strom gesetzt und die Absperrungen beseitigt, um den dort isoliert stehenden Zug zum Bw Nordbahnhof bringen zu können, denn einen anderen Weg gab es nicht), Pankow – Bernau. Zwar war schon 25.12.52 die "Ulbrichtkurve" zwischen Pankow und Schönhauser Allee in Betrieb gegangen, diese war aber nur eingleisig und nur alle 40 min befahrbar. Ab 19.11.61 war das Stück Blankenburg – Hohen Neuendorf befahrbar und ab 10.12.61 kam das zweite Gleis der Ulbrichtkurve dazu. Bis auf den Abschnitt Hennigsdorf – Velten wurden alle anderen um Westberlin gelegenen S-Bahnstrecken innerhalb weniger Wochen auf Dampf- oder Dieselbetrieb umgestellt. Dass es einen Inselbetrieb auf der nur vier Stationen umfassenden Strecke von Hennigsdorf nach Velten gab, hing damit zusammen, dass es in Velten eine Wartungshalle für S-Bahnen gab, die bis heute von Bahnherstellern benutzt wird. Man hielt deshalb am Inselbetrieb bis zum 21. September 1983 fest.

Von den Bahnherstellern Bombardier und Stadler wird bis heute eines der Gleise der Strecke mit Stromschiene für Erprobungsfahrten genutzt.

Weitere Kuriositäten nach dem Mauerbau gab es. So konnte der S-Bf. Wollankstr., obwohl in Pankow gelegen, nur von Wedding aus betreten werden. Noch vor der Übernahme der S-Bahn in Westberlin am 9.1.84 wurden über die Fernbahngleise am Bf. Friedrichstraße die im Volksmund "Rundköpfe" genannten moderneren S-Bahnzüge aus den 30er Jahren nach Ostberlin überführt, so dass die BVG-West nur die älteren "Stadtbahner" in ihren Betrieb bekam[30]. Die U2 endete ab Mauerbau am Thälmannplatz (Mohrenstr.) und nutzte den Tunnel bis Potsdamer Platz nur noch zum kehren, wobei dieser Bahnhof allerdings ca. 30 m nach Westberlin hinein ragte und erst da wurde dann die Mauer

---

30 ... der Westteil der S-Bahn auf der Stadtbahn endete zwar an einem der Fernbahngleise, die Stromschiene war aber durchgezogen bis auf die S-Bahn-Gleise des Ostteils der Stadtbahn. Es gibt davon noch Bilder im Netz. Über diese Verbindung wurden bis zur Übernahme der S-Bahn durch die BVG auch die Westzüge zu ihren Hauptuntersuchungen ins RAW Schöneweide gefahren und unmittelbar nach dem Mauerfall konnte über dieses Gleis die Reichsbahn der BVG mit S-Bahn-Zügen aushelfen.

im Tunnel gebaut. Die im Volksmund "Toaster" genannte S-Bahnbaureihe wurde von einem Firmenkonsortium ab 1984 in Tegel gebaut. Die Teststrecke führte bis Schönholz. Zur Übergabe an die BVG musste die DR informiert werden, weil man ab Wollankstr. bis Gesundbrunnen und im Nord-Süd-Tunnel Strom aus Ostberlin bezog und diese neuen Züge beim bremsen Strom ins Netz zurück speisten.

*

Grenzverkehr Teil 2 – Nachschliff – als Firmentext
am 20.11.2020 / 15.1.2021 / 25.1.21 / 3.2.21

Die Eisenbahn zählte schon immer zu einem der größten Arbeitgeber der Stadt. Um überhaupt fahren zu können, musste sie einst Erz, Stahl, Schienen, Kohle für die Maschinen der Fahrzeughersteller und für die eigenen Loks transportieren. Und sie musste die Menschen, die für sie arbeiteten, transportieren. Auf Stellwerken, Bahnhöfen, im Fahrkartenverkauf, Fahrkartenentwertung und Bahnhofs-zugang arbeiteten die Bahner z.T. in rollenden Schichten. Jede Lok war mit zwei Leuten bemannt, auf den Waggons saßen Bremser. Der Ein-Mann-Betrieb wurde bei der S-Bahn in Ostberlin 1965, in Westberlin 1967 eingeführt.
Im Potsdamer Abkommen von 1945 besaß die Reichsbahn die alleinigen Betriebsrechte für Eisenbahn in ganz Berlin. Das machte den Betrieb mit der zunehmenden Spaltung der Stadt nicht einfacher und als am 13.8.61 die Berliner Mauer gebaut wurde, zerfiel das Bahnnetz um den einstigen Bahnknoten Berlin in -zig Stücke. Stellwerke und Signale mussten innerhalb weniger Tage neu verkabelt, Gleise und Stromschienen neu gebaut werden. Am 5. Dezember 61 kam es zu einer geglückten Flucht bei einem Grenzdurchbruch mit einem Personenzug von Albrechtshof nach Spandau. Darauf hin wurden dort die Gleise demontiert und die Züge von Westberlin nach Hamburg fort an über Staaken, Wustermark und Bredow umgeleitet.

Mit dem Mauerbau befand sich auf der erst am 14.8.1950 S-Bahn-elektrifizierten Strecke nach Falkensee ein einziger Zug, der bis Oktober 61 auf der einen Station bis Albrechtshof pendelte. Abgeschnitten waren auch die Stücke Griebnitzsee – Potsdam Hbf, Dreilinden – Stahnsdorf, Mahlow – Rangsdorf, Hennigsdorf – Velten, Oranienburg – Hohen Neuendorf.

Am Bahnhof Teltow stand ein Zug. Hier wurde nach dem Mauerbau, in der Nacht vom 14. zum 15.8.61 die Strecke noch einmal unter Strom gesetzt und die Absperrungen beseitigt, um den dort isoliert stehenden Zug zum Bw Nordbahnhof, das sich auf Ostberliner Gebiet aber im Westberliner Netz befand, bringen zu können, denn einen anderen Weg gab es nicht.

Vom Restnetz abgeschnitten war auch das Stück Hohen Neuendort – Oranienburg. Ab 19.11.61 war das Stück Blankenburg – Hohen Neuendorf befahrbar. Zwischen Karower Kreuz und dem bis dahin seit 1955 nur vom „Sputnik" auf dem Außenring im Dampf- / Dieselbetrieb angefahren Bahnhof Schönfließ fuhren die S-Bahnen auf den Gütergleisen zwischen langsamen Güterzügen und schnellen Fernbahnen. Ihr eigenes Gleis bekam die S-Bahn in diesem Bereich erst 1982, als man die Fernbahngleise Oberleitungselektrifizierte. Die S-Bahn fährt mit 750 Volt Gleichstrom, die Fernbahn mit 15.000 Volt Wechselstrom. Beide Systeme nutzen die Fahrschiene als Gegenpol. Das gleichzeitige fahren von S-Bahnen und E-Loks auf den selben Gleisen ist zwar möglich, wie man am Bahnhof Birkenwerder sieht, aber technisch höchst aufwendig. Deshalb trennt man beide Systeme wenn möglich räumlich.

Bis auf den Abschnitt Hennigsdorf – Velten wurden alle anderen um Westberlin gelegenen S-Bahnstrecken innerhalb weniger Wochen auf Dampf- oder Dieselbetrieb umgestellt. Dass es einen Inselbetrieb auf der nur vier Stationen umfassenden Strecke von Hennigsdorf nach Velten gab, hing damit zusammen, dass es in Velten eine Wartungshalle für S-Bahnen gab, die bis heute von Bahnherstellern benutzt wird. Man hielt deshalb am Inselbetrieb bis zum 21. September 1983 fest. Von den Bahnherstellern Bombardier und Stadler wird bis heute eines der Gleise der Strecke mit Stromschiene für Erprobungsfahrten, auch für neue Züge der Berliner S- und U-Bahn genutzt.

Weitere Kuriositäten nach dem Mauerbau gab es. So konnte der S-Bf. Wollankstr., obwohl in Pankow gelegen, nur von Wedding aus betreten werden.

Noch vor der Übernahme der S-Bahn in Westberlin am 9.1.84 wurden über die Fernbahngleise am Bf. Friedrichstraße die im Volksmund "Rundköpfe" genannten moderneren S-Bahnzüge aus den 30er Jahren nach Ostberlin überführt, so dass die BVG-West nur die älteren "Stadtbahner" in ihren Bestand bekam. Die im Volksmund "Toaster" genannte S-Bahnbaureihe 480 wurde von einem Firmenkonsortium ab 1984 in Tegel gebaut. Die Teststrecke führte bis Schönholz.

Zur Übergabe der Züge an die BVG musste die Reichsbahn informiert werden, weil man ab Wollankstr. bis Gesundbrunnen Strom aus Ostberlin bezog. Da diese neuen Züge beim bremsen Strom ins Netz zurück speisten, die Gleichrichterwerke im Osten dafür technisch aber nicht ausgerüstet waren, gab es deshalb auf diesem Abschnitt immer wieder Probleme.

Hintergrund zur S-Bahn-Übernahme durch die BVG in Westberlin. Bis Ende der 70er Jahre hatte die S-Bahn in Westberlin ein Defizit von rund einer halben Milliarde D-Mark eingefahren, das von der DDR getragen wurde. Deshalb musste in Westberlin gespart werden. Die Betriebszeit wurde auf 7.00 – 19.00 Uhr verkürzt, Takte weiter ausgedünnt, Personal entlassen. Das führte zu einem ersten Streik der Bahner 1980, in dessen Ergebnis die meisten Strecken in Westberlin eingestellt und weiteres Personal entlassen wurden. Dies führte zu einem zweiten Streik 1982. Nun wollte die Reichsbahn die S-Bahn in Westberlin nur noch loswerden und die BVG bekam 1983 vom Senat den Auftrag, ab 1984 die S-Bahn in Westberlin zu betreiben.

Das Gleisnetz der S-Bahn gehörte dabei weiter formal der Reichsbahn. Mit dem ihr verbleibenden Fern- und Güterverkehr fuhr ab 1984 aber die Reichsbahn in Westberlin endlich Gewinne ein.

Über den Ring war der Prenzlauer Berg vor dem Mauerbau mit folgenden Zuggruppen zu erreichen:
Blankenburg – Warschauer Straße (ohne Halt Bornholmer Str.)
Vollring
Gartenfeld – Warschauer Straße
Spandau – Fürstenbrunn – Spindlersfeld
Über Bornholmer Straße waren es:
Oranienburg – Wannsee
Velten – Rangsdorf
Bernau - Teltow

Bis heute durch Krieg, Mauerbau oder S-Bahn-Streik noch nicht wieder in Betrieb gegangene S-Bahnstrecken sind:
Jungfernheide – Fürstenbrunn – Spandau
Spandau – Falkensee
Spandau – Staaken
Jungfernheide – Gartenfeld
Zehlendorf – Düppel (Stammbahn)
Wannsee – Stahnsdorf (Friedhofsbahn)
Blankenfelde (Kr. TF) – Rangsdorf
Hennigsdorf – Velten
Schöneberg Ringbahnhof – Julius-Leber-Brücke (früher Kolonnenstraße)
Südkreuz Ringbahnhof – Julius-Leber-Brücke

Yorkstraße (früher Großgörschenstraße) – Potsdamer (Ring-)Bahnhof und der heutige Bf. Teltow hat räumlich nichts mit dem Bf. Teltow zum Zeitpunkt des Mauerbaus gemeinsam …

… ja, ick gebe zu, manchmal bin ick 'n „Pufferküsser" …

*

Auszüge aus einem zweiteiligen Radio-Interview von Rolf Gänsrich mit dem Verein für Lebensqualität an der Michelangelostraße e.V. (Frau Ahnis und Frau Spieker) am 22.2.2021 für die Sendung OKbeat am 4. und 11./18.3. bei alex-berlin in der zerschnittenen* Fassung und im Rahmen der "Geschichte zur guten Nacht" von "pommes rot weiß" auf Rockradio.de am 16./17. + 23./24.3.2021 in der ungeschnittenen Fassung

Was ist das für ein Verein? Seit wann gibt es den Verein?
Der Verein für Lebensqualität an der Michelangelostraße in Berlin-Prenzlauer Berg ist hervorgegangen aus einer Bürgerinitiative, die sich spontan im Frühjahr 2015 gebildet hatte, nachdem über die Presse bekannt geworden war, dass Senat und Bezirk Pankow ein städtebauliches Verdichtungsprojekt „Bauen an der Michelangelostraße" mit ca. 2.700 Wohnungen planen.

Warum wurde er gegründet? Wann wurde er gegründet?
Es gab dagegen massive Proteste der Anwohner wegen der hohen Anzahl von neuen Wohnungen bei gleichzeitigem Wegfall von sehr vielen Anwohnerparkplätzen und von viel Grün. Um besser organisiert und wirksamer diesen Protesten gegenüber Politik und Verwaltung Ausdruck zu verleihen, gründeten einige Aktive dann im Herbst 2015 den Verein, der 2017 ins Vereinsregister eingetragen wurde.

Was sind die Ziele des Vereins?

Wir sehen unsere Aufgabe in erster Linie in der Förderung des bürgerschaftlichen Engagements zugunsten des Umweltschutzes bei Nachverdichtung.

Unser Verein kämpft deshalb dafür, dass die Lebensqualität in unserem Wohngebiet durch die geplante immense bauliche Verdichtung nördlich und südlich der Michelangelostraße auf keinen Fall beeinträchtigt wird. Wir bringen uns dazu aktiv in den Planungsprozess des Bezirksamts Pankow ein, um diesen im Interesse der Bewohner des gesamten Quartiers mit zu gestalten. Wir entwickeln konkrete Vorschläge, wie die Lebensqualität im Beplanungsgebiet und darüber hinaus im gesamten Wohngebiet erhalten bleibt und verbessert werden kann! Dazu organisieren wir einen kontinuierlichen Informationsaustausch mit den Anwohnern, um ein möglichst breites Meinungsspektrum zu erfassen und in unsere Vorschläge einfließen zu lassen.

Derzeit liegt der Fokus der Aktivitäten des Vereins auf
a) der Mitwirkung bei der Erarbeitung eines realen und akzeptablen Verkehrs- und Mobilitätskonzept für den fließenden und ruhenden Verkehr im gesamten Wohngebiet. Das betrifft die Interessen aller Anwohner und es sind ihre unterschiedlichen Mobilitätsformen (als Fußgänger, Radfahrer, Pkw-Nutzer einschl. als Nutzer des ÖPNV) zu berücksichtigen.

b) der Mitwirkung in dem zu bildenden baubegleitenden Planungsrat für die Neubebauung als eine weitere Form der Bürgerbeteiligung.

Wir sagen an dieser Stelle klar und unmißverständlich:
Unser Verein ist niemals gegen eine Bebauung gewesen, aber eben für eine massvolle, vernünftige Nachverdichtung, die die Lebensqualität der Anwohner nicht beeinträchtigt.

Was wünschen Sie Sich von Seiten der Politik?
Wir bringen uns seit Jahren immer wieder mit sachlich-konkreten Vorschlägen in die entsprechenden Ausschüsse

und Fraktionen der BVV Pankow sowie in die zuständigen Gremien im AGH ein. Wir erwarten eine ernsthafte Prüfung und eine entsprechende Berücksichtigung in Beschlüssen bzw. Dokumenten des Bezirksamts Pankow und des Senats. Nur so und nicht anders ist die immer wieder vollmundig zugesicherte Bürgerbeteiligung zu realisieren. Dazu gehört auch eine objektive (und keine einseitige!) Berichterstattung in den Medien.

* ... „zerschnitten" ist richtig, denn die beiden Interviewteile, Teil 1 22 min, Teil 2 27 min lang, hab ich der besseren Hörbarkeit wegen in mehrere ca. 5 min lange Teile zerhackt ohne jedoch am Inhalt selbst zu schneiden. Bei Rockradio wurden die Teile indes unzerhackt gesendet.

*

Weil von den "ungedienten"[31] Chefs der Zeitung manch Textpassage in den Artikeln von mir in Zusammenhang mit der NVA nicht verstanden und deshalb rausgeworfen wurde, gab es von mir diese wütende E-Mail:

NVA - aus einer E-Mail von mir am 23.4.2021

Dann eben diese Erlebnisse aus der NVA:
  - in den Wehrkreiskommandos saßen nur Grenzer
  - die Grenztruppen in Berlin waren als einzige Truppe nicht der NVA, sondern der Polizei unterstellt
  - jedes Jahr protestierten die westlichen Alliierten nachträglich über die Truppenparade der NVA in der Karl-Marx-Allee. Geprobt wurde diese Parade übrigens nie in

---

31 ... die beiden Chefs haben keinen Grundwehrdienst, in welcher Armee auch immer, geleistet – erst auf ihre Fragen hin bzw. weil sie in meinen Augen wichtige Dinge aus meinen Texten kürzten, fühlte ich mich gezwungen, die Zusammenhänge darzustellen – sie sind aber sicher von allgemeinem Interesse

Berlin, sondern auf dem Autobahnring in der Höhe von Michendorf. Da wurden dann ebend alle Jahre wieder drei Wochen vor der Parade für mehrere Stunden lang die Transitstrecke nach Helmstedt und Hof für diese Proben gesperrt.

Tja und dann ebend mein Erlebnis. Das Musikcorps bei der Parade wurde aus Musikern aller Waffengattungen aus der gesamten DDR zusammengestellt. Es bestand aus rund 250 Mann. Unsere klitzekleine Geschosswerferabteilung 1 aus Klietz, die bei der Parade mit ihren modernen Stalinorgeln mitfuhr, wir waren auch nicht mehr als zweihundertfünfzig Mann, wurde 1985 und 1986 dazu ausbedungen, in der Grenzer-Kaserne in Wilhelmshagen (auf Berliner Gebiet) die Musiker aufzunehmen und zu verköstigen. Dazu zogen, bis auf deren Leitung, die Grenzer zur Übung "ins Feld".
Ich hab meinen Grundwehrdienst in DER Geschosswerferabteilung 1, im Stabsführungszug als Vermesser verbracht. Ich war der einzige in dieser gesamten Geschosswerferabteilung, der das machte. Mir übergeordnet waren, im allgemeinen, und nur im ersten Jahr der Uffz. auf unserem Vermessungsauto, als ich Gefreiter wurde, bekam ich einen Unteroffiziersschüler zur Ausbildung auf das Auto und war damit sein Vorgesetzter und dann hatte ich über mir nur noch den Stabs-Chef unserer Einheit und unseren Kommandanten in Klietz. Unser Stabsführungszug bestand aus insgesamt 18 Soldaten / Gefreiten und 12 Uffz., sowie einen Oberfeldwebel, der eigentlich nur innerhalb unserer Unterkunft ... es war ein ausgebautes Zweifamilienhaus ... das Sagen hatte, weil alle anderen von uns gleichfalls Offizieren aus dem Stab untergeordnet wurden.

Bei Übungen z.B. bekam ich streng geheime Landkarten und saß im ersten Fahrzeug bei Truppenverlegungen.
Deswegen und weil ich mal Wirtschaftskaufmann, also Buchhaltung, gelernt hatte und weil ich obendrein beim

Großhandel gelernt und im Einzelhandel gearbeitet hatte, kannte ich überall die richtigen Leute.

Als nun unsere Einheit für diese zweimal drei Wochen nach Berlin verlegte, waren wir gegenüber dem Großhandel jeweils ein neuer Großkunde. Da waren meine Kontakte für die schnelle Abwicklung aller Formalitäten im Vorfeld schon mal sehr von Vorteil.

Bei den Musikern war es nun so, dass die von ihren Einheiten ihre Zustellungsbefehle zu uns bekamen. Daraus musste jemand die Essensstärke berechnen, denn der Koch musste ja wissen, wie viele Portionen er wann wovon zu kochen haben musste und diese Menge musste dann auch beim Großhandel bestellt werden. Mussten Berufssoldaten und das waren die Musiker alle, ihre Mahlzeiten sonst selbst bezahlen, so gab es vom Verteidigungsministerium für die an der Parade teilnehmenden einen Essenssatz von, ich glaube 4,50 Mark / Tag. Daher war diese Essensstärke so wichtig. Ständig kamen und gingen Leute oder Musiker wurden krank oder was auch immer. Da ich auch noch aus dem Einzelhandel die entsprechenden Hygienepapiere hatte, konnte ich mich auch selbst, wenn mir mal so war, zum Schrippen schmieren einteilen.

Besonders war, dass ich in dieser Zeit den Posten eines Berufsunteroffiziers einnahm. Deshalb durfte ich z.B. im Speisesaal der Unteroffiziere essen, ich durfte in Wilhelmshagen in der Armee-Verkaufsstelle Schnaps kaufen und während der Arbeit auch Schnaps trinken, wobei ich allerdings die meisten Flaschen einfach nur so hingestellt bekam. Und ich hatte als Soldatendienstgrad ein Einzelzimmer. Das war allerdings auch mein Arbeitszimmer. In der Bude, in der sonst Doppelstockbetten für acht Soldaten standen, stand dann nur mein Bett, mein Schrank, ein normaler Esstisch mit meinem Hocker, dazu ein riesiger Schreibtisch, ausgestattet mit Rechenmaschine, Schreibmaschine, eigenem internen Telefon, bequemer

Schreibtischstuhl, einem Regal mit Aktenordnern und einem weiteren Tisch mit bequemen Bürostühlen für Gäste, denn ich hatte quasi rund um die Uhr Publikumsverkehr. Entsprechend ordentlich auf Kante musste auch mein Bett sein. Arbeiten durfte ich aber in meiner Felddienstuniform.

Mitten eines schönen Tages bekam ich im Büro einen Anruf des Stabschefs der Grenzer. Der vietnamesische Verteidigungsminister hat einen spontanen Besuch in eben dieser Kaserne angekündigt und ist gleich da. Ich soll mich unverzüglich in meinem Zimmer einschließen und darf es unter keinen Umständen öffnen. Auch nicht aufs Klo oder zum Essen! Man gibt mir Bescheid, wenn der Minister das Objekt wieder verlassen hat. Nach anderthalb Stunden kam dann die Entwarnung. Nun ließ sich ein Grenzer in der grauen Ein-Strich-kein-Strich-Uniform kaum von einem Artilleristen wie mir in eben jener Uniform unterscheiden. Das ging erst auf den zweiten Blick. Aber mir schien damals so, als ginge denen da mit dem vietnamesischen Minister der Arsch auf Grundeis.

*

Neue Serie: Arbeitstitel: Offensichtlich <-> wenig sichtlich - am 2.7.2021 - Teil 1 - Wo die Kacke fetzt – oder – wie der Prenzl.bg. ßu seine Abk. kam

Det hia is der erste Teil vonna neuen Serie.
Keule! Nich bescheuert kieken, sondern leeeesen, wat hia 'ne Urschnauze schreibt. ... der Dirk, der det hia[32] korrektur liest, tut ma jetze schon leid!
Ohne det jetz irjendwie werten ßu wolln, ick liebet ja bunt, aba mia is letztens bei'ne Stadtführung aufjefalln, det man am Prenzlauer Berg nich nur nich mehr balinert, wat ick hia in den Text nu aba absichtlich mache, sondan man quatscht jleich janz spanisch, englisch, italienisch, russisch, türkisch, arabisch, kroatisch usw. ... aba keen berlinisch.

---

32 ... für die Zeitung korrektur zu lesen hatte ...

Ick wurde vor sechzich Jahrn in Hohnschönjrünkohl jeborn und leb jetz seit achtndreißich Lenzen am Berch. Schon um 1815 hat irjenteene Tante von uns in Berlin jeheiratet und meine Urjrosmutta hat 1913 noch an' Hof von Kaiser als Stippi jesungn. Will sagn, ick hab de Berliner Schnauze schon mit de Muttamülsch uffjesogn, ick lass se nur so seltn raus! Wenn sich Urschnauzn bejegnen, brauchen se nur zwee Worte und denn jehts los. Det kannste dir nich anlesen oda neu anjewöhnen. Det klingt dann imma jestelzt. Urschnauzen hörste. Kieken 'se ma nach de Stachelschweine und Wolfgang Gruner im Netz.

Keene Urschnauze hat "Prenzelberg" jesacht! Kenn ick so ooch nich! Aba weil der Stadtteil so kleen is, hat man'n uff Stadtplän' mit siehe Bild: "Prenzl. Bg.", "Prenzl. bg", "Prenzl Berg" abjekürzt, damit durch den uffjedruckn Nam' nich jleich noch janz Weißensee mit zum Prenzlauer Berg mutierte. So kam et ßu den Nam' von unsere Gazette.

Der Berlina is'ne faule Sau. Beim Quatschn vaschluckta Buchstabn, Silbn und janze Wörta, wie't "e", "t" oder "r" und macht ausm "g" 'n "j", aba nich imma. Et jibt det "harte S", hier als "ß" jeschriebn und jerne nehm wa falsche Fällse inne Jrammatik.

Wenn et dem Berlina jut jeht, denn schimpt da. Wobei et ville Doppeldeutungen jibt.

"Die Kacke hia fetzt aba!" is'n echtet Lob! "Hör uff, hia uff de Kacke zu haun!" is dajejen die letzte Warnung vor "Sonst hau ick da aus de Latschen, Keule!". Die Bedeutung von "Keule" wandelte sich! "Keule" oder "Atze" wurde mal det Jeschwisterkind jenannt. Wenn ick heute von' mein Roller rufe "Du hast jleich meene Faust inne Fresse, Keule!", bin ick kurz davor, ihm dieselbe zu polieren.

Bei "Dit is heut so nass, ick hab det Wassa sojar schon inne Beene!" freut sich die Urschnauze darüber, det et regnet. "Eene Affenhitze heute, wa?" is oft der Ausjangspunkt für det freudije Ereignis, det man heute noch inne Destille ne "Berliner Weiße" oder 'n "Potsdamer" (berlinisch fürs

"Radler") zischen jehn kann. "Die Olle" ist die jutmütije Bezeichnung für die taffe Ehefrau, während "der Olle" "de Kohl'n ran schleppt."

Ick gloobe, ick habs hier ooch schon ma irjendwo jeschriebn, ansonsten koofen Se ma 'n Buch von mir, da stehts drinne, der Berliner kooft noch det "Pfund", det "Halbpfund" oder det "Dutzend" und bezahlt mit "Jroschen" und "Sechsa". Und seine Bude "wienert" er mit'n "Feudel".

Nächsten Monat jehts inne Kieze rinn!

Frage an Sie als Leser, berlinisch schreibt sich genauso anstrengend, wie es sich liest, darf / soll ich bei bleiben?

*

Offensichtlich, wenig sichtlich – Teil 2
die "komische" Straße - am 13. - 18,8.2021

Das ist also der zweite Teil dieser Serie, in der es um die Dinge geht, die man oft übersieht, weil sie so alltäglich sind oder weil sie klammheimlich verschwinden.

Ick hatte inne letzte Ausjabe rinjeschrieben und jefracht, ob ick bei's Berlinische bleiben soll. Danke für de villen Lesazuschriften, und ja Se merken, ick bleib 'n bisken bei, aba dosiere et.

Die "komische Straße" is wirklich komisch, denn se hat keenen Namen. Einen Häuserblock von der Greifenhagener Straße zur Schönhauser Allee hin, verbindet diese kleine, namenlose und immer gesperrte Straße die Kuglerstraße mit der Wisbyer. Ein Schild am rechten Eckgebäude an der Einfahrt von der Kuglerstraße aus weist die Hausaufgänge als Hausnummern 9 – 12 der Wisbyer Straße aus.

Die jeweils vier kleinen, eingeschossigen Eckhäuser sehen aus, wie einstige Pförtnerlogen oder wie ehemalige Gewerberäume der Nahversorgung.

In dem, wenn man von der Wisbyer ausgeht, linken dieser Würfel ist offenbar ein Atelier, bei den anderen dreien kann man es nicht ersehen.

Die Architektur lässt Ende 20er bis Mitte 30er Jahre für deren Bau vermuten.

Viele Dinge verschwinden ja so still und leise. Meene Base, wat meene Cousine is, hat ma noch den Tipp jejeben, det ick früha imma "uffjerecht" war. 'N Vetter, wat meen Cousin sein könnte, hab ick leida nich.

Dann det Futtern, ja, "Stulle" oder "Bemme" sacht heute keen Aas mehr. Die Bulette, man darf sie auch Boulette schreiben, is wat typisch Berlinischet. Die Frikadelle oder wat ick letztens an einem Restaurant uff der Tageskarte sah, die "Freak á Delle", jibs in Berlin nich. Weeß noch eener, wat "Strammer Max" war? Im sächsischen ist "Strammer Max" 'ne Weißbrotstulle mit Schinken und Spiegelei. Ick kenne den "Strammen Max" aus den Berliner Kneipen noch als Rinderhack mit rohem Ei und ganz viel Zwiebeln serviert. Det "Kartoffelpüree" sind bei mir "Quetschkartoffeln", die der Berliner am liebsten mit gebratener Leber und ganz ville Zwiebel mampft. Durchjedrehtet Schweinehack mit Jewürzen is Hackepeter und det hat man sich zu meine Zeit zum Frühstück inne Kantine jeholt, gemeinsam mit 'ner Schrippe.

Ach ja, die jute Berliner Schrippe verschwindet ooch so langsam und macht der "Semmel" platz. Der "Schusterjunge", der mal 3 Pfennige kostete, war 'ne Schrippe aus reinem Roggenteig. Die "Bockwurst", berlinisch "Bockwurscht" hatte ihren Namen von den Schafsböcken, aus deren Därmen die "Wurschtpelle" war. "Bockwurscht mit Schrippe" war das allgegenwärtige Fastfoodgericht im Osten Deutschlands. Neulich sah ich auf einem Aufsteller vor einem Imbiss das Angebot: "Heute warme Bockwurst". Also heiß waren diese Würstchen garantiert nicht mehr!

Und dann auch so etwas, das aus dem Sprachgebrauch verschwunden ist: der "Magistratsschirm". Heute quatscht man nur noch vom "Hochbahnviadukt in der Schönhauser

Allee". Der "Magistrat" war die Berliner Kommunalregierung. Im Oktober 1950 wurde der, bereits in Folge der Währungsreformen 1948 geteilte Magistrat, in Westberlin in "Senat" umbenannt. Erst nach der gemeinsamen Berliner Wahl vom 2. Dezember 1990 ging der Magistrat formell im Senat auf. Der "Magistrat" existierte bis 1920, von 1920 – 1935 und von 1945 – 1977 hieß es "Magistrat von Groß-Berlin" und von da an bis zur Wiedervereinigung "Magistrat von Berlin, Hauptstadt der DDR". 1935 wurde der Magistrat als demokratische Einrichtung im NS-Regieme abgeschafft, aber bereits kurz nach der Kapitulation Berlins, am 19.Mai 1945, durch die sowjetische Militäradministration unter Berlins Stadtkommandanten Generaloberst Nikolai Erastowitsch Bersarin wieder eingesetzt. Die Hochbahn bis Bahnhof "Nordring", heute Schönhauser Allee, entstand von 1910 – 1913, die Verlängerung bis Vinetastraße geschah bis 1924 oder 1930 (unterschiedliche Quellen). Sie hieß, weil vom Magistrat gebaut, deshalb nur "Magistratsschirm".

*

Offensichtlich wenig sichtlich – Teil 3
am 14./15./20.9.2021

Ick eröffne ma den Teil 3 hier wieder uff berlinisch und schleich ma denn von hinten ant Hochdeutsche ran. Werde imma wieder ma bei meine Führungen jefracht, wat denn hia so vorher war, bevor man den janzen Prenzl. Berch mit Häusan zujepflastert hat.
Im September errechte ick einijet Jelächter damit, det ick recht weit inne Vajangenheit rin jejangen bin. Nähan wa uns der Sache zuerst ma vonne sprachlichen Seite her. Sie hätten die Menschen, die hier vor gut fünfhundert Jahren lebten wohl kaum verstanden, weil deren Deutsch eher ein Slang aus niederdeutsch, niederländisch, dänisch und englisch war. Gehen wir jetzt mal landschaftlich zurück. Vor 100 Jahren

waren die Gebiete außerhalb und zum Teil entlang der Ringbahn von Kleingärten besetzt. Reste davon gibts am Zoll in der Grellstraße und am S-Bf Greifswalder. Als vor 150 Jahren der erste Teil der Ringbahn eröffnet wurde, fuhr die entlang von Wiesen, Pappelplantagen, Schilfgürteln und Feldern. Das Gaswerk wurde erst zwei Jahre später eröffnet. Vor etwa 250 Jahren gab es außerhalb der Stadttore Wiesen, Weingärten, kleine Haine und Felder, entlang der Greifswalder war es moddrig. Vor 750 Jahren war das Gebiet durchzogen von kleinen Fließen wie dem Eschengraben, Schilf säumte den Pfad von Weißensee nach Berlin/Cölln, ringsherum war ein Laubwald-Dschungel aus Buchen, Eichen und Linden mit einem schier undurchdringlichen Unterholz. Etwa zum Zeitpunkt des Baus der Pyramiden in Ägypten (ca. 2400 v. Chr.) hatten wir hier am Prenzlauer Berg einen dichten Mischwald.

Vor etwa 7.500 Jahren war hier ein dichter Nadelwald. Matschig, weil nach der letzten Eiszeit erst allmählich auch in der Tiefe auftauend, war es vor rund 11.000 Jahren in einer Tundralandschaft, in der nomadisch lebende Menschen Mammut und Riesenhirsch jagten. Vor etwa 18.000 Jahren war der Prenzlauer Berg der Rand eines etwa drei bis vier Kilometer hohen Gletschers. Unter ihm bildete sich durch sein eigenes Gewicht Schmelzwasser, das entlang von Panke und Greifswalder Straße in glazialen Rinnen erst ins Berlin-Warschauer-Urstromtal und darin Richtung Hamburg abfloss. Das Tal war etwa zwanzig Kilometer breit. Die Nordsee gab es nicht. Vor rund 300.000 Jahren lag das Eisschild der Saale-Kaltzeit bis etwa zur Einmündung der Saale in die Elbe bei Barby und das spätere Berliner Urstromtal war gemeinsam mit der Greifswalder Straße eine Schmelzwasserrinne.

Nicht um eiszeitliche Hirsche zu jagen, war ich auf dem Hirschhof, sondern um das mittlerweile immer weiter verhunzte Bild desselben auf diesem noch einmal einzufangen.

Die Pauker meiner Schulzeit hatten recht: „Narrenhände beschmieren Tisch und Wände". Alles nur Schein, trifft auf diesen Hof zu. Dieser Hirschhof ist nicht der, der es eigentlich ist.

Ist wie beim Stück „That's allright Mama", das man allgemein Elvis 1954 zuschreibt, das aber schon 1946 vom Schreiber selbst, Big Arthur Crudup, veröffentlicht wurde.

Der eigentliche Hirschhof war einst über Zugänge in der Oderberger Straße 15 und über die Kastanienallee 12 zu erreichen und lag gewissermaßen hinter der Freilichtbühne am Prater. Angelegt wurde er ab 1982 von Mitgliedern verschiedener, nichtstaatlicher Bürgerbewegungen mit Unterstützung des Bezirks und des Magistrats. Nachdem nach der deutschen Wiedervereinigung Alteigentümer ihre Grundstücke zurück erhalten hatten und der Bezirk erfolglos für die Offenhaltung des Hirschhofs als „besonderes Gartendenkmal" bei Gericht geklagt hatte, kaufte der Bezirk das Nachbargrundstück Oderberger Straße 19 und machte es zum „neuen Hirschhof". Die eigentlich Namen gebende 3 m hohe Hirschskulptur aus Stahl ist angeblich eingelagert. Dafür hat man auf dem „neuen Hirschhof" besagtes Wandgemälde angebracht. Der Spielplatz hat Spielgeräte in Form von Hirschen und Wildschweinen. Auf dem Zugang zum Spielplatz hatte man mal 2011 die Fährten von Rotwild und Schwein als Spuren aufgemalt.

*

Offensichtlich wenig sichtlich – Teil 4
am 11. - 15.10.2021

Lychener Platz? Knaackplatz? In dieser Folge der Reihe möchte ich mich mit zwei Plätzen auseinandersetzen, die es überhaupt nicht gibt und die … aus Versehen? … entstanden sind. Aus Ostsüdost entlang der Danziger Straße kommend, liegen beide Plätze einander gegenüber genau einen Häuserblock vor dem U-Bf. Eberswalder Straße. Das Haus, das heute die Adresse Danziger Straße 6 hat, war 1957 Drehort und ein Hauptstory-Ausgangspunkt im Film „Berlin Ecke Schönhauser" (Drehbuch Wolfgang Kohlhaase).

Die beiden namenlosen Plätze sind historisch entstanden. Choriner Str., Pappel- und Kastanienallee wurden 1826 durch den Großgrundbesitzer Wilhelm Griebenow angelegt. Die kreuzende Schönhauser Allee existiert vermutlich seit vor 1220. Nachdem „Alfred der Bär" (Alfred I.) am 11. Juni 1157 die „Mark Brandenburg" aus der „Nordmark" heraus gegründet und die Slawen vertrieben hatte, kam es in den eroberten Gebieten zu einer ganzen Reihe von Siedlungsneugründungen, wie zum Beispiel den Städten Berlin und Cölln, oder dem Nieder- und dem Hohen Schoenhusen, deren Siedler aus dem Elbdorf Schoenhusen (heute „Schönhausen - Elbe"), gegenüber von Tangermünde, kamen. Diese Dörfer wurden durch Straßen miteinander verbunden, die man durch den Urwald trieb, der die Landschaft jener Zeit prägte.

So entstand bereits Jahrhunderte vor den Straßen, die Griebenow anlegte, eine Straße, an der Stelle, an der jetzt die Schönhauser Allee ist. Der ab 1846 angelegte, relativ rechtwinklige Friedhof der Freireligösen Gemeinde in der Pappelallee war einer der Eckpunkte, an die sich James Hobrecht halten mußte, als er seinen 1862 in Kraft tretenden Bebauungsplan für Berlin ausarbeitete. So kommt es, dass die letzten zwei Querstraßen auf dem westlichen Abschnitt der Danziger Straße (einst „Communicationsweg") beinahe Fischgrätenartig und weniger im rechten Winkel auf diese treffen. Die später so genannte Lychener, die Schliemann und die Duncker Straße plante Hobrecht parallel zur Pappelallee mit dem Friedhof.

Südlich des „Communicationswegs" war, um ein Schachbrettmuster bei den Baublocks zu erreichen, der ab 1824 von der jüdischen Gemeinde eingerichtete Friedhof in der Schönhauser Allee gewissermaßen im Wege. Deshalb entschloss sich Hobrecht dazu, die später nach Erich Knaack benannte Straße in einem Viertelrundbogen von der Prenzlauer Allee zur Danziger Straße zu führen, sich südlich davon ans Schachbrettmuster zu halten, aber an dem Punkt, wo diese Straße das Friedhofsgelände tangierte, einen beinahe dreieckigen Schmuckplatz (heute Kollwitzplatz) und von diesem strahlenförmig ausgehende Querstraßen zu planen. So kam er hinter dem Communicationsweg wieder zu seinen regelmäßig viereckigen Wohnblocks. Viereckige Blocks ließen sich leichter berechnen und bebauen, wegen der ausnahmslos rechten Winkel darauf.

Ausschließlich bei Staatsbesuchen in der DDR wurde die Danziger Straße als Protokollstrecke durch die ausländischen Gäste und ihre Gastgeber auf dem Weg vom „Zentralflughafen Schönefeld" zum Gästehaus im Schloss Niederschönhausen, genutzt (Bsp.: Chruschtschow 1963, der Schah von Persien 1979[33]).

Erst vor gut zehn Jahren wurde die Ein- und Ausfahrtsituation geändert und zur Verkehrsberuhigung diese Plätze angelegt. Nachdem es immer wieder zu vor allem durch Fußgänger und Radfahrer verursachten Unfällen bei der Querung der Danziger Straße gekommen war, richtete man vor gut sechs Jahren je eine Bedarfsampel für Radler und Fußgänger ein.

Im Haus an der stumpfen Ecke der Danziger / Knaack war mal eine Kneipe, die das Wort „Hackepeter" ... Hackepeter-Eck? ... im Namen hatte. Dem gegenüber an der Lychener ist eine der letzten Gaststätten am Prenzlauer Berg mit „Deutscher Hausmannskost". Asman Tandoor, Pizza Nostra und Papa Nö halten sich an diesem Platz schon relativ viele Jahre.

Zwischen vielen Fahrradständern sind auch Informationsstelen aufgestellt.

*

---

33 .... der Schah wollte kommen, sagte aber kurzfristig ab

Offensichtlich wenig sichtlich 5 - an der Ringbahn
am 22.10.2021, am 20.12.2021 überarbeitet

In dieser Folge der Reihe geht es um die Ringbahn.

Im Juli letzten Jahres wurde die Berliner Ringbahn, also zumindest der Teil, der durch den Prenzlauer Berg führt, der Ostring von Moabit bis Potsdamer Ringbahnhof (lag direkt am Potsdamer Platz) 150 Jahre alt. Gefahren wurden Anfangs nur Güter.

Ab dem 1. Januar vor 150 Jahren (1872) wurden auf dem Ring zusätzlich Personen befördert. Erst 1875 wurde der Bahnhof Weißensee (ab 1946 Greifswalder Straße), 1879 Nordring (Schönhauser Allee), 1881 Zentralviehhof (ab 1977 Storkower Straße), 1891 Prenzlauer und 1895 Landsberger Allee geöffnet. Die S-Bahn-Elekrifizierung erfolgte ab 1926 und war 1929 vollendet (Quelle "Strecke ohne Ende" – "Signal-Sonderausgabe" von 1993). Oberleitungselektifiziert wurden die Gütergleise auf dem Ostring ab 1984, auf dem Südring sind sie es bis heute nicht.

Von den einst unzähligen Güter- und Anschlussbahngleisen entlang des Rings, fast an jedem zweiten Bahnhof gab es auch Güterverladung, wird heute nur noch im Bereich des Zementwerks Greifswalder Straße, hauptsächlich durch die Eisenbahngesellschaft Potsdam, gefahren, durch die BEHALA selbst am und zum Westhafen und seit 1993 verkehrt auf dem Südring regelmäßig ein, weil die Strecke nicht elektrifiziert ist, verdieselter Güterzug zur Kaffeegroßrösterei, der sogenannte "Kaffeezug", nach Neukölln.

[34]Hatte die Reichsbahn den staatlichen Auftrag an Gütern grundsätzlich alles zu transportieren, auch Stückgut, so ist davon heute nicht mehr viel übrig. Briefe und Geld werden nicht mehr transportiert und deshalb nicht mehr während der

---

34 ... dieser Absatz wurde nicht gedruckt

Fahrt vorsortiert. Pakete und Päckchen gehen per Container auf die Reise. Damit ist auch ein Postzugraub wie der legendäre in England vom 8. August 1963, für Diebe nicht mehr wirtschaftlich. Wie Stückgüter zum Beispiel auf Schiffen einst transportiert und geladen wurden, zeigt wunderbar und fast schon dokumentarisch, die Kurzserie "zur See" vom DDR-Fernsehen (Vorbild für "Love Boat" und "Traumschiff"), die 1974 – 76 zu einem Zeitpunkt gedreht wurde, als sich gerade auf dem Weltmarkt der Transport per Container durchzusetzen begann.

Und weil ick in die Serie hia ma anjefang hab, zu balinan, will ick det zum Ende von den Text heute ooch ma machen. Einije der S-Bahn-Züge ham lustije Kosenam' vonne Ureinwohna bekomm. Die vom Typ "Stadtbahn", die nich bereits inne 30er Jahre zwee Frontlichter und in die Front einjelassene Rücklichta bekamen damit sie durch den Nord-Süd-Tunnel passten, hießen "Eule" (wejen die zwee hochjesetzten Rücklichta). Die Führerstände der "Eulen" wurden ab 1964 ooch nich uf Ein-Mann-Betrieb umjerüstet, sondan fuhren nach de Umstellung als sojenannte "Passviertel" in der Mitte der Züge.

Die aktuelle Br. 485 (mit Trieb- und Beiwagen und vier Türen pro Seite) heeßt in Volksmund "Cola-Dose" wegen die ursprüngliche einheitlich rote Farbjebung, die Br. 480 (diese Zweiwagenzüge) nennen sich "Toaster", "Taucherbrille" ist die Br. 481/82 und "die Neue", die Br. 483/84, is als "Toastbrot" unterwejens. Seit der Eröffnung des BER am 31. Oktober 2020 fährt zudem zweimal pro Stunde der FEX mit Halt in Gesundbrunnen und Ostkreuz über den Ostring.

Wat det mit den "Exa" und die "Zickenwiese" uff sich hat, inne nächste Ausjabe.

*

An der Michelangelostraße - am 1.3.2021

Ich muss Sie enttäuschen, aber im Mühlenkiez standen nie Mühlen. Das wäre auch unlogisch. Die Greifswalder Straße zieht sich entlang einer "glazialen Rinne", die bereits in der vorletzten Eiszeit entstand. Unter Kilometer hohen Gletschern bildet sich immer Schmelzwasser, das u.a. Entlang der Greifswalder Straße ins Berliner Urstromtal abfloss. Weißer, Malchower und Fauler See entstanden durch liegen gebliebene Eisblöcke.

An der heutigen Greifswalder Straße war es morastig, moorig. Dieses Tal war deshalb nicht geeignet für den Anbau von Getreide, weil dem die Wurzeln ständig weg gefault wären, als Weideland hingegen schon. Die städtischen Mühlen mahlten am Mühlenberg vom Teutoburger Platz bis zum Prenzlauer Tor, auf dem Kreuzberg, im Wedding entlang der heutigen Müllerstraße und auf dem Mühlendamm in Mitte.

Ab der Reichsgründung 1871 wuchs Berlin in enormem Tempo. Ausgewiesenes Bauland wurde, so lang es noch nicht nach dem Hobrechtplan bebaut wurde, an Kleingartenvereine zur Selbstversorgung der Berliner Arbeiter verpachtet. Die meisten dieser Vereine entstanden um 1900 herum, wie z.B. im Mühlenkiez. Den Namen hat der Mühlen freie Kiez von der 1977 entlang der Protokollstrecke gebauten "Clubgaststätte" "Zur Mühle", in dessen Terasse man Mühlsteine als Verblendung eingemauert hatte. Man wollte wohl den täglich entlang brausenden DDR-Funktionären hier ihren "Arbeiter- und Bauernstaat" vorführen.

Der Prenzlauer Berg ist Berliner Innenstadtbereich, so wie Manhattan in New York. Anstatt den Autobahnring der A10 entlang der Michelangelostraße zu schließen, hat man die Idee, hier dringend benötigte Wohnungen zu bauen. Seit einigen Jahren sind diese Pläne konkreter und gegen eine mögliche Bebauung dieser Frischluftschneise mit ursprünglich rund 2700 Wohnungen entstand auf verschiedenen Ebenen ab 2014 Gegenwehr, die zum Teil, bei der Menge der geplanten Wohnungen, Erfolg hatte. Die Pläne sehen vor, die Straße etwas zu verlegen, von vornherein Platz für eine Straßenbahntrasse zu lassen und neben den bisher in Nordost quer zur Straße stehenden Q3A-Bauten einen Häuserriegel längs zu errichten. Außerdem soll die Anzahl der Parkplätze auf der Südostseite verringert und mit Wohnhäusern bebaut werden. Für meine Radiosendung OKbeat bei alex-berlin führte ich am 22. Februar ein Telefoninterview mit Frau Ahnis und Frau Spieker vom „Verein für Lebensqualität an der Michelangelostraße e.V." zum Thema.

Sie erzählten: „... Wir sehen unsere Aufgabe in erster Linie in der Förderung des bürgerschaftlichen Engagements zugunsten des Umweltschutzes bei Nachverdichtung. ... Unser Verein ist niemals gegen eine Bebauung gewesen, aber eben für eine massvolle, vernünftige Nachverdichtung, die die Lebensqualität der Anwohner nicht beeinträchtigt. ... Wir bringen uns seit Jahren immer wieder mit sachlich-konkreten Vorschlägen in die entsprechenden Ausschüsse und Fraktionen der BVV Pankow sowie in die zuständigen Gremien im AGH ein. ... Wir erwarten eine ernsthafte Prüfung und eine entsprechende Berücksichtigung in Beschlüssen bzw. Dokumenten des Bezirksamts Pankow und des Senats. ... 1.200 Wohneinheiten sind nicht anwohnerverträglich. Der Verein hat infolge von neu hinzu gekommenen bebaubaren Flächen die Möglichkeit zur Errichtung von neuem Wohnraum von 650 auf 850 Wohneinheiten erhöht. ..."

Was später einmal in welcher Stückzahl tatsächlich gebaut wird, bleibt abzuwarten. Dem angespannten Berliner Wohnungsmarkt bleibt zu wünschen, dass sich der Beginn der Bauarbeiten hier nicht wie am Pankower Tor über Jahrzehnte hin zieht.

*

Warum in der Greifswalder Straße nie Mühlen standen
am 22.2.2021

Ich war im Grundwehrdienst der NVA der Vermesser im Stabsführungszug der Geschosswerferabteilung 1. Das heißt, ich bin bei Übungen unserer Vorzeigeeinheit immer mit einem UAZ-Bus vornweg gefahren und mußte immer im Vorfeld von Gefechtsstandverlegungen in etwa wissen, wie man am besten wo hin kommt. Unsere Werfer RM70 hatten je achtzig Geschosse, verteilt auf vier Achsen und wogen mit Schiebeschild rund 45 Tonnen.
Die sich im Morast irgendwo festfahren zu lassen, wäre gelinde gesagt unschön gewesen. So hab ich gelernt, auf Gelände-formationen zu achten. Täler sind immer morastig.
Die Greifswalder Straße liegt in einem Tal, in einer eiszeitlichen glazialen Rinne. Pferdefuhrwerke mit ihren schmalen, hölzernen Reifen wären da gar nicht durch gekommen. Deshalb verlief die Straße nach Weißensee, bis zum Bau der Ringbahn, etwa ab Höhe Immanuelkirchstraße entlang Winsstraße, Hosemannstr., Roelkestraße und Schönstraße bis zum Dorf Weißensee.
Mühlen müssen wegen der besseren Windausbeute an Hängen stehen. Es sei denn sie stehen am Meer. Die Luft über Erde erwärmt sich schneller, als über Wasser, steigt nach oben und sieht dadurch Luft vom Meer nach.
Im Inland dagegen bewegt sich Luft an einem steilen Hang schneller, als in einem seichten Tal wie der Greifswalder. Die Gestänge der Mühlen waren aus Holz. Geschmiert einzig durch Schweineschmalz, Rinder- oder Hammeltalg. Entsprechend schwergängig waren sie, entsprechend mehr Wind brauchte man. Deshalb standen die effektivsten Berliner Mühlen auf dem „Windmühlenberg".
Das war in etwa die Gegend entlang der Schönhauser Allee zwischen Torstraße und Metzer bzw. Schwedter Straße. Ansonsten übernahmen Mühlen in Rixdorf (auf einem Hügel), auf dem Kreuzberg, entlang der Müllerstraße im

Wedding und Wassermühlen des Mühlendamms das Mahlen des Berliner Getreides. Noch einmal: entlang der Greifswalder stand nicht eine einzige Getreidemühle, weil in diesem sanften Tal die Windausbeute zu gering gewesen wäre. Die einstige „Clubgaststätte" „Zur Mühle" mit ihren Mühlsteinen im Eingangsbereich trug ihren Namen nur, um den auf der Protokollstrecke entlang brausenden DDR-Führungskadern das gute Gefühl zu geben, sie seien die Herrscher im „Arbeiter und Bauernstaat". Das Mühlenbergcenter hat nur den Namen der einstigen Gaststätte übernommen, so wie auch der Mühlenkiez seinen Namen daher hat. Außerdem, was hätten Mühlen dort gesollt? Sie hätten weit ab der Stadt gestanden, Getreide hätte sich entlang der sumpfigen Greifswalder nicht gelohnt anzubauen und die Mühlen wären eher Raubrittern zum Opfer gefallen. Wie gesagt, auf Geländestrukturen, Topografien achten und sich mal überlegen, was da vor mehr als hundertfuffzig Jahren mal war.

*

Offensichtlich – wenig sichtlich - am U-Bf. Eberswalder Straße - am 20.11.2021 - Nachschliff am 23.11.2021

Die ganze Kreuzung rund um den U-Bahnhof Eberswalder Straße scheint für viele Besucher zunächst unübersichtlich. Es gibt zwei Plätze, die Würstchenbude, die in zahlreichen Rock- und Popmusiktiteln verewigt wurde, die Hochbahn, drei Straßenbahnlinien, die auf fünf Straßen sechs unterschiedliche Ziele anfahren und definitiv zu jeder Tages- und Nachtzeit sehr, sehr viele Menschen. Ruhe herrscht hier nur an Heiligabend zur Zeit der Bescherung. Schon immer war diese Ecke ein Anziehungspunkt für Leute, die gerne Straßenbahnen fotografieren. Man sieht sie vor allem auf dieser Ecke stehen, wie sie durch den Sucher ihrer teuren Kameras oder ihres neuen Handys schauen, um ja im richtigen Moment „das Vögelchen aus dem Kasten zu lassen."

Nach dem Krieg und bis zur Berliner Wiedervereinigung wurden indes ab spätestens 20 Uhr in der Woche und am Wochenende bereits ab Samstagmittag die Bürgersteige hoch geklappt.

Lt. Fahrplan vom 1.4.1989 fuhren an dieser Ecke am Tage die Straßenbahnlinien 4, 13 (nur Mo – Fr.), 21 (nur Sa, So), 22, 46, 46 E und 49 und die U-Bahn von Pankow-Vinetastraße bis Mohrenstraße (der Bahnhof hieß bis 1951 Kaiserhof, bis 1986 Thälmannplatz, bis 1991 Otto-Grotewohl- Str.). Nachts fuhren dagegen nur die Straßenbahnlinien 102 und 121 und die Buslinie 112.
Wo man sich Nachts als junger Mensch überall in Ost-Berlin amüsieren konnte, beschreibt in einer fast vollständigen Aufzählung der Popmusiktitel "Berlin intim" von Wolfgang Lippert aus dem Jahr 1987, der anlässlich der 750-jahrfeier erschien.

Drehbuchautor Wolfgang Kohlhaase schien diese Ecke zu lieben. In "Berlin Ecke Schönhauser" von 1957 sind die Nachtszenen gar nicht so nächtlich, sondern noch vor 21 Uhr gedreht. An der Spitze des kleinen Platzes Pappelallee / Schönhauser steht eine einsame Laterne, der in besagtem Film eine wichtige Rolle zufällt. Sie wird von "rowdyhaften Jugendlichen" als Mutprobe für eine West-Mark eingeworfen und die jungen Leute müssen sich darauf hin für ihr "frevelhaftes Fehlverhalten" in der Polizeidienststelle, die es bis in die 90er Jahre direkt über dem Bekleidungsgeschäft an der Ecke gab, verantworten. Auch sonst ist der U-Bahnhof und der Magistratsschirm in diesem Film sehr präsent. In seinem Film "Solo Sunny" von 1980 taucht das Hochbahnviadukt erneut auf und in "Sommer vorm Balkon" von 2005 spielen mehrere Szenen in einer Wohnung auf Höhe der U-Bahn-Station. Der U-Bahnhof wurde am 17. Juli 1913 als "Danziger Straße" in Betrieb genommen, 1950 in Dimitroffstraße und 1990 in

Eberswalder Straße umbenannt. Direkt am südwestlichen Abgang befand sich viele Jahre lang ein Zeitungskiosk. Der kleine Platz, der durch den Beginn der Pappelallee entstanden ist, hat keinen Namen. Als Treffpunkt eignet er sich durch die große Uhr.

Im Verlauf der knapp zweihundertjährigen Existens dieses unbenannten Platzes, erfuhr er von der Optik her Veränderungen. Aus Chaussee, Feldweg und Allee wurden befestigte Straßen, in die man die Straßenbahn hinein legte. Die Gegend wurde be-, die Hochbahn gebaut. Aus den Gaslaternen wurde elektrische Beleuchtung. Radwege gab es einst überhaupt nicht, dafür waren die Straßen mit den selben groben Steinen gepflastert, wie die Seitenstraßen der Umgebung. Und Parktaschen oder extra angehobene und vorgeschobene Straßenbahnhaltestellen gab überhaupt nicht.

*

Offensichtlich, wenig sichtlich – Teil 7 – Senefelder Platz
am 30.12.2021/17.1.2022

Liebe Leser, dieser Teil der Serie is jenau über'n Jahreswechsel von mir jetippt worden. Ick vasuch ma die Kurve von weit wech zum eijentlichen Thema zu nehm'. Jewissamaßen schleich ick ma an Sie wie Primelpaula an ihre Tulpen ran und möchte zunächst ma uff'n paa vajessne Wörta hinweis'n.

Wenn der Berliner einen Ausflug in die Botanik, zum Beispiel nach Brandenburg, macht, dann war er in „j. w. d.". Übersetzt: „janz weit draußen". Wobei „draußen" eigentlich schon außerhalb des S-Bahn-Rings ist. Der „Exer" ist das Areal, auf dem heute der Jahn-Sportpark ist. Dieses Gelände, auf dem sich 1892 Hertha BSC gründete, war vom Stadtplaner James Hobrecht 1862 als „Exer"-zierplatz für die Preussische Armee angelegt. Nicht am Prenzlauer Berg gelegen war einst die „Zickenwiese", Dort, wo jetzt der

BND in der Chausseestraße in Mitte seine Zentrale hat, stand einst das „Stadion der Weltjugend", das bis 1971 „Walter-Ulbricht-Stadion" hieß. Ulbricht hatte so einen Kinnbart, auch „Zickenbart" genannt. Die „Zickenwiese" bezieht sich auf Ulbrichts Barttracht. Wobei ich es höchst amüsant finde, daß der Namensgeber der „Zickenwiese", der ja 1961 nie eine Mauer in Berlin bauen wollte, nun ausgerechnet den BND auf seiner Fläche ertragen muß.

Dem Berliner gehts übrigens besonders gut, wenn er „tottern" kann. Das ist ein Meckern über jeden und alles. Wurde ein junges Mädchen im kaiserlichen Berlin als „Pommeranze" bezeichnet, so war damit nicht die Bitterorange gemeint.

Es bezog sich eher auf das sehr ländliche „Pommern", in dem die „Pommes" als Synonym für die Kartoffeln wuchsen. Die „Pommeranze" kam also aus einem „Kuhkaff", benahm sich oft „wie ein Trampel" daneben und mußte, so sie als „Perle" an einen „hochherrschaftlichen Haushalt" nach Berlin kam, zunächst „angelernt" werden.

Auch das Wort „Fräulein" ist mittlerweile aus dem Sprachgebrauch verschwunden, weil es diskriminierend für die sehr junge, unverheiratete Frau angewendet wurde. Somit gibts im von Hand vermittelten Fernsprechverkehr, sofern es den überhaupt noch gibt, auch kein „Fräulein vom Amt" mehr, das in vielen Schlagern besungen wurde.

Der „Feudel" für den „Wischmopp" ist genau so verschwunden, wie der „Jaul" (Gaul) für den „Klepper", also das schon etwas altersschwache Pferd. „Quark mit Leinöl" brachten die Spreewälder einst nach Berlin, galt einst als „Arme-Leute-Essen", ist heute aber ein modernes „Powerfood" auf Grund der vielen guten Fette im Öl und wegen des reinen Eiweißes im Quark. Da hält kein „Skyr" mit! Als „Ollsche" und „Ollscher" bezeichnete sich jeweils das Pedant „des Alten", „der Alten" bei einem in die Jahre gekommenen Ehepaar. „Fritz", „Fritzchen" ist die Kose- oder Kurzform von „Friedrich". Und „Friedrich" nun wieder war einer der vielen Vornamen der preussischen Könige. Die Tussi, und da bekomm ich jetzt die Kurve, war die Kurzform der alten germanischen Göttin „Thusnelda". Die Frau des Cheruskerfürsten Herrmann (Varusschlacht im Jahr 9 n. Chr.) hieß so. Der Senefelder Platz war zunächst Platz A, Abt. XII im Hobrechtschen Bebauungsplan von 1862, wurde dann zunächst in Thusneldaplatz umbenannt und vier Jahre nach der Aufstellung des Denkmals aus Carraramarmor, geschlagen vom Bildhauer Rudolf Pohle, wurde der Platz 1896 nach dem Erfinder der Lithografie, Alois Senefelder, benannt. Es ist meines Wissens nach das älteste erhaltene Denkmal am Prenzlauer Berg.

*

Offensichtlich, wenig sichtlich – Teil 8 – Naugarder Platz? - am 11./16.2.2022

In der Folge heute geht es um einen Platz, der seit knapp zwei Jahren einen Namen trägt, den niemand kennt. Für mich war der Platz, der vor etwa zweiundzwanzig Jahren aus vielen (drei?) kleinen Plätzchen mit Fußwegstücken und Baumscheiben an der Naugarder / Erich-Weinert / Hosemannstraße entstanden war, der Naugarder Platz. Seit Sommer 2019 trägt er nun den Namen Gertrud-Classen-Platz (Antifaschistin/Bildhauerin).

Etwa zwei Wochen nach Aufstellung des Namensschildes im Sommer 2019 begannen die Berliner Wasserbetriebe mit umfangreichen Bauarbeiten, nachdem sich einige Monate zuvor, mitten im heißesten Sommerhoch, eine dauerhafte Pfütze an der Naugarder / Erich-Weinert gebildet hatte und man bei der Aufklärung dieses Sachverhaltes darauf gestoßen war, dass sämtliche Anlagen unter dem Platz, die im Zusammenhang mit dem Bau des „Radialsystem XI" um 1896 herum gemauert worden waren, kurz vor dem Einsturz standen. Die Bauarbeiten begannen im September 2019 und sollten sich auf etwa achtzehn Monate erstrecken. Man baut noch immer. Auf dem Platz gibt es eine Plastik aus Bronze von einem sitzenden Jungen. Sie ist während der Bauarbeiten eingehaust. Anwohner erzählten mir, dass besagter Junge anfangs zu Boden schaute. Der Künstler soll aber nach Fertigstellung mit seinem Werk so unzufrieden gewessen sein, daß er den Kopf des Kindes vor Wut mit einer Axt abschlagen wollte. Plötzlich schaute das Kind in den Himmel und der Künstler war mit seinem Werk, dem himmelwärts Schauenden, zufrieden.

Durch die derzeitigen Bauarbeiten wurde die Erich-Weinert-Straße an dieser Stelle komplett gesperrt, was den gesamten Verkehr im Bereich beruhigt, weil niemand mehr diesen Schleichweg nehmen kann. Als Kraftfahrer hatte man im Berufsverkehr regelmäßig wegen des hohen Verkehrsaufkommens das Problem, die Hosemannstraße hier zu kreuzen.

Im kommenden August soll die Baustelle beendet und der Platz genauso wie er vorher war, versiegelt, umtost von PKW, illegalem Befahren durch Lieferdienste, wieder hergestellt werden.

Die Kiezinitiative Gertrud-Classen-Platz möchte den Platz erweitern und die Sperrung der Straße verstetigen (Radverkehr sowie Anlieger frei). Im September veranstaltete die Initiative ein Straßenfest und sammelte Ideen der Anwohner. Es gibt eine Webpage (https://kiezini-gcp.de/kiezini/) und eine Gruppe auf Nebenan.de. Auch die BVV nimmt sich franktionsübergreifend innerhalb der „Zählgemeinschaft", des Themas an und ist für die Sperrung der Erich-Weinert-Straße an dieser Stelle.

Das wäre vor allem für die Kinder der Ballettschule wichtig, die sonst einen zusätzlichen Zebrastreifen benötigten. Erwähnenswert ist, daß neben der Buslinie 156, die hier seit dem 12.8.1968 täglich unterwegs ist, seit der letzten Fahrplanumstellung Mitte Dezember zusätzlich Montag – Freitag die Buslinie 158 nach Buch über die Hosemannstraße hier entlang fährt.

Im Februar wurde zudem in diesem Kiez mit der Aufstellung von Parkscheinautomaten begonnen. Die Parkraumbewirtschaftung, einschließlich des Anwohnerparkens im Bereich des Weltkulturerbes, soll ab April eingeführt werden.

*

Offensichtlich – wenig sichtlich – Teil 9 - an der Schneeglöckchenstraße - am 21.3.2022

Auch in dieser Folge geht es in eine, ganz klar, wenig bekannte Ecke, zu einem Platz, der keiner ist, aber so aussieht, als wäre er einer. Das ist ja wie mit Putin, er wäre gern ein großer Staatschef, ist aber keiner.

Zu mir sagte mal ein Lehrmeister in meiner Ausbildung: „Gänsrich, sehen sie sich im Berufsleben vor kleinen Männern vor. Das sind oft Giftzwerge!" Das mag ja auf Putin durchaus zutreffen, ansonsten hatte dieser sicher wohlgemeinte Hinweis den selben Wahrheitsgehalt, wie die Aussage: „viele Apfelsorten sind grün". Das ist zwar nicht falsch, hilft einem aber nur so viel, wie homöopathische „Medikamente" bei einer Corona-Infektion.

Bei der Bebauung des Blumenviertels mit mehrgeschossigen Mietshäusern ab nach dem Krieg, die Wohnungsnot war in der Stadt gewaltig, musste man natürlich auch an die Nahversorgung der Menschen denken. Nun werden wir uns mal langsam an die Zeit der Entstehung dieses Platzes und des Flachbaus herantasten.

Die Wohngebäude zwischen Schneeglöckchen- und Oderbruchstraße müssten noch vor dem Krieg entstanden sein, denn das Bürohaus gegenüber von dem Flachbau war spätestens 1952 ein Finanzamt, in dem meine Großmutter von da an arbeitete.

Q3A-Bauten, wie sie zwischen Schneeglöckchenstr. und Syringenweg stehen, wurden grundsätzlich ab 1957, hier vermutlich ab 1959 gebaut. Selbstbedienungsläden gab es ab dem 13. Dezember 1956 in der DDR.

Ab diesem Zeitpunkt wurden die ersten dafür konzipierten Einkaufsmöglichkeiten, Kaufhallen mit einer Verkaufsfläche von rund 450 m² gebaut. So ein Typ steht in der Gürtelstraße oder in der Landsberger Allee am ehemaligen Steuerhaus. Der Flachbau hier in der Schneeglöckchenstraße ist älter und im Gegensatz zu dem mit zum Teil fertigen Betonplatten gebauten, eben genannten Typ noch vollständig aus Hohlblocksteinen gemauert. Genau so ein Typ steht in der Storkower Straße gegenüber vom Wilhelm-Blank-Platz und an der Ecke Prenzlauer / Erich-Weinert. Sie wurden ab 1952 errichtet, beherrbergten aber ursprünglich mehrere kleine Fachgeschäfte, also für Fleisch, für Obst-Gemüse, Industriewaren usw.

An dem Laden in der Prenzlauer Allee kann man diese Aufteilung gut daran erkennen, daß er mehrere kleine, aber schon seit Jahrzehnten verschlossene, Eingangstüren nebeneinander hat. Im Zuge des Umbaus zu „Kaufhallen" mit Selbstbedienung riss man in diesen Bauten schlicht die inneren trennenden, nichttragenden Wände weg und teilte die Flächen im Bau neu auf.

Einige dieser Gebäude hatten dabei noch einen gemauerten Kühlkeller als Lager, der nur durch die Erde selbst und nicht durch Technik gekühlt wurde. Es gab drei Kassiererplätze, einen Extraschalter mit Einzelbedienung für Kaffee + Tabak und eine Fleisch-Wurst-Käsetheke, an der man persönlich bedient wurde und wo man jeden Tag frisches Hackfleisch selbst herstellte.

Dieser Typ hatte zwischen 350 m² und 380 m² Verkaufsfläche. So wie man die Suppe in einem kleinen Topf eher versalzt, als den Eintopf in einer Gulaschkanone, so vertut man sich auch als Mitarbeiter bei der Warenbestellung in so einem kleinen Laden eher, als in einem großen. Als einstiger kommissarischer Schichtleiter des Marktes am ehemaligen Steuerhaus (das ist heute der russische Supermarkt) hab ich oft mit dem Markt in der Schneeglöckchenstraße Waren auf offiziellem Weg ausgetauscht (das hieß: „sozialistisch umlagern"). Weil der Markt doch sehr klein war und sich wegen seiner relativ hohen Personalkosten kaum ökonomisch halten ließ, wurde er recht bald nach der Übernahme der staatlichen HO durch „Kaiser's", ich vermute schon im ersten Halbjahr 1991, geschlossen. Seit nach der deutschen Wiedervereinigung in die ehemaligen Lagerhallen der „Wirtschaftsvereinigung OGS, Handelsbetrieb II" „Am Weingarten" Kaufland eingezogen ist, spätestens von diesem Zeitpunkt an rechnete sich Nahversorgung an der Schneeglöckchen-Oleander-Str nicht mehr. Nach unterschiedlicher Nutzung in den letzten Jahren ist darin heute ein großes, internationales Fotostudio. Im Außenbereich des Geländes kann man jedoch gut die ehemalige Ladezone, die Pfandflaschenrückgabe, die Lager dafür und für rückzuführende Kartonagen erkennen. Das Gelände ring herum ist gut verwildert.

*

Offensichtlich – wenig sichtlich – Folge 10 – Blankensteinpark - am 20./21.4.2022

Dass dieser Park überhaupt existiert, sieht man von außen, also von den vorbei führenden Hauptstraßen nicht, denn er ist trotz seiner Größe, etwas versteckt und so möchte ich in Folge zehn dieser Reihe über ihn schreiben. Ja, das Gelände des ehemaligen Zentralviehhofs (der Name "alter Schlachthof" ist nicht korrekt!) gehört seit 1934 zum Prenzlauer Berg. Dieses niedliche Zipfelchen war noch in der Zeit der Fertigstellung der Ringbahn Teil der Lichtenberger Feldmark, wurde für den Bau des städtischen Zentralviehhofs durch Berlin gekauft und gehörte nach der Gründung Groß-Berlins zunächst zum Stadtbezirk Friedrichshain. Erst eine Verwaltungsreform schlug ihn dem Prenzlauer Berg zu.
Der S-Bahnhof, 1882 eröffnet, hieß noch bis 1977 Zehntralviehhof.

Zwischen Eldenaer und Hermann-Blankenstein-Straße, ehemaliger Rinderauktionshalle und Richard-Ermisch-Straße, in der mal Eisenbahngleise lagen und Verladerampen, ist auf dem Gelände, das einst unter anderem die Hammelauktionshalle umfasste, dieser Park entstanden.

Die Reste dieser Halle, das gusseiserne Stahlgerüst, ist Teil der Anlage und steht unter Denkmalschutz.

Über 650.000 Schafe (Hammel) wurden auf dem Zentralviehhof in seinem ersten Geschäftsjahr 1882 verarbeitet. Es wurden überwiegend Rinder auf dem Areal gehalten, denn da die Kühltechnik noch nicht den heutigen Stand hatte, brachte man nicht Milch- und Milchprodukte zu den Haushalten der Berliner, sondern die Kühe selbst. Es wurde nur eine begrenzte Anzahl an Schweinen gemästet. Schweine als, im Gegensatz zur Kuh, Allesfresser, waren auf dem Zentralviehhof gewissermaßen die Resteverwerter.

Die Hammel wurden indes nicht wegen ihrer Wolle oder ihres wohlschmeckenden Fleisches im Bohneneintopf gehalten, sondern wegen ihrer Därme auf dem Areal geschlachtet.

Der Name Bock-Wurst ist vom Darm des Hammelbocks abgeleitet.

Das mit der Schlachtung einher gehende Fleisch war eher ein Nebenbeiprodukt der Darmherstellung. Nach einer anderen Überlieferung wurde die Bockwurst erstmals zum Bockbier gereicht. Auf jeden Fall ist sie, wie die Currywurst, der Pfannkuchen, der Schusterjunge, die Schrippe und der Döner, eine urberliner Erfindung.

Im Krieg, also im letzten auf deutschem Boden, wurde der Zentralviehhof explizit durch die Bomberstaffeln der Alliierten angegriffen, da er von strategischer Bedeutung für den Nachschub der Wehrmacht und für die Moral der Berliner war. Entsprechend stark wurde er zerstört. Später hin brauchte man, durch die Teilung Berlins im Zuge des kalten Krieges, nicht mehr seine volle Kapazität, baute ihn deshalb in weiten Teilen nicht mehr auf und siedelte statt dessen anderes Gewerbe, wie zum Beispiel das Großhandelslager für Obst-Gemüse-Konserven darauf an. Geschlachtet wurde indes auf ihm bis 1991 weiterhin.

Erst mit der Bewerbung Berlins für die olympischen Sommerspiele im Jahr 2000 kam letztlich Bewegung auf das Gelände. Alte Gebäudereste, die nicht unter Denkmalschutz standen, wurden beräumt und dieser Park angelegt.

Der Park lässt sich in vier unterschiedliche Gebiete aufteilen. An der Straße "Zur Rinderauktionshalle" ist dieses gußeiserne Gestell der Hammelauktionshalle, in der sogar noch einige Fliesen des Bodenbelags liegen.

Entlang der Richard-Ermisch-Straße hat man bei der Anlange des Parks die zu diesem Zeitpunkt schon von selbst gewachsenen, kleinen Birken stehen lassen und davor Parkbänke gestellt, die mit Billigung des Bezirksamts von den Anwohnern farblich gestaltet werden durften.

Zur Eldenaer Straße, zwischen den beiden ehemaligen Verwaltungsvillen und den Ein- und Ausfahrtposten, hat sich im letzten Jahr ein Verein angesiedelt, der Urban Gardening anbietet. Den weitaus größten Teil nimmt jedoch eine offene Wiese (mit vielen Wildkaninchenbauten) ein, die im Sommer zum Liegen, im Winter vor allem zum Hundeauslauf genutzt wird.

Dass die BSR und nicht mehr das Grünflächenamt seit einiger Zeit für die Sauberkeit das Areal zuständig ist, alle zehn bis zwanzig Meter sind die orangenen Kübel aufgestellt, hat die Aufenthaltsqualität des Parks sehr gesteigert. Wobei nicht immer nur die Menschen an herum liegenden Chipstüten Schuld sein müssen. Krähen, Elstern, Marder, Füchse und Waschbären wühlen gern auf ihrer Nahrungssuche in Abfallbehältern.

*

Offensichtlich – wenig sichtlich – Folge 11 – der Caligariplatz - am 18.5.2022

Das was so wenig sichtlich ist in dieser Folge der Reihe ist, ist doch ganz offensichtlich, aber es gehört genau genommen nicht mehr zum Prenzlauer Berg, sondern bereits zu Weißensee. Der Platz entstand in den späten 1990er Jahren durch Verkürzung der Heinersdorfer Straße. Die Heinersdorfer Straße ist die direkte Verlängerung der Tino-Schwirzina-Straße in den historischen Dorfkern von Heinersdorf, 1920 Groß-Berlin eingemeindet und endet direkt "Am Steinberg". Tino Schwirzina (gest. 29. Dez. 2003) war der einzige frei gewählte Oberbürgermeister Ostberlins. Er wurde am 6.Mai 1990 gewählt und übte sein Amt vom 30.Mai 1990 bis 11. Januar 1991 aus. Mit der verwaltungstechnischen Teilung Berlins am 30. November 1948 hatte Berlin de facto zwei Oberbürgermeister. Für Ostberlin war es Friedrich Ebert Junior (der Sohn des sozialdemokratischen Reichspräsidenten Friedrich Ebert), für Westberlin war es Ernst Reuter. Ab 1. Februar 1951 wurde dieses Amt in Westberlin in "Regierender Bürgermeister" umbenannt, in Ostberlin blieb man bei der am 1. Oktober 1920 eingeführten Bezeichnung "Oberbürgermeister von Groß-Berlin".

Seinen Namen hat der Caligariplatz nach dem Film "Das Cabinet des Dr. Caligari" aus dem Jahr 1920. Es ist ein expressionistischer Horrorfilm um einen Schlafwandler, der Morde begeht und gilt als ein Meilenstein der Filmgeschichte. Er ist über youtube zum Zeitpunkt des Schreibens dieses Artikels frei zugänglich.

Weißensee, auf den Ausläufern des Barnim, östlich des Prenzlauer Bergs und des Berlin-Warschauer-Urstromtals gelegen, galt in den Anfangszeiten des Films als relativ sonnensicher. Die Sonne war in bei der Photographie und beim Film damals wichtig, weil die Qualität des Bild- und

Filmmaterials noch schlecht und deshalb pralle Sonne so wichtig war. Darauf geht auch der Ausdruck vom "Kaiserwetter" zurück. Der Deutsche Kaiser Wilhelm II ließ sich gern und oft ablichten, aber dazu brauchte es am besten Sonne und das war dann das Wetter, das man dafür nutzte.

Ab 1906 entstanden die ersten Filmstudios. Ihr Produktionsausstoß war damals höher, als der von Hollywood. An Babelsberg war noch nicht zu denken. Studios gab es in der Liebermannstraße, gedreht wurde auf dem späteren Rennbahngelände, wer aber mit offenen Augen (und mit den Erzählungen einer 1899 in Berlin geborenen Urgroßmutter im Hinterkopf) durch die Straßen von Weißensee streift, entdeckt ehemalige kleine Studios auch in der Bizetstraße und auf Höfen in der Jacobsohnstr.

Ich gestehe, ich verwechsel gern die "Backfabrik" am Prenzlauer Tor und die "Brotfabrik" hier an der Weißenseer Spitze.

Nachdem 1952 der Bäckermeister der 1914 errichteten Brotfabrik nach Westberlin geflüchtet war, wurde sie geschlossen und ihre Gebäude aufgeteilt, unter anderem als Selterswasserfabrik und als Laden für Berufsbekleidung. Nach Aufgabe der Selterswasserfabrik 1970 wurde das Hauptgebäude als Lager für eine Großküche genutzt, im ehemaligen Bäckerladen wurden Süßwaren verkauft. Ab 1985 kam hier ein Jugendclub der Kunsthochschule Weißensee unter. Im Februar 1991 wurde in den ehemaligen Galerieräumen ein Kino mit 55 Plätzen eingerichtet. Der Platz bekam Anfang 2002 auf Initiative der GLASHAUS.Verein der Nutzer der Brotfabrik e.V., die die Brotfabrik seit Ende der 1990er Jahre betreiben, seinen Namen. Das Kino Rio, in der Prenzlauer Promenade 6 – 9 gelegen, eine "Flohkiste", wurde 1997 geschlossen.

Der Platz wird heute begrenzt von der Prenzlauer Promenade, der Brotfabrik und der Gustav-Adolf-Straße.

Es gab mal vor einiger Zeit eine Anwohnerinitiative, die den Wendehammer an der und die Heinersdorfer Straße und die Gustav-Adolfstraße an sich für den Kraftverkehr schließen wollten, weil es dort angeblich zu viele Unfälle mit Fußgängern gäbe. aber dagegen wehrten sich BSR, Polizei und Feuerwehr. Nunja, meine Erfahrung ist die, dass sich die Kraftfahrerer im allgemeinen sehr wohl an § 1 der StVo (Vorsicht und gegenseitige Rücksichtnahme) halten. Aber auch als Fußgänger oder Radfahrer sollte man halt einfach mal hin und wieder Augen und Ohren offen halten, mit anderen Verkehrsteilnehmern kommunizieren und nicht nur stur aufs eigene Handy schauen, mit laut wummernder Musik in den Kopfhörern. Gerade das sieht man dort leider.

*

Offensichtlich wenig sichtlich – Schöne Ecke Prenzlberg am 17.6.2022

Eigentlich sehr offensichtlich, aber immer nur als Teil eines größeren Ganzen angesehen, ist die Ecke, auf die ich heute in dieser Serie blicke.
Kehren wir in dieser Ausgabe mal vom Rand unseres Stadtteils direkt ins brummende Zentrum zurück.
"Schöne Ecke Prenzlberg" ist kein offizieller Name. Der öffentliche Platz wird im allgemeinen nur als Teil des Kollwitzplatzes wahr genommen, und ich bin mir nicht sicher, ob er es nicht auch tatsächlich ist.
Die Einlassung "schöne Ecke Prenzlberg" im "Schleichweg", der mehr oder weniger quer über diese Ecke läuft, fällt den meisten wohl gar nicht auf.
Sie besteht aus dem selben kleinen, handlichen, Kopfsteinpflaster wie die Gehwege ringsum, ist nur farblich anders abgesetzt.
Was hingegen auffällt, ist die längste öffentliche Sitzbank Berlins. Also wenn Sie mal etwas auf die lange Bank schieben wollen, ...

Also ich mache das fast täglich. "Ich bin Zukunftsorientiert! Verschiebe alles auf Morgen!", sagte einst der "Gott der deutschen Kabarettisten" Wolfgang Neuss. Die Bank jedenfalls fällt wirklich ins Auge. Wie so oft, kommen die Dinge aber auch in die Jahre und der Spruch der Lehrer aus meiner Schulzeit "Narrenhände beschmieren Tisch und Wände" scheint hier leider zuzutreffen. Die Herkunft dieses Spruchs ist im übrigen unbekannt, bereits seit dem Mittelalter im Volksmund belegt und ist bis heute aktuell.

Wenn man sich diese Ecke, die direkt im Nordosten des Kollwitzplatzes ist, begrenzt durch Kollwitz- und Wörther Straße anschaut, fallen einem auf den beiden anderen Ecken Neubauten aus den mittleren 1990er Jahren auf. Das vor vielen Jahren hier geborene und schon lange verstorbene Berliner Original Dieter Dost beschrieb einst in seinen Memoiren, die er bei uns veröffentlichte, dass diese drei Eckhäuser erst in den letzten Kriegstagen in Berlin zerschossen wurden.

Dazu lässt sich folgendes ergänzen: bei den Straßenkämpfen in Berlin nutzte die Wehrmacht Eckhäuser, um darin Widerstandsnester einzurichten und die Soldaten der Sowjetarmee, um ihrer eigenen Infanterie den nächsten Straßenabschnitt frei zu schießen.

In Folge dessen, aber zerschossen nun wiederum sowjetische und deutsche Panzer, Artillerie oder Flak, die jeweils gegnerischen Häuserecken. Deshalb sind in Berlin so viele alte Eckhäuser verschwunden. In der Ukraine erleben wir diese Vorgehens-weise im Häuserkampf heute erneut. Insgesamt aber lässt sich feststellen und darin stimmen die Erzählungen meines Großvaters mit denen anderer, noch lebender, Ureinwohner überein, dass am Prenzlauer Berg nur etwa 10% - 12% der Häuser zerbombt waren, 10% - 15% weitere wurden erst zum Kriegsende zerschossen. Ein ehemaliger britischer Bomberpilot, den ich auf einer meiner Führungen dabei hatte, bestätigte mir, dass sie die Anweisung gehabt hätten, diesen Stadtteil, auf Grund der Gefahr eines Abschusses durch die Flak im Humboldt- und Friedrichshain, möglichst zu umfliegen. Das erklärt, warum etwa 75% des Wohnraums nach dem Krieg in unserem Stadtteil erhalten blieb.

Von der "schönen Ecke Prenzlberg" hat man einen wunderbaren Einblick auf die winzigen Hinterhöfe in diesem Gründerzeitviertel, das überwiegend zwischen 1871 und 1896 entstand. Angeblich kamen das Baumaterial hierfür von einer Ziegelei und einer Schreinerei (Fenster, Türen, Treppengeländer) aus Fabriken, die auf dem Helmholtzplatz standen (ich berichtete bereits mehrfach darüber). Bis Kriegsende galt das ganze Viertel als "bessere Wohngegend" mit teils bis heute vorhandenen Marmor- stufen in den Hausfluren der Vorderhäuser und ehemaligen Dienstbotenaufgängen in den Seitenflügeln. Bessere Wohngegend ist es bis heute. Immer wieder erzählen mir schon lange gentrifizierte, also ehemalige, Anwohner von derzeit wohl 35 – 40 € Kalt-Miete für den Quadratmeter. Diese Verdrängung auf Grund zu hoher Mieterwartungen betrifft seit Jahren auch Gewerbetreibende.

Die wunderbaren alten Platanen ringsum verleihen dem Platz etwas ganz Besonderes.

*

Offensichtlich wenig sichtlich - 13
Die Parkplätze an der Fritz Riedelstraße - am 12.7.2022

Der Ort, den ich Ihnen heute in dieser Serie beschreibe, existiert seit etwa einem Jahr nicht mehr. Das erste, was ich von den Menschen hör, wenn ich bei meinen Führungen über die aktuelle Entwicklung einer Gegend spreche ist:
„... aber was wird dann aus den /meinen Parkplätzen?".
So wichtig wie moderne Stadtplanung, unter Einbeziehung vor allem des Fahrrades, ist und so klar wie es ist, dass selbst ein elektrisch angetriebenes Auto, in Grünheide

gebaut, noch immer ein Ressourcen verschwendendes Individualverkehrsmittel ist, dass die meiste Zeit im Weg herum steht, so klar ist aber auch, dass man spätestens nahe der sechzig Lenze nicht mehr lockeren Trittes von Pankow zum Job nach Steglitz, Spandau oder Biesdorf radelt.
Da die S-Bahn das mittlerweile unzuverlässigste Nahverkehrsmittel überhaupt ist, wäre dann eine eigene Motorisierung recht nett.

Dass die Gegend zwischen Conrad-Blenkle- und Fritz-Riedel-Straße nicht immer leer war, nicht immer unbebaut, davon zeugt Fritz-Riedel-Str. 2 oder das Areal hinter den 10-geschossigen Plattenbauten zwischen Conrad-Blenkle-Str. und Landsberger Allee. Die älteren Eckhäuser waren vor 1990 sogenannte „Mieterhotels", also vorübergehende Umsetzwohnungen für Leute, deren Bleibe gerade saniert wurde, der genannten Nr. 2 ist ihre Errichtung zur Kaiserzeit gar noch anzusehen. Ob das ganze Areal deshalb „platt" war, weil es im Krieg bombardiert oder in den letzten Kriegstagen zerschossen wurde, habe ich nicht heraus gefunden.
Spätestens zur Eröffnung der Werner-Seelenbinder-Halle, aus einer ehemaligen Großmarkthalle 1950 entstanden, war der überwiegende Teil des Geländes zwischen Paul-Heyse, Conrad-Blenkle und Landsberger von Trümmern beräumt und lediglich wenige unzerstörte Einzelhäuser ließ man stehen. Ich kann mich erinnern, dass Jahrzehnte lang ein Lattenzaun das erste Karree vor zudringlichen Blicken schützte und erst danach die Parkplätze kamen.[35]

Manche Dinge dauern in Berlin halt länger. Hab im Juni festgestellt, dass man erst jetzt die Fundamente von Häusern

---

35 ... habe mir als Kind unendlich oft Splitter in die Finger
     fahren lassen, wenn ich versuchte, die staubtrockenen
     Holzlatten des Zauns für wenigstens einen kurzen Blick auf
     das Gelände auf einen Spalt auseinander zu biegen

in der Konrad-Wolf-Straße 55 entfernt, die 1968 bereits abgerissen wurden. Dort war von 1961 an die erste Wohnung meiner Eltern.

Kurz vor dem Ende der DDR, Ende 1988 wohl, wurde neben dem Gleislager der BVG eine HO-Kaufhalle errichtet, die 1991 von „Kaiser's" übernommen und erst im letzten Jahr abgerissen wurde. Daneben in der Conrad-Blenkle wurde 1991 ein Discounter in provisorischer Bauweise von Plus errichtet, der nachdem Kaisers diesen Standort auf- und ihn an Plus übergab (es waren zwei unterschiedliche Firmen ein und desselben Handels-imperiums), der provisorische Bau an eine Tauchschule oder Tauchfachgeschäft übergeben und schließlich für die Errichtung der großen Turnhalle des TSC abgerissen wurde. Erst vor gut zwei Jahren begann man, die Parkplätze mit Wohnungen und einer Schule zu bebauen. Verwunderlich ist, dass es bislang noch keine Proteste der Anwohner wegen des Wegfalls der Parkplätze gibt. Aber der schon fertige privatwirtschaftlich errichtete Wohnkomplex hat eigene Tiefgaragen und größere Veranstaltungen gab es dank Corona in den letzten Jahren im Velodrom, der Schwimmhalle und dem Rest der noch existierenden Werner-Seelenbinder-Halle nicht. Da diese Sport- und Veranstaltungsstätten an den ÖPNV hervorragend angeschlossen ist, sofern die S-Bahn fährt und sich auf dem gegenüber liegenden ehemaligen Zentralviehhof die Parksituation derzeit relativ entspannt darstellt, scheint die nun fehlenden Parkplätze noch niemandes Gemüt echauffiert zu haben.

In der ehemaligen Werner-Seelenbinder-Halle fanden regelmäßig Radrennen, Parteitage der SED, Konzerte wie z. B. von Rio Reiser, Tangerine Dream, Depeche Mode, Feeling B. oder James Brown und auch das „Festival des politischen Liedes" statt.

*

Offensichtlich wenig sichtlich - 14
an der Straßburger Straße - am 19. + 22.8.2022

Das was ich Ihnen in der heutigen Folge dieser Reihe vorstelle, ist weder zu sehen, noch bin ich mir in Teilen davon derer tatsächlicher Existenz überhaupt sicher. Die Straßburger Str. verläuft, wie Sie sicher wissen, von der Torbis zur Belforter Straße. An ihrem südöstlichen Drittel war einst die „Fahrbereitschaft des ZK" (Zentral-Kommitees). Ich berichtete darüber hier vor zehn Jahren und hab auch noch Führungen über diesen Zipfel gemacht, als sie, die Fahrbereitschaft, noch stand.

An welchen Standorten diese überall war, darüber gibt es unterschiedliche Informationen und vor allem sehr viele Gerüchte. Sicher ist in jedem Fall der Standort in der Straßburger. Eine weitere war in der „Waldsiedlung Wandlitz". Es soll auch noch eine in der Gounodstraße in Weißensee und auf der Fischerinsel hinter dem ZK-Gebäude in der Breite Straße (am Mühlendamm in Mitte) gegeben haben. Bei letzterer bin ich mir sehr, bei erster weit weniger sicher.

Anfang 2013 wurde das Gelände in der Straßburger Straße beräumt und die Gebäude (DDR-Platte) abgerissen. Neben Garagen und Werkstätten auf dem Gelände gab es im Eingangsbereich, der in etwa dort war, wo man heute zum Supermarkt hoch geht, ein sehr umfängliches Dienstgebäude, das einer modernen Trutzburg glich.

Weiterhin standen dort das einzige Parkhochhaus der DDR, Autowaschanlagen, Unterkünfte und Diensträume für die Bewacher und Angestellten und vieles mehr.

Auf dem Gelände gab es auch eine eiszeitliche Geröllablagerung, die damals angeblich unter Naturschutz stand, aber so abgelegen war, dass man sie nicht auf Anhieb fand. Sie muss zur Saarbrücker Straße hin gelegen haben. Der Investor, der diese Liegenschaft vom Land Berlin erwarb, hatte bei Kauf versichert, eben diese Ablagerung zu erhalten und das Gelände, das er mit Eigentumswohnungen bebauen wollte, der Öffentlichkeit weiter zugänglich zu halten.

Das von ihm bebaute Areal ist seit seiner Fertigstellung, bis auf den Bereich mit dem Supermarkt und der Kita an der Straßburger Straße, leider jedoch nicht mehr für die Allgemeinheit offen. Und so ist es nicht möglich, zu kontrollieren, ob die oben angesprochene prähistorische, glaziale Schutthalde überhaupt noch existiert. Allerdings kann man auf Satellitenbildern (über google) bei hoher Auflösung etwas erkennen, das man mit etwas gutem Willen als diese Schutthalde deuten könnte.

Als Zwischennutzung nach der deutschen Wiedervereinigung und der damit einhergehenden Abschaffung der Fahrbereitschaft, wurden das Parkhaus und die Waschanlage, sowie einige der Garagen und Werkstätten an neue Betreiber vermietet oder verpachtet. Im Torgebäude mit seinen umfangreichen Büros, Aufenthalts-, Schulungs- und Umkleideräumen, sorgte die Firma BTB bis zum Abriss der Fahrbereitschaft für Erwachsenenfortbildung.

Dem Gelände schließt sich zum Prenzlauer Tor direkt die Backfabrik an, in der einst die Firmenzentrale von „Aschinger", der ersten und größten europäischen Systemgastronomie, mit eigener Bockwurst-, Schrippen-, Kartoffelsalat- und Erbsensuppeherstellung, wirtschaftete. Teilweise wurden dort wöchentlich bis zu 1,2 Millionen Schrippen gebacken.

*

Offensichtlich wenig sichtlich - 15
der Lewaldplatz - am 29.8. + 16. + 19.9.2022

Mir war so, als hätte ich über diesen Platz schon einmal etwas geschrieben, auf meinem Rechner finde ich dagegen nichts dergleichen, also geht es in dieser Folge um einen „unbeschriebenen Platz", der ganz offensichtlich ist, der aber bei weitem nicht so bekannt ist, wie Humann-, Helmholtz- oder Kollwitzplatz.

Der Lewaldplatz liegt im Humann-Kiez zwischen Lewald-, Kugler-, Scherenberg- und Wisbyer Straße. Er existiert bereits seit 1962, wurde aber erst in den letzten fünf Jahren grundlegend saniert. Davor war es eine baumlose, brache Fläche mit einem kleinen Kinderspielplatz, einer Skulptur und zwei Tischtennisplatten, der wenig Aufenthaltsqualität bot. Die Senatsverwaltung für Bauen und Wohnen schreibt auf ihrer Webseite:

„ … Eine bronzene Tierplastik in Form eines Wolfes und eines Kranichs schmückt den Platz. Der Künstler Stefan Horota erschuf die Skulptur in Anlehnung an die Fabel von Äsop "Der Wolf und der Kranich". ..."

Benannt sind Straße und Platz nach der jüdisch-deutschen Schriftstellerin Fanny Lewald, geboren als Fanny Marcus am 24. März 1811 in Königsberg, gestorben 5. August 1889 in Dresden. Sie war eine Vorkämpferin der Frauenemanzipation, die sich in ihren Schriften klar positionierte. Sie lebte ab 1854 in Berlin und schrieb sowohl unter ihrem Mädchennamen, als auch unter dem Pseudonym Iduna Gräfin Hahn. Lewald führte den Frauenroman in die deutsche Literatur ein. Die Straße trägt ihren Namen bereits seit 1913. Der Platz ist 2.500 m² groß. Architektin für die Neuanlage des Platzes, Fertigstellung vor fünf Jahren, war Brigitte Gehrke und ihr Büro.

Wodurch diese Freifläche entstanden ist, darüber kann ich nur spekulieren. Vermutlich war sie vor dem Krieg durch die gleichen Wohnhäuser bebaut, wie sie in den angrenzenden Straßen stehen und wurde erst ab 1943 zerbombt oder 1945 in den letzten Kriegstagen zerschossen. Am nordöstlichen Rand des Platzes steht über Eck ein großer, neuer Gebäudekomplex mit Ärztehaus und und Supermarkt. Es wird noch ein paar Jahre vergehen, bis die neu gepflanzten Bäume dem Platz das Flair geben, das der etwa vier mal so große Humannplatz mit seinem alten Baumbestand bereits hat.

*

Offensichtlich wenig sichtlich – 16
der neue Einsteinpark - am 10./11./17.10.2022

Über den Einsteinpark hatte ich, wie auch über den Wilhelm-Blank-Platz schon vor geraumer Zeit in der Serie „unbekannte Ecken" geschrieben. In der heutigen Folge dieser Serie hier möchte ich mich noch einmal damit befassen, denn es ist seit dem letzten Stand, den Sie haben, viel passiert. Beide Grünanlagen sind in diesem Jahr komplett und für viel Geld, die Summe von 2,5 Millionen Euro wurde mir durch amtliche Quellen bestätigt, durchsaniert worden.

Anfang Oktober 2022 standen Bauzaungitter als Absperrungen. Wiedereröffnet wurde der Einsteinpark bei einem Festakt mit Volksfestcharakter am 14. Oktober. Die Eröffnung des Wilhelm-Blank-Platzes hatte zum Redaktionsschluss noch nicht statt gefunden.

Beim Wilhelm-Blank-Platz hat man Sträucher und Gestrüpp entfernt, darunter auch wild wuchernde Götterbäume, die in Deutschland wegen ihrer starken Vermehrung durch eigene Wurzeltriebe und Samen als hoch invasive, neophytische Art gelten und die neben sich kaum Platz für andere Pflanzen lassen.

Der Gedenkstein für Wilhelm Blank ist auf seinem bisherigen Platz geblieben, die Wege und Sitzgelegenheiten sind indes neu angelegt. Rasen ist neu gepflanzt und braucht vermutlich nach diesem staubtrockenen Sommer wenigstens den kommenden Winter bis zu seiner vollständigen Verwurzelung. Die seit dem 19. Dezember 2021 aufgestellte Haltestelle für die Montag bis Freitag in diesem Bereich verkehrende Buslinie 158 hat den Namen Einsteinpark.

Der Einsteinpark schließt sich dem Wilhelm-Blank-Platz direkt an und bildet so gemeinsam mit ihm, zwischen dem seniorengerechten Wohnblock und der Kita, von der Storkower Straße bis zum Pieskower Weg hin so etwas wie ein grünes Band. Der Wasserspielplatz, die Plansche, ist

beim Aufpolieren des Einsteinparks genau so geblieben, wie die Anlage der Wege. Der wunderschöne Spielplatz im Nordwesten des Platzes ist von den Spielgeräten her komplett erneuert worden und gleicht nun weniger einem Elefanten, als mehr einem Raumschiff. Aber das ist vermutlich Interpretationssache. Die beiden Skulpturen von Albert Einstein, die ihn einmal als jungen, einmal als älteren Mann zeigen, sind, wie auch die Anlage, die wie ein verkleinertes Stonehenge aussieht, an ihren Plätzen geblieben. In diesem Park stehen nun neu einige wunderschöne Liegebänke herum, die zum herum lümmeln einladen. Ebenfalls ganz neu sind mehrere Sportgeräte, die an der nordöstlichen Seite, an dem Weg, der an der Nordstirnfront des Seniorenblockes vorbei führt, aufgestellt worden sind. Der Boden dieser Anlange ist sehr elastisch und weich, so dass sich weder Senioren noch Kinder beim Sturz von den Geräten weh tun können. Dass in dieser wunderbaren Anlage, die erst seit wenigen Wochen so besteht, bereits marodierende Jugendliche ihre „Taggs" hinterlassen haben, zeugt nur von der Richtigkeit des volkstümlichen Ausspruchs: „Narrenhände beschmieren Tisch und Wände".
Insgesamt gelang das Aufpolieren beider Plätze relativ schnell und geräuschlos.

*

Offensichtlich wenig sichtlich - 15
Behm- / Norweger Straße - am 29.8. + 14.11. 2022

Wollen Sie mit mir mal ein bisschen klettern? In der heutigen Folge dieser Reihe geht es um keinen ebenen Platz, sondern eher um einen An- oder Abstieg, den man mit Asthma oder einen Kinderwagen schiebend nur mit Zwischenstopps bewältigt.
In der Norweger Straße scheint das alte u-förmig-preußische Hausnummernzählsystem zu gelten, was Sinn macht, hat doch diese Straße nur eine bebaute Seite.

Wer die Nummer 1 sucht, erfährt bei google indes, dass diese nicht direkt an ihrem Beginn an der Behmstraße ist, sondern dass es sich um das Bahn-Umspannwerk direkt hinter der Mauer an den Gleisen handelt. Diese Mauer wurde bereits im Jahr 1900 errichtet, um die Bahnanlagen vor unbefugtem Betreten zu schützen. Der Ostteil der Behmstraße, einschließlich der Behmstraßenbrücke hieß von 1960 bis 1993 Helmut-Just-Straße.

Just war Angehöriger der Volkspolizei und wurde am 30. Dezember 1952 an der Sektorengrenze in seinem Dienst, den er hier an der Behmstraße tat, von Passanten erschossen aufgefunden. Von den DDR-Medien als Märtyrer verklärt, gelang bis heute nicht die Aufklärung seines Mordes.

Die Behmstraßenbrücke entstand zeitlich vermutlich parallel und im Zuge des Baus der Bösebrücke an der Bornholmer Straße um 1916. An beiden Stellen werden die Gleise der Nordbahn (vom ehemaligen Güterbahnhof Eberswalder Straße, der bis 1952 Nordbahnhof hieß) und der Stettiner Bahn (vom ehemaligen Stettiner Bahnhof, der 1952 in Nordbahnhof umbenannt wurde) gekreuzt.

Von der Länge der Gleisüberquerung her entspricht dies etwa derselben Entfernung, die man auf der iberischen Halbinsel auf der Winston Churchill Avenue über den Flugplatz der RAF zurücklegen muss, um vom britischen Grenzübergang zu Spanien in das eigentliche britische Überseegebiet Gibraltar zu gelangen.

Wegen des stetig steigenden Verkehrs auf der Bahn und der Straße, war auch an der Behmstraße deshalb der Bau einer Brücke die einzig logische Lösung. Für den Anstieg zu deren Brückenkopf, war die Aufschüttung einer Rampe unerlässlich. Weil eine Rampe ein gewisses Gefälle braucht, damit sie nicht ins Rutschen kommt, braucht sie an ihrem Fuß eine gewisse Breite. Ob zum Zeitpunkt des Rampenbaus bereits ein Gründerzeithaus am Beginn der

Norweger Str. stand oder ob es im Zuge dieses Baus abgerissen wurde, hab ich nicht heraus bekommen.

Mit dem Mauerbau am 13. August 1961 wurden die gesamten Gleisanlagen einschließlich der Behmbrücke, des Schwedter Stegs, der Schwedter Straße ab Eberswalder Str. und der Norweger Straße zum Grenzgebiet. In der Norweger Str. patrouillierten meist Motorradstaffeln der Grenzer. Ihre Häuser konnten die Bewohner nur noch über die Hinterhöfe erreichen, weil die Norweger Str. zum Postenweg geworden war. Die die Gleisanlagen schützende Mauer von 1900 wurde zur Hinterlandmauer, wobei ein kleines in den 1960ern neu gebautes Stück dieser Hinterlandmauer bis heute erhalten blieb.

Auf dem sehr steilen Grundstück an der Rampe zur Behmstraße entstand vor einigen Jahren eine kleine, verschachtelte Parkanlage mit Spielplätzen für unter-schiedliche Generationen, die so viele hübsche, kleine Winkel hat, dass man hier garantiert Ruhe und Abgeschiedenheit findet. Außerhalb der umzäunten Anlage kommt man andererseits über die Radfahrer-, Rollstuhl-, Kinderwagenrampe erschreckend nah an die Gleise der Fernbahn, und bei 15.000 Volt auf der Oberleitung reichen weniger als zwei Meter und Sie sind gegrillt!

War der Herbsttag bereits zu kühl als ich die Bilder machte oder ist dieses wunderbare, kleine Spielparadies an der Behm-Norweger-Rampe zu unbekannt, jedenfalls ist diese Ecke selten überfüllt.

*

Offensichtlich wenig sichtlich – 18 - von Telefonzellen, Skat, Skate und T-Park - am 2./18.12.2022

Das neue Jahr beginnt mit der Fortsetzung dieser Reihe und mit dem bemerkten, unbemerkten Verschwinden zweier Dinge, die mal zum Alltag gehörten. Die Telekom legte zum Jahreswechsel 2022/23 die letzten ihrer Telefonzellen still. „Fasse dich kurz" war eine der Aufschriften an den Zellen.

Sie standen einst an jeder größeren und mittleren Straßenkreuzung, manchmal sogar paarweise, hatten doch Anno dunnemals nur wenige Leute, oft nur eine Person pro Haus, einen Fernsprechapparat in seiner privaten Wohnung. Diese Menschen waren entweder wichtig (Ärzte, Filialleiter, Professoren), waren heimlich bei der Staatssicherheit, hatten Glück bei der Vergabe der Leitungen oder Beziehungen in die Vergabestelle. In der dunklen Jahreszeit, wenn schummerige Hausecken zu kalt waren, wurde in den Telefonzellen gern auch geknutscht oder so.

Heute fristen einige dieser bereits ausgedienten Zellen ein kulturelles Dasein als Büchertauschecke.

Verschwunden ist auch das gesellige Skatspiel aus der Öffentlichkeit. Ich hatte bis vor zwei oder drei Jahren immer noch Karten im Rucksack dabei, um wenn man wo länger wartete, oder in der Mittagspause in der Bude, in der man schinderte, „'n paar Runden zu kloppen".

Nichts mit dem Kartenspiel hat das Skaten zu tun. Die sicher bekannteste Bahn ist in der Straße Prenzlauer Berg 8. Ich finde es immer ein wenig makaber, wenn man auf den angrenzenden Friedhöfen (St. Nicolai, St. Marien, St. Georgen, Parochialgemeinde) tagsüber und oftmals bis in die Nacht das typische Klack-Klack der Bretter hört. Aber die hier abgelegten, teils unvergessenen Vergessenen scheint dies nicht in ihrer Ruhe zu stören. Das Gelände heißt offiziell „Skatepark T-Park in Prenzlauer Berg". Bei Facebook hat er eine eigene Seite, auf der unter anderem der Hinweis zu lesen ist: „... kostenlose Nutzung I - mini Wellen - Ledges - Wheelie Boxen - London Gap - Snake-Run ..." Der ganze Park wurde von Februar bis August 2001 in Absprache mit Jugendlichen gebaut und im September 2001 eröffnet. Das Gelände ist 2500 m² groß, kann man bei STERN erfahren. Es wurden extra geräuschdämmende Materialien beim Bau verwendet. Die Bahn entstand auf einem ehemaligen Parkplatz. Auf Grund der auf dem Gelände noch vorhandenen und teils integrierten Mauerreste ist anzunehmen, dass das Areal bevor es Parkplatz wurde, zum angrenzenden Friedhof gehörte und sich hier feste Schuppen oder Aufenthaltsräume für die Friedhofsgärtner befanden und die Gebäude im Krieg zerstört wurden. Der „T-Park" hat eigentlich nur Montags bis Freitags von 8.00 bis 20 Uhr geöffnet und ist Samstags und Sonntags geschlossen. Das legt die Vermutung nahe, dass das östlich vom Park angrenzende Gebäude der „Friedhofsmuseum Berlin e.V." für den Verschluss des Skaterparks zuständig ist. Wobei mich nun wiederum verwundert, warum man bei meinen unregelmäßigen Friedhofsführungen Sonntags dort Skater hört. Auch ist der Name „T-Park" ungeklärt. Bei meinen Recherchen stieß ich überall auf die Formulierung „vermutlich wegen der nahe gelegenen „T"ankstelle".

Das Skateboarding entstand in den 1950er Jahren in Kalifornien. Bei lauem Wellengang montierten Surfer einfach Rollen unter ihre Surfbretter und befuhren damit die Strandpromenaden. Nach Deutschland gelangte es als „Asphaltsurfen" ab den 1970er Jahren. Es ist eine Trendsportart, die immer wieder in Wellen populär ist. Seit 2020 ist dieser Sport offiziell Teil der olympischen Sommerspiele.

*

Offensichtlich wenig sichtlich – 18 - von Telefonzellen, Skat, Skate und T-Park - am   2./18./19./21.12.2022 – *Nachschliff – Alternativer letzter Absatz / Alternatives Ende*

Entlang der Straße Prenzlauer Berg verlief einst die Akzisemauer. Der untere Friedhof ist am 27. Juli 1802 eingeweiht worden und gehört zur Kirchgemeinde von St. Nikolai (Nikolaikirche im historisierenden, aber nicht originalen gleichnamigen Viertel neben dem Roten Rathaus) und St. Marien (Marienkirche neben dem Fernsehturm). Der Friedhof, der an den T-Park grenzt, sind eigentlich zwei.

Das eine ist die Erweiterung von St. Marien, St. Nikolai von 1858. Daneben, zur Greifswalder Straße, ist der Friedhof der Georgen-Parochialgemeinde, eingeweiht 1848. Die Georgenkirche stand bis zu ihrer Sprengung 1949 in etwa dort, wo heute die östliche Einfahrt zum Autotunnel am Alexanderplatz ist, die Parochialkirche steht in der Klosterstraße. An ihrem hinteren Ende findet man Berlins älteste Kneipe, „Zur letzten Instanz" und die letzten Meter der echten Berliner Stadtmauer von 1250.

*

Offensichtlich wenig sichtlich – 19 - Erich Mielkes Klo und andere Absurditäten - am 15.1.2023

In der letzten Ausgabe hatten wir ja in der Mittelseite, rechts neben meinem Text, einen Artikel zur Umgestaltung des Friedrich-Ludwig-Jahn-Sportplatzes. Ich möchte mich in der heutigen Folge meiner Serie an diesen Text anhängen und in der Gegend bleiben.

Am 14. Mai 2015 fand im Stadion das Endspiel der „UEFA Women's Champions League 2014/15" zwischen dem 1. FFC Frankfurt und Paris Saint Germaine statt, das die deutschen Frauen mit 2:1 gewannen.

Unter den 17.147 Zuschauern waren auch der französische Staatspräsident François Hollande und Bundeskanzlerin Angela Merkel. Hektische Bauarbeiten kurz vor beider Besuch im WC des V.i.P.-Bereichs. Nein, man baute keine Champagner-Dusche für die beiden ein, sondern eine Kloschüssel aus.

Das Porzellan für die Sitzung stammte noch aus DDR-Zeiten, als der BFC, in dessen Vorstand Stasi-Chef Erich Mielke saß, hier im Friedrich-Ludwig-Jahn-Stadion regelmäßig spielte. Die Verantwortlichen wollten im Mai 2015 einfach nicht, dass sich Angela Merkel auf Stasi-Mielkes Kloschüssel setzen muss, obwohl ja beide an dieser Stelle nur Scheiße produzierten.

Dass die Mauer oben am Stadionwall hinter dem V.i.P.-Bereich auf Kriegstrümmern steht und diese Mauer eines der letzten längeren Stücke der Berliner Hinterlandmauer ist, bedenkt man hoffentlich beides bei der Neuanlage des Areals.

Nur eine Ecke weiter, Wolliner / Bernauer Straße hatte die Schwester meiner Urgroßmutter, auf Ostberliner Seite, 1961 einen Gemüseladen. Am 13. August 61 wurde sie morgens kurz nach 4 Uhr vom „Militär mitten in der Nacht wach geklingelt" und ihre Wohnung und ihr Laden wurden Zwecks Grenzsicherung geräumt.

Ein kaum genutztes Kleinod befindet sich dem gegenüber in Sichtweite auf Weddinger Seite: der Vinetaplatz. Dieser ist nicht zu verwechseln mit der Vinetastraße in Pankow. Die ganze Swinemünder zwischen Bernauer und Rügener Str. (Verlängerung der Gleimstr.) ist seit der Neubebauung in den 1970/80er Jahren eine durchgehende Fußgängerzone, in der man an heißen Tagen oft mehr Ruhe hat, als im kaum 100 m entfernten Mauerpark.

Eine Geschichte aus dem Kalten Krieg ist diese. Während in Westdeutschland am 20. Juni 1948 die D-Mark eingeführt wurde, sollte zunächst ab dem 21. Juni die ab dem selben Tag in der sowjetischen Besatzungszone gültige Mark der Deutschen Notenbank (MDN) als Ersatz für die bis dahin allgemein gültige Reichsmark in ganz Berlin als Zahlungsmittel eingeführt werden. Die drei Westsektoren führten indes allein ab dem 24. Juni die D-Mark mit einem B-Aufdruck in Westberlin ein. Darauf hin begann am selben Tag die Berlin-Blockade, die bis zum 12. Mai 1949 andauerte. Infolge dieser Währungsspaltung kam es am 1. August 1949 (!) zur BVG-Spaltung. Bus- und Straßenbahnlinien wurden entflochten. Allerdings gab es scheinbar noch immer weitsichtige Pragmatiker auf beiden Seiten. Bei der Straßenbahn endete der Westteil der Linie 3 im Wedding an der Grünthaler Straße, der Ostteil der Linie

3 fuhr indes noch über die Bornholmer Brücke gleichfalls bis dort hin (frühere 3 ist heute M 13). Im Brunnenviertel handelte man anders. Weil die eine Seite der Bernauer Straße in Ostberlin lag, blieb zunächst die Linie 4 (heute M 10) von ihrer Endstelle am Stettiner- (ab 1952 Nord-) Bahnhof in den Händen der Ost-BVG, während die West-BVG ihre Straßenbahnen im Viertel bis zur Rügener Straße zurück zog. Auf der 4 wurde auf ganzer Strecke in MDN bezahlt. Bereits ab dem 13.10.1952 wurde die 4 bis zur Eberswalder Str. zurück gezogen.

Ab dem 1.1.1953 übernahm die Linie 2 der West-BVG den Abschnitt ab Wolliner / Bernauer Straße. Zur Straßenbahnspaltung, betroffen waren nur noch die Linien 3 (im Osten zurückgezogen bis Björnsohnstraße) und die Linie 74 (getrennt am Potsdamer Platz), kam es am 15. 1. 1953, weil ab dem 1.1.1953 in Westberlin keine Frauen mehr Straßenbahnen führen durften und die Ost-BVG auf diesen beiden Sektoren überschreitenden Linien noch Fahrerinnen auf den Zügen hatte. Die West-BVG schickte diese Züge dann umgehend wieder in den Osten zurück.

*

Offensichtlich wenig sichtlich – 20
Michelangelostraße - am 17./19.2.2023

Gehen wie in dieser Folge der Reihe mal auf eine kleine „Wall-Fahrt". Die Michelangelostraße stand vierspurig mit Mittelpromenade bereits im Hobrechtschen Bebauungsplan von 1862.

Das ganze Gebiet zwischen den Straßen nach Weißensee und Hohenschönhausen-Wilhelmsberg blieb zunächst eine unbebaute Brache.

Zwischen den Straßen zu relativ hoch gelegenen Orten, Teile der Ortsnamen verraten es, „Hohen...", „...berg" und den Ausläufern des Barnim mit dem „Prenzlauer Berg" war eine Senke, eine in der Eiszeit entstandene glaziale Rinne, in

der sich heute die Greifswalder Straße befindet und in die von den „hohen Bergen" hinab das Wasser hinein floss. Das Gebiet rund um die heutige Michelangelostraße war also nicht viel mehr als ein Schlammloch, in dem sich, außer Weiden fürs Berliner Vieh, keine Landwirtschaft lohnte.
Der Hohenschönhauser Vorort Wilhelmsberg lag übrigens zwischen Konrad-Wolf-, Altenhofer-Straße und Weißenseer Weg und ist vom Namen her nur noch wenigen Ureinwohnern bekannt. Kleingartenvereine die sich nach der Reichsgründung 1871 bildeten, bebauten die Gegend entlang der Hänge zur Greifswalder Straße zunächst.

Mit Beginn des letzten Krieges wurde diese riesige Fläche, die nach der Gründung Groß-Berlins 1920 nicht mehr Stadtrand sondern Innenstadt war, zunehmend für die Entsorgung der Innenstadttrümmer genutzt.
Viele Ausgebombte nutzten in dieser Zeit ihre Lauben, die selten an Kanalisation oder Strom angeschlossen waren, vorübergehend als Notunterkunft. Entlang der heutigen Michelangelostraße verlief nach dem Krieg zunächst nur eine oberirdische Hochspannungstrasse.
Erst mit dem Bau der Q3A-Bauten entlang der Gürtelstraße 1961 wurde eine Erschließungsstraße notwendig, die Anfangs nur zweispurig war und im Südosten an den Trümmerbergen, die bis 1982 aufgeschüttet wurden und die heute der „Volkspark Prenzlauer Berg" sind, endete.
Südlich der Kniprodestraße kann man diese alte Trasse mitten durch die Kleingärten noch bis hin zu den Tennisplätzen an der Hohenschönhauser Straße erkennen.
Parallel zum „Hauptweg" durch die Gärten existiert neben einer Wellblechwand noch die Zufahrt zu einem Gewerbegebiet, auf dem sich Schrottplätze und ein Stützpunkt der BSR befinden.
Der „Mühlenkiez" entstand bis 1977. Hier erzählt Wikipedia Unsinn, denn angeblich hätten dort im 19. Jahrhundert sieben Mühlen gestanden. Aber, was sollten die da?

Getreide wurde hier nicht angebaut, denn der Boden war nur Schlamm! Windmühlen stehen dort, wo Wind Schwung bekommt und es Felder gab, also an Anhöhen wie dem Windmühlenberg oder in der Müllerstraße.

Mit der Bebauung dieses Kiezes war auch eine bessere verkehrliche Anbindung nötig, zumal im Zuge des Baus des Thälmannparks dort auch die Ringbahnbrücke erneuert werden sollte.

Deshalb musste die „Protokollstrecke", über die die DDR-Führung morgens und abends von Wandlitz in die Berliner Innenstadt und wieder zurück pendelte, vorübergehend umgeleitet werden.

Zunächst einmal deshalb baute man die Michelangelostraße vierspurig aus.

Man nutzte für die Straße auch den Erdaushub, der bei den Fundamenten im Wohngebiet anfiel und legte die Michelangelostraße auf einen kleinen Damm oder Erdwall, den man extra aufschüttete.

Die Kniprodestraße sollte zu einer Ausfallstraße werden und in die Hansastraße übergehen, während die Michelangelo-straße bis Wilhelmsberg weitergeführt werden sollte.

Der Ausbau der Kniprodestraße verschwand 1988 aus politischen Gründen für immer in der Versenkung. Nach der deutschen Wiedervereinigung wurde die Trasse zunächst für den Ausbau des Stadtautobahnrings von der Seestraße bis Wilhelmsberg frei gehalten.

Aus diesen Gründen ist bis heute die Südwestseite der Michelangelostraße nicht mit Wohnhäusern bebaut.

Um A-100-Ausbauplänen in der Zukunft eine endgültige Abfuhr zu erteilen, wäre eine Bebauung mit Wohnhäusern dieser Südwestseite deshalb wünschenswert.

In der Planung ist aktuell auch eine Straßenbahntrasse in der Michelangelostraße.

*

Offensichtlich wenig sichtlich – 21
Am Friedhofspark - am 13./14.3.2023

Uff vielfachen Wunsch bejinne ick die Folje der Serie hia ma wieda uff balinisch, selbst wenn unsere Korrektoren die Birne davon qualmt.

Eijendlich wollt ick ma beim Jetränkehändler „Dünnebacke" erkundijen, wat „Karbonade" is.

Aber „Dünnebacke" jibs ja nu schon seit 'n Jahr nich mehr und so bin ick jejenüber erst in't Ballhaus, dann uff'n Friedhof jelandet.

Die „Karbonade" besang der Kabarettist Otto Reutter 1920 in seinem Lied „der gewissenhafte Maurer". Von Reutter stammten auch „'n Sachse is immer dabei" von 1930 oder „Neh'm se 'n Alten" von 1926. Im „Wirtschaftswunderlied" aus der beißenden Film-Satire auf die Nachkriegsnazis in der Bundesrepublik „Wir Wunderkinder" von 1958 besingen die Kabarettisten Wolfgang Neuss und Wolfgang Müller die „Karbonade" ooch. Jebe ick „Karbonade" inne Suchmaschine in't Internet ein, bekomm ick Rezepte für Jerichte aus Rindfleisch. So'n Quatsch!

Im Jejensatz zur Limonade, die ursprünglich mal nur aus Fruchtsaft und „totem" Wasser jemacht wurde, setzte man inne Karbonade CO_2, also Kohlensäure, deshalb is dit Karbon in den Namen, dazu. Heute sacht man „Brause" oder „Limo" zur „Karbonade". Zusammen mit saure Jurken soll die damals jut abführend jewesen sin.

Komm wa zurück zur Pappelallee. Rechts neben 'm Friedhofspark is det „Ballhaus Ost", det ein vielfältijet kulturellet Projramm bietet. Interessant is det Hinterhaus! Vor allem deswejen, weil man hier noch Einschusslöcher aus'm letzten Kriech inne Fassade sieht. Det Jebäude jehörte bis 2010 der „Freireligiösen Gemeinde", die ihren 1846 an dieser Stelle jegründeten Friedhof erst 1998 zurück übertragen bekam. Seit Kriegsende 1945 war er von der Stadt betrieben worden.

Die letzten Beisetzungen fanden 1969 statt, die Gräber haben ja in Berlin nur 'ne maximale Bestandszeit von 25 Jahren, weshalb die letzten Jrabstätten als solche 1994 ausliefen. Als Beisetzungsstätte entwidmet wurde dit Areal 1995 und zu dieser Zeit noch ein Spielplatz durch die Stadt an der Seite zur Lychener Straße hin anjelecht. An'er Friedhofsmauer zur Pappelallee is 'n Massenjrab für deutsche Tote aus 'n letzten Kriegstagen. Der Iwan … hätte ick jetz fast jeschrieben … Die „Rote Armee" kümmerte sich ausschließlich um ihre eijenen Kriegsopfer und ließ die deutschen Toten einfach überall liejen. Anwohner sammelten die ein und lechten ein Massengrab auf diesem Friedhof dafür an.

Ooch Jefallene der Märzrevolution von 1848 (also von vor 175 Jahren) liejen hier. Für den Erfinder der Stenographie, Heinrich Roller, ist recht mittig noch dit Grab vorhanden. Parlamentsdebatten werden ooch in uns'rer Zeit noch per Steno mitjeschrieben, und später int reine abjetippt, weil elektronische Ufzeichnungsmedien nich jeden Zwischenruf bei Debatten registrieren. Selbst in den Gerichtsstuben soll et heute noch versierte Stenographen jeben. Den Friedhof sieht man in bestem Betrieb kurz im Film „Solo Sunny" von 1980 von Autor Wolfgang Kohlhaase.

Uf dem Grundstück links neben dem Friedhof vonne Pappelallee aus jesehn, wurden inne letzten Tage uralte Bööme jefällt. Anwohner protestierten bei meiner Bejehung mit Transparenten jejen diese Zerstörung von Biotopen. Soll da noch wat nachverdichtet werden uff de Hinterhöfe?

Also jut, wir brauchen Wohungen und mir is et lieba, wir verdichten hier mitten inne Innenstadt nach, als det im sojenannten „Speckgürtel" weitere Landschaft jrosflächich mit Eijenheime versiejelt wird. Lasst uns besser Brandenburgs Wälder erhalten und dafür Berlin dichter bebauen. Berlin Klimaneutral bis 2030 … so'n Humbug! Kriejen wir dann alle Aluhütchen uff de Omme und Kabel inne Ohrn für jute Ströme oder wie soll det jehn?   *

Offensichtlich wenig sichtlich − 22 - von Fleischereien und Währungen - am 27.3./18. + 19.4.2023

In dieser Ausgabe der Serie greife ich mal zwei unterschiedliche Themen auf. Trotz „Schlachtzwanggesetz", das bedeutete, dass in Berlin große Tiere nur im Zentralviehhof geschlachtet werden durften, gab es davon dennoch Ausnahmen. Für koscheres Fleisch dürfen Tiere bei der Schlachtung nicht betäubt werden. Eine solche Schlachterei befand sich einst, bis zur Schließung durch die Nazis (vermutlich im Herbst 1940) hinter der Synagoge in der Rykestraße. Von ihr, so erzählte mir im März ein Anwohner, gab es einen Tunnel zu einer jüdischen Fleischerei in der Knaackstraße 32. Die blauen Fliesen in dem heutigen Restaurant erinnern daran.

Der Eingang zum Lokal hat zwei Türen. Eine offene Gittertür und dann die eigentlichen Ladentüren. Auch hier gebe ich jetzt nur Informationen von ehemaligen Anwohnern wieder. Vor 1990, also zwischen Kriegende und deutscher Wiedervereinigung, soll es in diesem Laden Molkereiprodukte gegeben haben. Daher macht diese Doppeltür im Eingang Sinn.

[36]Der Einzelhandel funktionierte vor 1990 ganz anders als heute. Es gab in Berlin zwei unterschiedliche Firmen, Speditionen, „Autotrans" und „Handelstransport". Die stellten die LKW und die Fahrer. Der ausliefernde Großhandel, die Brauereien oder die Molkerei in der Rennbahnstraße setzten da als Beifahrer noch ihre eigenen Leute mit auf die LKW's drauf. Das waren dann oft über die Jahre hinweg eingespielte Zweierteams. Der eine hatte die Verantwortung für den LKW, der andere für die Ladung. Da es zur damaligen Zeit nicht genügend LKW's in den Speditionen gab, wurden die Fahrzeuge im Drei-, manchmal sogar im Vierschichtsystem gefahren. Also auch Nachts und

---

36 ... dieser Abschnitt wurde nicht gedruckt

dies hatte nun wiederum zur Folge, dass die Straßen Nachts natürlich leerer waren und die Lieferwagen nicht im Stau standen und weniger Sprit verbrauchten. In großen Supermärkten (Kaufhallen) arbeitete die Warenannahme deshalb gleichfalls in rollenden vier Schichten.

Einige, vor allem frische, Lebensmittel wurden indes komplett Nachts gefahren. Dazu gehörten Brot, Milchprodukte und Zeitungen. Wenn ich morgens um kurz nach 5 Uhr meine Wohnung verließ, weil ich um 6 Uhr begann zu arbeiten, hatte ich bereits meine Tageszeitung zu hause im Briefkasten.

Kleinere Geschäfte, für die sich rollende Schichten in der Warenannahme nicht lohnten, hatten eine sogenannte Warenschleuse. Und genau das haben wir hier in der Knaackstraße.

Die Lieferfahrer hatten Schlüssel für die Gittertür, stellten die Waren dort Nachts ab und wenn morgens das Personal den Laden über den Hintereingang betrat, brauchten die nur noch die Lieferung ins Geschäft hinein zu tragen.

[37]In diesem Jahr feiern wir nicht nur 100 Jahre Radio in Deutschland, am 29. Oktober 1923 begann mit der „Funkstunde" aus dem „Vox-Haus" am Potsdamer Platz in Berlin das Rundfunkzeitalter.

Vor einhundert Jahren, am 15. November 1923 wurde in Deutschland auch die „Rentenmark" eingeführt.

Trotz Kleinstaaterei gab es bereits 1566 den „Deutschen Reichtaler", der sich recht bald gegen den „Gulden" im süddeutschen Raum als Währung durchsetzte.

Der „Kreuzer" blieb parallel verbreitet. Die ersten Banknoten in Deutschland wurden 1705 in Köln gedruckt. Ab 1750 wurde in Berlin mit dem „Preußischen Taler" mit Groschen und Pfennigen bezahlt. Diese Währungen waren

---

37 ... dieser Absatz wurde nicht gedruckt

durch Gold und Silber gedeckt und bestanden überwiegend aus Münzen.

Die „Mark" war in Deutschland ab nach der Reichsgründung 1871 bis 1923 in Umlauf. Der I. Weltkrieg führte, weil 1914 die Golddeckung der Mark aufgehoben worden war, zu einer Hyperinflation, bei der am Ende das Papier selbst teurer war, als der Wert, der auf die Geldscheine aufgedruckt war.

Deshalb wurde am 15. November 1923 die „Rentenmark" ausgegeben. Sie wurde im Verhältnis 1 : 1 000 000 000 000 (eine Billion) Mark getauscht und stabilisierte sofort das Währungssystem.

Zusätzlich wurde am 30. August 1924 die Reichsmark eingeführt.

Beide Währungen wurden im Verhältnis 1 : 1 gehandelt und galten beide bis zur Währungsreform 1948 parallel.

Die Deutsche Mark wurde am 20 Juni 1948 in den drei Westzonen eingeführt (was zur Berlin-Blockade führte) und erst am 24. Juni mit einem B-Aufdruck in Westberlin. Am 23. Juni 1948 ersetzte in der sowjetischen Besatzungszone die „Mark" die bisherigen Währungen. In aller Eile wurden zunächst ab dem 23. Juni 1948 Reichsmark-Noten mit Coupons beklebt. Deshalb auch die abfällige Bezeichung „Klebemark". Bis 1964 hieß die Währung „Deutsche Mark der Deutschen Notenbank", Abkürzung „DM" (!), bis 1967 „Mark der Deutschen Notenbank" „MDN" und bis zur Währungsunion mit der Bundesrepublik am 30. Juni 1990 „Mark der DDR" „M". Ab 1979 mussten DDR-Bürger Devisen, die sie bekamen, in sogenannte „Forum-Schecks" umtauschen.

Dies geschah zur D-Mark im Verhältnis 1 :1, hingegen mit anderen Währungen auf der Grundlage aktueller Wechselkurse im Vergleich zur D-Mark in einem anderen Verhältnis.

Den Euro gibt's als Bargeld seit dem 1. Januar 2002.

*

Vom folgenden Text gibt's insgesamt vier Fassungen, die inhaltlich komplett unterschiedlich sind. Die ersten drei Fassungen wurden von der Redaktion wegen ihres Inhaltes, der nicht falsch war, aber vermutlich der Zeitung geschadet hätte, abgelehnt. Dabei war mein Ansinnen in den ersten drei Fassungen, etwas wieder gut zu machen, was die Kollegen der Zeitung im Vormonat in ihren Artikeln an Bockmist verzapft hatten. Diese anderen drei Fassungen gibt's im vierten und letzten Band dieser Reihe.

Offensichtlich wenig sichtlich – 23 – Fassung 4
Stedinger Weg - am 12. + 15.5.2023

Liebe Leser, über diesen zauberhaften, wunderbaren Kiez heute habe ich bereits ein paar mal geschrieben. Anwohner nennen ihn „Blumenviertel", weil es dort u.a. Namen wie Chrysanthemen- oder Oleanderstraße gibt. Er passt so gar nicht zur dichten Bebauung des inneren Bereichs einer europäischen Hauptstadt. Das liegt auch daran, dass vom Berliner Stadtzentrum aus Richtung Osten, bis zur Gründung von Groß-Berlin am 1. Oktober 1920 dies hier das „Berliner Weichbild" war und die Stadt unweit davon endete. Den Namen trägt der Stedinger Weg seit dem 27. Februar 1936 und hieß davor „Straße 41". Stedingen ist ein Landstrich in Niedersachsen.

Dass die Straße ihren Namen bisher behielt liegt daran, dass die DDR den „Stedinger Krieg" 1233 – 1234 zum „Bauernkrieg" hochstilisierte.

Der Stedinger Weg endet in der Sigridstraße. Diese hieß bis zum 23. März 1923 „Straße 21b".

In Richtung Kniprodestraße zweigt nach etwa 50 m der Süderbrokweg vom Stedinger Weg in einem Winkel von etwa 60 Grad ab. Beide Straßen bilden an dieser Abzweigung einen gleichschenklig-dreieckigen Platz. Süderbrook (die Schreibweise mit zwei „O" ist hier richtig) ist gleichfalls ein Ort in Niedersachsen, der mit dem

„Stedinger Krieg" zusammenhängt. Auch diese Straße erhielt ihren Namen am 27. Februar 1936. Der Steengrafen-, Ochtum- und Altenerscher Weg ebenfalls, so dass dieser Teil des Blumenviertels eigentlich „Stedinger Krieg Kiez" heißen könnte.

Der Stedinger Weg wurde bisher sehr gern von Autofahrern als Schleichweg von der Kniprode- zur Oderbruchstraße, in beiden Richtungen, benutzt. Um so attraktiver wurde dieser, nachdem man die Asphaltdecke am Platz zum Süderbrokweg vor einigen Jahren erneuert hatte. Nicht nur „mal einzelne PKW" befuhren den Schleichweg in oft unangemessen hoher Geschwindigkeit, sondern es war ein Verkehr wie auf einer Hauptstraße, da von links in dem eigentlich verkehrsberuhigten Gebiet in Richtung Sigridstraße ja nichts kommen konnte. Seit Januar diesen Jahres ist damit Schluss, weil der Stedinger Weg ab Sigridstraße bis zum Süderbrokweg nun in diese Richtung Einbahnstraße ist. Da ist kein durchkommen in die Gegenrichtung.

Um so mehr wird durch diesen Schleichweg nun in die entgegengesetzte Richtung, von der Oderbruch- zur Kniprodestraße „gebrettert". Es ist wohl nur noch eine Frage der Zeit, bis man durch Poller den durchgehenden Kraftfahrzeugverkehr, Radfahrer dürfen ja nach wie vor in beide Richtungen hier hindurch fahren, komplett diesen Schleichweg versperrt. Ich sah jüngst entlang der Strecke einige Polizeifahrzeuge am Straßenrand stehen, die offenbar den hier hindurch fahrenden Verkehr zählten oder zumindest beobachteten.

Ungünstig ist diese Sperrung für Mopeds, sogenannte „Kleinkrafträder" die nur 45 km/h schaffen. Das links abbiegen von mehrspurigen Straßen, wie z.B. der Storkower ist mit 45 km/h immer ein recht riskantes Wagnis.

*

Offensichtlich wenig sichtlich – 25
Thälmannpark – Bauarbeiten - am 28.6.2023

In der 25. Folge dieser Serie möchte ich mich einmal den recht umfänglichen Bauarbeiten im Kiez am Thälmannpark widmen. Bereits seit mehreren Monaten ist hier der Schulkampus über den einstigen Weg, der vom Ende der Ella-Kay-Straße direkt zum Rodelberg führte, bis zu den Sportplätzen vergrößert worden.

Problem für alle Helikopter-Eltern: auch Ihre Kinder spielen jetzt zwischen lebendigen Bäumen aus echtem Naturholz, an dem sich Ihre Kinder verletzten könnten! Der öffentliche Weg, der hier einst hindurch führte, wurde hinter die Schule verlegt. Er verläuft jetzt genau zwischen der Schule und der Psychotherapeutischen Tagesklinik St. Martha, die strukturell zum Alexianer-Krankenhaus in der Weißenseer Gartenstraße gehört.

Die Umgehung (Umfahrung für Radler) beginnt in der Ella-Kay-Straße und endet direkt am Knick der Diesterwegstraße.

Die einst auf dem anschließenden Gelände liegende Großkantine, die zum Krankenhaus gehörte, wurde ab Juni abgerissen. Das Krankenhaus selbst wurde 2019 geschlossen und 2020 als Reserve für Corona-Patienten vorübergehend reaktiviert.

Künftig soll dort ein neuer Verwaltungssitz für das Bezirksamt entstehen. Das umfängliche Gebäude wurde 1886 als städtisches Obdachlosenasyl eingeweiht und als solches bis 1940 auch genutzt. Im Volksmund hieß es „Palme", weil in seinem Haupteingang eine Palme in einem großen Kübel stand, was zur Kaiserzeit noch höchst außergewöhnlich war.

Die Kantine, erst weit nach dem Krieg gebaut, kochte hervorragend und belieferte auch die nicht zum städtischen Krankenhaus gehörende und schon erwähnte Tagesklinik, sondern auch umliegende Schulen und diente auch der

Versorgung der Mitarbeiter des Magistrats, die im gegenüberliegenden damaligen Bezirksamt, heutigen Bürgeramt, arbeiteten. Das Essen war schmackhaft, wie ich vor zwanzig Jahren als Patient der Tagesklinik selbst feststellen konnte.

Im Juni war eine Fahrbahnseite in der Fröbelstraße, zwischen Diesterwegstraße und Ella-Kay-Straße aufgerissen und irgendwelche Kabel wurden verlegt. So wie auch die Kreuzung Diesterweg- / Ella-Kay-Straße zum Jahreswechsel wegen Erdarbeiten für sehr viele Wochen gesperrt war.

Um auf der Ella-Kay-Straße von der Ecke Fröbelstraße bis zu ihrem Ende im Thälmannpark, neben der Schule, zu gelangen, muss man seit April an den Parkplätzen hinter den Neubauten aus den 2010er Jahren in der Ella-Kay-Straße vorbei fahren.

Dort wurden einstige Gebäude der BEWAG und von Telekommunikationsunternehmen abgerissen und die dicke Betondecke der Straße aus den 1980er Jahren wegen Erdarbeiten aufgerissen. Man sah offene Kabelenden.

*

Offensichtlich wenig sichtlich – 26
Werneuchener Wiese - am 31.7./21.8.2023

Hattest du doch schon mal, war mein erster Gedanke, ist aber schon fünf Jahre her, stellte ich dann fest und war noch in der Serie „Die Grenzen des Prenzlauer Berg", und es hat sich ja auch einiges verändert.

Außerdem war mein nächstes Buch gerade veröffentlicht und ich hatte Zeit zum Schreiben.

Die Margarete-Sommer-Straße hieß bis zum 5. November 1993 noch Werneuchener Straße.

Wie so viele Straßen, so gibt es auch diese seit der Gründung von Groß-Berlin 1920 ein weiteres mal und das räumlich nicht weit entfernt, in Alt-Hohenschönhausen.

[38]In dieser Gegend wuchs ich auf. In der Werneuchener war dereinst „unser" Postamt und „die andere Schule". Diese Werneuchener Straße beginnt an der Konrad-Wolf-Straße und wird als Liebenwalder Straße ab der Gensler Str. und als Siegfriedstraße ab der Landsberger Allee bis zur Frankfurter Allee fortgesetzt. Die überwiegende Bebauung in Hohenschönhausen ist zum Teil aus der Mitte des 20. Jahrhunderts. An der Ecke zur Goeckestraße entstanden ab 1946 die ersten Neubauten Berlins nach dem Krieg.

Zurück zum Prenzlauer Berg …

Zwischen 1880 bis 1890 entstanden auf dem Areal an der Danziger / Werneuchener Straße im bereits damals zu Berlin gehörenden Gebiet 1.500 Wohnungen in 48 fünfgeschossigen Mietshäusern, die bis zu drei Hinterhöfe aufwiesen. Die Mieter mußten zum Kriegsende, zwischen dem 26. und 30. April 1945 innerhalb von Minuten ihre Häuser räumen, weil die Waffen-SS sie sprengte, um auf die vorrückende Sowjetarmee vom Flakhochbunker im Friedrichshain aus freies Schussfeld zu haben. Berlin kapitulierte zwei Tage später, am 2.Mai 1945.

Nach der Gründung Groß-Berlins gehörte das Karree aus Danziger, Kniprode- und Margarete-Sommer-Straße zunächst zu Friedrichshain. Erst eine spätere Verwaltungs-reform schob das Karree in den Prenzlauer Berg.

Pläne aus den 1950er Jahren sahen hier zunächst eine Bebauung mit Sportanlagen vor. Nachdem man davon Abstand genommen hatte, wurde diese Ecke zum Standort für den Berliner Fernsehturm auserkohren.

Geld- und vor allem Materialmangel in Folge des Baus der Berliner Mauer ließen das Projekt an dieser Stelle am 26. Mai 1962 sterben und der Fernsehturm wurde ab 1965 an bekanntem Ort errichtet.

Die Wiese wurde zur Brache. Im Jahr 1969 wurde die Tankstelle des staatlichen Öl-Konzerns Minol, damals direkt

---

38 … dieser Absatz wurde nicht gedruckt

an der Fernstraße 96, heute B96A, gelegen gebaut. Vor der Fertigstellung der Autobahn Berlin – Rostock 1978, heute A19, lief der größte Teil des Straßenverkehrs von Sachsen über Berlin an die Ostsee über die 96. Ab 1986/87 plante man auf dem Gelände ein "Haus der Jugend", ähnlich dem "Pionierpark" in der Wuhlheide, dem heutigen FEZ, für die FDJ zu errichten.

Dazu kam es aus bekannten, politischen Gründen nicht mehr. Im Jahr 1997 wurden für die Planer des Volksparks, Peter Joseph Lenné und Gustav Meyer Gedenksteine gesetzt und Eichen gepflanzt.

Das restliche Karree wurde unterdessen für Beach-Volleyball, Urban Gardening und für eine Interrimsverkaufstelle für den Supermarkt in der Pasteurstraße genutzt.

Die Gebiete an den Rändern des Platzes, so auch die Gedenksteine, blieben sich selbst überlassen. Erst auf Initiative der Anwohner wurde ab 2019 ein kleiner Park zwischen beiden Gedenkorten angelegt.

Im letzten Jahr entstand in modularer Bauweise auf der Wiese eine Schuldrehscheibe. Ganze Schulen aus der Umgebung des Bezirks Pankow werden nacheinander hierher jeweils für einige Jahre umziehen, während dessen die Gebäude an ihren eigentlichen Standorten kernsaniert werden. Als ich am 22. August dort vorbei fuhr, schienen die Räume zwar schon eingerichtet, es sah indes dennoch so aus, als ob man mit den Bauarbeiten bis in einer Woche, wenn Schulbeginn ist, nicht mehr fertig wird. Aber so etwas geht ja am Ende oft ganz schnell.

Nächsten Monat geht es um 100 Jahre Radio. Ich muss nur noch den bereits fertigen Text dazu von rund 15.000 Zeichen auf die für die Zeitung nötigen maximal 2500 Zeichen kürzen.

*

Offensichtlich wenig sichtlich – 27
100 Jahre Radio in Deutschland – arg gekürzt
am 31.7. / 21.8.2023

In diesem Teil der Serie möchte ich kurz auf 100 Jahre
Radio in Deutschland eingehen. Was hat Radio mit dem
Prenzlauer Berg zu tun? Über das Radio machen bin ich auf
die Prenzlberger Ansichten gestoßen und seit 1995 sende ich
wöchentlich bei alex-berlin, seit 2008 zusätzlich via
Rockradio (Vereinssitz „Speiches Blueskneipe") von zu
hause und „zu hause" ist am Prenzlauer Berg. Pi-Radio
sendet übrigens aus der Lottumstraße.

Am 29. Oktober 1923 begann mit der „Berliner
Funkstunde" der erste öffentliche Radiosender in
Deutschland. Die „Berliner Funkstunde" wurde 1934
liquidiert und Teil des „Großdeutschen Rundfunks". Am 22.
März 1935 wurde in Deutschland das erste regelmäßige
Fernsehprogramm der Welt live in Berlin ausgestrahlt. Das
Funkhaus in der Masurenallee wurde 1929 – 1931 errichtet.
Tonbandgeräte kamen ab 1935 in Deutschland als erstem
Land im Rundfunk zum Einsatz.
Die Bedingungslose Kapitulation wurde am 8. Mai 1945 aus
Flensburg gesendet. Am 13. Mai 1945 meldete sich der
„Berliner Rundfunk"aus der Masurenallee.
Im Februar 1946 ging der RIAS (Rundfunk im
amerikanischen Sektor) on air und wurde bis zum Ende der
DDR der reichweitenstärkste und innovativste Sender in
Deutschland. Wo er empfangbar war, schalteten ihn ab Mitte
der 80er Jahre 80% - 90% der Leute ein und er wurde ab zu
einem Jugend- und Kulturphänomen.
Die „Arbeitsgemeinschaft der Rundfunkanstalten
Deutschlands" (ARD) wurde am 9. Juni 1950 gegründet und
der RIAS gehörte ihr an.
Am 21. Dezember 1952 startete der „Deutsche
Fernsehfunk" in Adlershof seinen regulären Sendebetrieb.

Am 25. Dezember 1952 nahm der NWDR den Fernsehbetrieb in der Bundesrepublik auf.

Der SFB startete 1958 als erster Sender in Deutschland mit stereofonen Radiosendungen, die DDR-Sender zogen ab 1968 nach, der RIAS erst Mitte 1975. Der bereits 1927 erfundene „Kunstkopf" wurde in Deutschland erstmals in einer Gemeinschaftssendung von BR, WDR und RIAS auf der Funkausstellung 1973 der breiten Öffentlichkeit zugänglich gemacht. Der Rundfunk der DDR folgte bis zum Jahresende.

1984 wurden die Mediengesetze in der Bundesrepublik geändert und das sogenannte „Duale Rundfunksystem" bestehend aus vier Säulen eingeführt. Am 30. September 1985 wurde RIAS 2 zum ersten sogenannten „Format-Radio" in Deutschland. Am 22. August 1988 startete RIAS-TV und führte das Frühstücksfernsehen in Deutschland ein.

RIAS-TV, die in der Voltastraße im Wedding saßen, war es das am 9. November 89 von der Grenzöffnung an der Bornholmer Straße Bilder in alle Welt schickte.

Liebe Leser, mein Radiotext ist im Original acht mal so lang. Vollständig können Sie ihn bei mir im Radio bei alex-berlin demnächst im OKbeat hören und Anfang des nächsten Jahres auch in einem Buch von mir nachlesen. Außerdem gibt es zu dem Thema eine Sondersendung bei Rockradio, an der ich beteiligt bin.

*

Offensichtlich wenig sichtlich – 27 - 100 Jahre Radio in Deutschland – Teil 1 + 2 + 3 + 4 + 5 - am 31.7.2023 [39]

Wer hört heute noch Radio auf Mittelwelle? Das ist doch vollkommen verschwunden. Ich wollte mein Leben lang nichts anderes werden, als Radio-Moderator. Erst ein halbes

---

39 ... als fünfteiler war der Text von mir ursprünglich geplant, so aber bisher nicht veröffentlicht, wenn man vom verlesen des Textes in meiner Radiosendung absieht ...

Jahr nach meiner Einschulung leisteten sich meine Eltern ein Fernsehgerät. Ich bin also mit dem Radio aufgewachsen und liebe seitdem dieses Medium. Über das Radio machen bin ich 1995 auf die Prenzlberger Ansichten gestoßen und seit 2008 sende ich zudem via Rockradio mit dem Vereinssitz „Speiches Blueskneipe" von zu hause und „zu hause" ist seit mehr als vierzig Jahren meine Hütte am Prenzlauer Berg.

Am 29. Oktober 1923 begann mit der „Berliner Funkstunde" der erste öffentliche Radiosender in Deutschland, aus dem Vox-Haus am Potsdamer Platz, mit folgender Ansage sein Programm: „Achtung, Achtung! Hier ist die Sendestelle Berlin im Voxhaus auf Welle 400 Meter. Meine Damen und Herren, wir machen Ihnen davon Mitteilung, dass am heutigen Tage der Unterhaltungsrundfunkdienst mit der Verbreitung von Musikvorführungen auf drahtlos-telefonischem Wege beginnt. Die Benutzung ist genehmigungspflichtig.", so Friedrich Georg Knöpfke. Hans Bredow war Vorsitzender des Verwaltungsrates der Reichs-Rundfunk-Gesellschaft (RRG) und gilt als einer der Begründer des deutschen Schiffs- und Auslandsfunkverkehrs, des deutschen Rundfunks und des deutschen Fernsehrundfunks. Er prägte 1919 den Begriff „Rundfunk".

Sämtliche technischen Anlagen eines Senders gehörten der Deutschen Post, der Sender selbst war nur für den Inhalt der Sendungen verantwortlich. Diese Trennung zwischen Techniker und Moderator blieb so bis in die Mitte der 1980er Jahre in beiden Teilen Deutschlands.

Die „Berliner Funkstunde" wurde 1934 liquidiert und Teil des „Großdeutschen Rundfunks".

Die Radios hatten einen Kristall zur Demodulation aller empfangenen, elektromagnetischen Wellen. Diese sogenannten „Detektor-Empfänger" mussten nicht ans Stromnetz angeschlossen werden, man konnte die schwachen Signale aber nur über Kopfhörer hören. Man kratzte gewissermaßen mit einer Nadel über einen Kristall, bis man die entsprechende Frequenz hatte. Wenn man nicht mehr Radio hörte, musste man die Antenne erden, wegen Gewitterströmen udgl.

Weil die Radios so teuer waren, boten Hersteller wie Siemens, AEG oder Telefunken auch Bausätze zum selbst basteln an. Gesendet wurde bis nach dem Krieg überwiegend in den Bereichen der Amplitudenmodulation (Kurzwelle, Mittelwelle, Langwelle).

Die ersten Röhrenradios wurden erst auf der Funkausstellung 1924 vorgestellt. Auch hier hieß es am Ende jeder Sendung: „Bitte erden sie ihre Antenne nach dem Ausschalten ihres Empfangsgerätes!"

Mit den Röhrenradios kamen die Lautsprecher in die Geräte und sie mussten ans Stromnetz angeschlossen werden. Auch hier gab es Anfangs auch noch Bausätze zum selbst basteln. Röhrenradios haben bis heute, selbst unter Kopfhörern, einen weicheren Sound.

Am 22. März 1935 wurde in Deutschland das erste regelmäßige Fernsehprogramm der Welt live über den Fernsehsender Paul Nipkow in Berlin ausgestrahlt. Bis 1943 wurde es in Berlin ausgestrahlt. Kurz bevor die Deutsche Wehrmacht Paris verließ, wurde 1944 auch dieser letzte Deutsche Fernsehsender abschaltet.

Das Funkhaus in der Masurenallee wurde 1929 – 1931 errichtet. Die „Funkstunde" strahlte von hier ab dem 22. Januar 1931 aus.

Nach der Machtergreifung durch die NSDAP wurde der Rundfunk in Deutschland gleichgeschaltet und zentralisiert. Die Reichs-Rundfunk-Gesellschaft wurde am 1. Januar 1939 in „Großdeutscher Rundfunk" umbenannt.

Die Nazis erkannten, wie gut sich das Radio zu Propagandazwecken eignete. Deshalb gab es ab Januar 1933 den „Volksempfänger", die sogenannte „Goebbelsschnauze" für wenig Geld. Meine Großmutter hatte so ein Gerät noch in den 1960er Jahren in ihrem Wohnzimmer.

Rundfunkmitschnitte der ersten Jahre sind rar. Nur besondere Ereignisse wurden auf Wachsplatte, weniger auf Kupferplatte und nur in Ausnahmefällen als Lichtton wie beim Film aufgezeichnet. Das Tonband war ab 1925 zunächst ein Stahldraht. Erst ab 1935 kam es zur Serienfertigung von Tonbandgeräten durch die AEG für den Rundfunk. Konzerte und Propagandareden konnten nun mitgeschnitten und zeitversetzt oder gar mehrfach gesendet werden. Klassische Konzertaufnahmen aus dieser Zeit klingen bis heute wie eben erst gemacht.
Außerhalb Deutschlands blieb diese Art der Aufzeichnung bis Kriegsende zunächst unbemerkt. Die Grundgeschwindigkeit waren 9,5 cm/sec., abgeleitet wurde davon in den 1960er Jahren die Tonbandkassette von Phillips mit 4,25 cm/sec., 2,125 cm/sec. für VHS, Musikaufnahmen in den Tonstudios wurden mit 19 bzw. 38 cm/sec. Laufgeschwindigkeit gemacht.
Tonbandgeräte waren nach dem Krieg begehrte Siegertrophäen.

Am 1. Mai 1945 verkündete man aus der Masurenallee noch den Tod Hitlers, Berlin kapitulierte am 2. Mai 1945, die Bedingungslose Kapitulation wurde aus Flensburg gesendet, bevor auch dieser „Großdeutsche Sender" am 13.Mai 1945 durch die Briten abgeschaltet wurde.

Am selben Tag, nur Stunden später, meldete sich der „Berliner Rundfunk", der auf Befehl des ersten sowjetischen Stadtkommandanten Nikolai Bersarin schnell gegründet worden war, aus der Masurenallee. Das „Haus des Rundfunks" blieb bis zum 5. Juli 1956 von den Sowjets besetzt und wurde erst dann Teil der britischen

Besatzungszone. Obwohl der Sender für alle vier Berliner Besatzungszonen zuständig sein sollte, räumten die Sowjets den anderen Besatzern täglich nur eine Sendestunde ein. Aus diesem Grund gründeten die Amerikaner am 17. Dezember 1945 in ihrer Besatzungszone den Drahtfunk DIAS, der im Februar 1946 in RIAS (Rundfunk im amerikanischen Sektor) umbenannt wurde. Seit dem wird aus dem Gebäude am heutigen Hans-Rosenthal-Platz gesendet. Viele der Moderatoren wie der Namensgeber des Platzes, aber auch Leute wie Bully Buhlan wechselten darauf hin den Sender.

Nero Brandenburg sagte dazu einmal: „Das war keine Frage der Weltanschauung, aber Chesterfield schmeckte besser als Papirossa und Whisky besser als Wodka." Leute wie Egon Bahr, Friedrich Luft, Fred Ignor, Lord Knud, Curth Flatow, Heinz Petruo oder Barry Graves prägten in den nächsten Jahrzehnten den Sender und die Erfindung Hans Rosenthals von 1965, das „Sonntagsrätsel" wird bis heute aus dem ehemaligen RIAS Funkhaus gesendet. Weil der RIAS sowohl aus Berlin, als auch aus Hof in Bayern sendete, erreichte er auf UKW mindestens ein Drittel der Menschen in der sowjetischen Besatzungszone und wurde wegen seiner vielen Innovationen, wegen seiner oft unkonventionellen Art und wegen seiner seriösen und sauberen journalistischen Arbeit bald zum reichweiten-stärksten Sender in seinem Einzugsbereich.[40]

Auf der Kopenhagener Rundfunkkonferenz vom 15. Juni – 15. September 1948 wurden die Radiofrequenzen neu verteilt. Nur 22 der 25 europäischen Staaten nahmen daran teil. Deutschland gleichfalls nicht, weil es zu diesem Zeitpunkt noch besetzt war. Deshalb bekam es nur je eine Frequenz je auf KW, MW und LW zugeteilt. Da die amplitudenmodulierten Wellen von der Stratosphäre immer wieder zurück geworfen werden, kann man diese Sender,

---

40 ... reichweitenstark heißt: hohe Einschaltquote

bei genügend großer Sendeleistung, weltweit empfangen. In beiden deutschen Staaten machte man aus der Not eine Tugend und rüstete die Sender auf Frequenzmodulation, UKW, um. Mit UKW ist stereophones senden möglich, allerdings wird das UKW-Signal nur horizontal ausgestrahlt und die Radiowellen werden nicht von der Stratosphäre reflektiert. Die Reichweite liegt bei UKW, je nach Wetterlage, bei sechzig bis maximal achtzig Kilometern. Danach verschwinden die Signale im All.[41]

Die „Arbeitsgemeinschaft der Rundfunkanstalten Deutschlands" (ARD) wurde am 9. Juni 1950 gegründet. Obwohl der RIAS keine Landesrundfunkanstalt war, das wurde für Westberlin damals abgedeckt durch ein Studio des NWDR am Heidelberger Platz, er wurde auch bis zu seinem Ende aus amerikanischen und deutschen Steuern bezahlt, schloss er sich der ARD an.

Am 4. September 1954 wurde für die Sender in der sowjetischen Besatzungszone das Funkhaus in der Nalepastraße, eine ehemalige Maschinenfabrik, eröffnet. Spätestens da verließ dann auch das letzte DDR-Personal, das „Haus des Rundfunks", das zu diesem Zeitpunkt bereits von den Briten abgeriegelt war. Sämtliche Ostdeutschen Radiosender kamen fort an, mit Ausnahme von Regionalanteilen aus einigen Bezirksstädten, aus der Nalepastraße. Dessen großer Sendesaal wird bis heute wegen seiner Akustik für Musikaufnahmen gern genutzt. Legendär war zum Beispiel die „Ferienwelle Rostock", die ab 1967 jedes Jahr nur während der Sommerferien sendete und dessen Programm im Vergleich mit den anderen DDR-Sendern relativ locker daher kam.

---

41 ... mein Vater war in seinem Grundwehrdienst bei der NVA ab 1962 Funker in einer Einheit bei Neubrandenburg und hat mir schon als Kind das Funktionsprinzip des Radios gut erklärt

Wie es mal ein RIAS-Intendant ausdrückte, wurde der SFB als Landesrundfunkanstalt für Westberlin „aus der puren Eitelkeit der in Berlin regierenden" am 1. Juni 1954 gegründet. Als „Morgengabe" überließ der RIAS dem SFB das Recht auf die Ausstrahlung kommerzieller Radiowerbung. Das Programm des RIAS war fortan werbefrei. Die dadurch fehlenden Einnahmen wurden durch Steuern aus dem Bundeshaushalt ausgeglichen.

Am 21. Dezember 1952 startete der „Deutsche Fernsehfunk" (DFF) aus einem neu errichteten Studiokomplex in Adlershof (der noch heute fürs Fernsehen genutzt wird) seinen regulären Sendebetrieb. Das zweite Programm des DFF ging am 3. Oktober 1969 auf Sendung. Fortan wurde auch in Farbe gesendet. Allerdings nicht, wie in der Bundesrepublik mit dem System Pal (einem verbesserten NTSC aus den USA), sondern wie fast im gesamten Ostblock in SECAM wie in Frankreich.

Am 25. Dezember 1952 nahm der NWDR den Fernsehsendebetrieb in der Bundesrepublik auf. „ARD 2" sendete vom 1. Juni 1961 bis 31. März 1963. Ab dem 1. April 1963 ging das nicht föderale, sondern zentralistisch angelegte ZDF bundesweit on air. Am 22. Dezember 1964 begann der Bayrische Rundfunk als erster mit der Ausstrahlung eines sogenannten „Dritten Fernsehprogramms". Heute sind diese „Dritten Programme" jeweils Vollprogramme und sind in Berlin das RBB-Fernsehen. Seit dem 25. August 1967 sendete man in der Bundesrepublik, als erstem europäischen Land (die BBC tat es erst ab 1968) in Farbe und wie erwähnt im System PAL.

Der SFB startete 1958 als erster Sender in Deutschland mit stereofonen Radiosendungen, die DDR-Sender zogen ab 1968 nach, der RIAS mit seinem zweiten Programm RIAS 2 erst Mitte 1975 und RIAS 1 gar erst 1985.

Der bereits 1927 erfundene „Kunstkopf" wurde in Deutschland erstmals in einer Gemeinschaftssendung von BR, WDR und RIAS auf der Funkausstellung 1973 der breiten Radioöffentlichkeit zugänglich gemacht. Der Rundfunk der DDR folgte bis zum Jahresende.

Die Fernsehserie „Tatort", die ab 1970 von der ARD produziert wurde, orientierte sich an der RIAS-Hörspielreihe „Es geschah in Berlin", die von 1951 – 1972 vom Sender produziert wurde.

1984 wurden die Mediengesetze in der Bundesrepublik geändert und das sogenannte „Duale Rundfunksystem", das heute aus sieben Säulen besteht, eingeführt.
Seit dem 1.1.1985 können deshalb kommerzielle Sender, die sich ausschließlich aus Werbung finanzieren, gegründet werden. Um aber ein Gleichgewicht zwischen Kommerz und Bürgern zu schaffen, durften die Landes-medienanstalten gleichzeitig sogenannte „Offene Kanäle" und / oder „Freie Radios" zulassen. Alex-berlin wurde im August 1985 gegründet.
„Radio 100,6" und „Radio 100" waren ab 1987 die ersten beiden kommerziellen Sender in Berlin. Sie teilten sich das erste Sendehalbjahr eine Frequenz.

Ab dem 30. September 1985 wurde aus RIAS 2, das seit seiner Gründung 1953 sich immer nur von 14.35 bis 23.35 von RIAS 1 programmtechnisch getrennt hatte, zu einem Vollprogramm und zum ersten sogenannten „Format-Radio" in Deutschland, bei dem man an Hand des Sounds erkennt, um welchen Sender es sich handelt. Heute ist fast alles „Formatradio".
Als Reaktion auf RIAS 2 machte 1986 man aus der täglichen zweistündigen Sendung „DT 64", die im Berliner Rundfunk lief, das „Jugendradio DT 64" zu einem 18-Stunden-(Voll)-Programm.

Am 22. August 1988 startete RIAS-TV mit seinem Progamm und teilte sich die Fernsehfrequenz mit Sat.1 . RIAS-TV sendete täglich von 6 – 10 Uhr und von 17.45 – 18.30 Uhr. RIAS-TV führte das Frühstücksfernsehen in Deutschland ein, brachte Samstagmorgen ein Jugendmagazin, wogegen im September 1989 das Fernsehen der DDR das Magazin „elf 99" setzte und brachte ansonsten gute Dokus, ähnlich heute ZDF-Info.

Nach der deutschen Wiedervereinigung hatte sich der Programmauftrag des RIAS erledigt und nach Auflösung der DDR wurden auch deren Sender entweder in öffentlich-rechtliche Sender umgewandelt oder privatisiert.

Aus RIAS-TV wurde ab 1. Mai 1992 Deutsche Welle TV. RIAS 2 wurde ab 1. Juni 1992 zu r.s.2 und der Berliner Rundfunk ab 1.1. 1992 privatisiert.
Der Deutsche Fernsehfunk wurde Silvester 1991 abgeschaltet und in Berlin zum ORB. RIAS 1 wurde gemeinsam mit dem Deutschlandsender aus der ehemaligen DDR ab 1. Januar 1994 zu Deutschlandfunk Kultur zusammengefasst.
Erst durch den Aufbau von leistungsstarkem Breitband-internet ist seit 2002 die stabile Ausstrahlung von Freien Internetradios sinnvoll, die vom Prinzip her jeder gründen kann, sofern er die nicht unerheblichen finanziellen Beträge, die sie regelmäßig fordern, an GEMA und GVL zahlen kann.
Am 31. Oktober 2016 wurde der letzte Mittelwellensender in Deutschland abgeschaltet.
Totgesagte leben länger. Das Radio wurde schon so oft tot gesagt. Heute gibt es zwei Richtungen, Radio zu machen. Einmal das Format-Radio, das fast alle Sender liefern und dann das „Autoren-Radio", das man in Berlin bei den Freien Radios, alex-berlin und auf Deutschlandfunk Kultur, sowie in Randzeiten der rbb-Familie findet.

Der „Duale Rundfunk" hat in Berlin sieben unterschiedliche Säulen.

- öffentlich-rechtliche Sender, die sich aus den Rundfunkgebühren und aus ganz wenig Werbung finanzieren (rbb, ZDF)
- kommerzielle Sender, also alle, die sich komplett durch Werbung finanzieren
- Pay-TV, also Bezahlfernsehen
- Deutschlandfunk und Deutsche Welle werden aus Steuern bezahlt, sie gelten zwar als öffentlich-rechtlich, sind es de facto aber nicht.
- alex-berlin – der ehemalige Offene Kanal Berlin, der zwar gebührenfinanziert ist, dessen Radio sich wie ein „Freies Radio" verhält, aber andere Konditionen als diese mit der GEMA hat
- Freie Radios auf UKW (Pi-Radio, Studio Ansage) die sich durch Spenden oder Mitgliedsbeiträge finanzieren
- reine Freie Internetradios wie Rockradio, die sich aus Mitgliedsbeiträgen und Spenden finanzieren.

Auch die Art des Radio machens hat sich verändert. Wurde bis Ende der 1980er Jahr die Musik erst auf Tonband überspielt und dann von dort durch einen Techniker die Musik vom Band in der Sendung abgefahren, so gab es beim AFN von Anfang an den Radio-DJ. Mit der Sendung „Rock over RIAS" führte der RIAS den Radio-DJ in Deutschland 1975 ein.

Als ich 1995 anfing, Radio zu machen, hatte ich meine Jingles noch auf Band dabei und spielte meine Musik von Tonbandkassette, Schallplatte und CD. Dank Internet hab ich während der Corona-Zeit komplett von zu hause aus gesendet. Heutzutage digitalisiere ich alles und kann Jingles, Einsprecher, Beiträge und Musik punktgenau mit einer einfachen Software steuern. Allerdings bin ich vermutlich auch der Letzte, der noch Tonbandkassetten, wenn ich von zu hause aus sende, einsetzt. CD- und Schallplattenspieler stehen aber auch bei alex-berlin noch bereit.

Ich hab den RIAS im Urlaub an der Ostsee noch auf Mittelwelle gehört, oder Radio-Luxemburg direkt aus Luxemburg, mit ganz viel Werbung, auf „Kurzwelle im 49-Meterband" mit Frank Elstner und den WBLS über Langwelle direkt aus New York.

Seit Mai 2023 sendet alex-berlin nun auch auf DAB+

… und letztlich haben sich der Autor dieses Beitrags und die Prenzlberger Ansichten 1995 beim gemeinsamen Radio machen im Offenen Kanal kennen gelernt. Ich liebe Radio!

*

Offensichtlich wenig sichtlich – 28
Die Dänenstraße - am 16.12.2023

Ja, ich bin noch da und diese Serie ist noch nicht beendet, liebe Leser! Ich hab nur zwei Monate lang Platz gemacht für andere Autoren. Nun aber steig ich wieder in die Vollen und zeige Ihnen eine unbekannte Ecke, die so offensichtlich ist, dass man sie gerne übersieht.

Es ist die Dänenstraße im Nordischen Viertel rund um den Arnimplatz und doch ist sie ganz am Rand.

Welches Hausnummernsystem hier angewendet wurde, das französische oder das preußische, ist in der Dänenstraße irrelevant, wäre aber vermutlich Letzteres.

Zur Lage: die Dänenstraße beginnt an der Schönhauser Allee und führt bis zur Malmöer Straße. In dieser Richtung ist die rechte Seite bebaut, auf der linken Seite ist der Ringbahngraben. Die „Schönfließer Brücke" verbindet den Arnim- mit dem Falkplatzkiez über die Bahn hinweg.

Bis zum Fall der Berliner Mauer setzten Züge (ich kenne das nur von der S-Bahn, aber vermutlich machten das auch andere Züge) in Höhe dieser Brücke einen Signalton wenn sie in Richtung Pankow unterwegs waren oder wenn sie von dort kamen. Das war notwendig, um eventuell über die Gleise „bummelnde" Soldaten (in Berlin müsste man korrekter Weise von Polizisten reden) im Grenzbereich vor dem fahrenden Zug zu warnen bzw nach Ausfahrt aus dem Grenzgebiet wieder zu entwarnen.

Der Zaun, der den Fußweg vom Ringbahngraben trennt, ist schmiedeeisern und stammt noch aus der Zeit der Eröffnung des Rings.

Was zuerst da war, die Straße oder die Bahn, ist genau so zu beantworten, wie die nach Ei oder Huhn. Eine erste Teil-Ringbahn, die allerdings wie eine heutige Tram über die Straßen der Stadt fuhr, gab es ab 1851. Weil diese aber den Verkehr von Fuhrwerken, Vieh und Reitern behinderte, plante man den uns heute bekannten „Hundekopf". Das Geld dafür stand jedoch erst nach dem gewonnenen Krieg gegen Österreich, ab 1866, zur Verfügung. Der Bau der Ringbahn begann 1867.

Im Hobrecht-Plan von 1862 ist die Dänenstraße als „Straße Nr. 12, Abt. XI" bereits verzeichnet.

Sie erhielt ihren aktuellen Namen jedoch viel später und zwar am 4. Juli 1904.

Weil die katholische St. Augustinus Kirche erst 1927/28 nach Plänen von Josef Bachem und Heinrich Horvatin gebaut wurde, ist anzunehmen, dass die von Hobrecht geplanten Straßen mindestens bis 1904 nicht, nicht vollständig oder nur wenig bebaut waren.

Die genannte Kirche ist übrigens ein Baudenkmal und gehört seit Jahr 2003 zum Pfarrbezirk „Heilige Familie" in Prenzlauer Berg. Zu diesem Pfarrbezirk gehören neben der Kirche in der Dänenstraße auch die Kirche „Heilige Familie" in der Wichertstraße und die Kirche des St. Josefheims in der Pappelallee. Die Senioreneinrichtung des St. Josefheims musste am 30.9. 2019 aus

Brandschutzgründen geschlossen werden, die anderen Einrichtungen dort werden noch genutzt. Zudem gibt es Pläne für den Bau bzw Umbau von Gebäuden für soziale Zwecke auf diesem Gelände in der Pappelallee.

Am Ende der Dänenstraße befindet sich das „Hausprojekt M29", das ein alternatives Wohnen anbietet.

[42]Mein Vater ist im Haus neben dem St. Josefheim, das im übrigen auch noch den Katholiken gehört, aufgewachsen. Mein Opa wohnte darin seit 1928 und war pikanter Weise Mitglied der KPD. Mein Vater wurde dort 1941 geboren.

*

Offensichtlich wenig sichtlich – 29
Versuch eines Fahrscheinkaufs - am 8.1.2024

In der heutigen Folge geht um etwas, das komplett verschwunden und damit mittlerweile fast unsichtbar ist: der klassische Fahrkartenschalter.
Anfang Januar ist es eigentlich zu kalt, um Moped zu fahren, außerdem bekomme ich gleich beim Facharzt Augentropfen und darf danach sowieso kein Kraftfahrzeug und auch kein Fahrrad fahren. Also nehme ich auf der Kurzstrecke die BVG, denn einen einzigen Fahrschein hab ich noch vom letzten Jahr, so dass ich erstmal bis hin zu Frau Doktor komme. Und für den Rückweg gibt's ja überall Läden, wo man Tickets kaufen kann, denke ich.
Eine Stunde nachdem ich schon längst beim Arzt raus bin, suche ich noch immer einen Kiosk, der einem Tickets für den Nahverkehr verkauft. Vom Kollwitzplatz komme ich, kreuze dort, kreuze durch den Helmholtzkiez und lande schließlich an einem wichtigen Verkehrsknoten- und Umsteigepunkt, am Bahnhof Schönhauser Allee. Bin verwirrt! An einem so wichtigen Ort gibt's keine

---

42 Dieser Absatz wurde nicht gedruckt

Fahrscheine? Die Ticketautomaten versteh ich nicht. Mich in einer vollen, schaukelnden Straßenbahn mit vermutlich nicht passendem Kleingeld an einen Ticketautomaten zu stellen, dessen Kommunikation ich sicher auch nicht nachvollziehen kann, mag ich ebend so wenig.

Mittlerweile wäre ich in der gleichen Zeit zu Fuß nach hause gelangt.

Und so fahre ich eine Station schwarz mit der S-Bahn bis Gesundbrunnen, um mir dort im DB-Shop Tickets zu kaufen, damit ich nicht mehr schwarz zu fahren brauche!

Das ist die „Verkehrswende 2.0". Sind ja schließlich alle am Prenzlauer Berg auf dem Fahrrad unterwegs. Wozu braucht es da noch die Möglichkeit des Ticketkaufs? Kein Wunder, dass die, die nicht Fahrrad fahren, am Kfz kleben, wie ich.

Zu hause angekommen, recherchiere ich. Monatskarten gab es bis Ende der 1940er Jahre nicht, nur „Sammelkarten", also mehrere Tickets, die man einzeln entwerten musste. In der Straßenbahn gab es bis zum 12.12.1967 den Schaffner, der die Leute im fahrenden Wagen abkassierte. Von da an gab es die „Zahlbox" in Tram und Bus. Die Bahnhöfe von U- und S-Bahn waren durchweg alle auf den Bahnsteigen mit Personal besetzt und in den Zugängen gab mindestens einen Schalter, an dem man Fahrkarten kaufen konnte.

Heute muss man die Orte, an denen man Fahrscheine kaufen kann, wirklich suchen. Es soll laut google einen DB-Shop in den Schönhauser Allee-Arcaden und einen Kiosk auf dem Bf. Bornholmer Straße geben, gibt es aber nicht. Dafür ist der neue DB-Store am Bf. Prenzlauer Allee im Netz nicht zu finden, obwohl der existiert, aber dort gibt es im Januar noch keine Tickets.

Einen DB-Shop gibt's außerdem tatsächlich auf dem Bahnsteig des Bf. Landsberger Allee. Der Kiosk im Bf. Greifswalder ist dafür seit Monaten geschlossen. Weitere Möglichkeiten, lt. google: Kiosk Grellstr. 1a und Prenzlauer Allee 171. Der Kiosk Eberswalder Str 23 ist dagegen nur manchmal geöffnet und nimmt nur nagelneue Geldscheine an. Außerdem soll es einen Kiosk in der Danziger Str. 125 fast an der Greifswalder und angeblich einen in der Conrad-Blenkle-Str. 37 geben.

Ich verstehe halt nicht, warum man nicht mehr in den Bahnhöfen, dort, wo man als Alter oder als Tourist zuerst hin geht, meist keine Fahrscheine, außer an Automaten, mehr bekommt.[43]

*

Offensichtlich wenig sichtlich – 30
Einkaufen 1 – die Center - am 3.2.2024

„Mutta'n! Schmeiß ma Stulle runta!" Dieser Ruf von auf den Hinterhöfen spielenden Jören ist seit den 1990er Jahren genau so verschwunden, wie der Leierkastenmann, der mit seiner Bacigalupo-Orgel, gebaut in der Schönhauser Allee, über die Hinterhöfe tingelte.

Wozu auch, die Fenster sind heute schalldicht, so dass sie niemand mehr hört.

Frau Fischer aus dem fünften Stock, eine in unseren Kinderaugen schon betagtere Frau von Anfang vierzig, sie hatte ja schon graue Haare, ließ dann immer einen Korb von ihrem Küchenfenster hinunter. Im ersten Falle waren es frisch geschmierte Schmalzbemmen, im anderen Fall ein paar Groschen für den Mann „der sein Geld im Handumdrehen verdiente", an der Drehorgel.

Wie die zwischen Mülltonnen bolzenden Kinder, die runden Mülltonnen selbst und die Hofmusiker, so sind auch die echten Einkaufsstraßen am Prenzlauer Berg verschwunden. Darum soll es in diesem ersten Teil innerhalb der großen Serie gehen. Wann haben Sie Sich denn das letzte mal ihre Nase an einem Schaufenster platt gedrückt oder zu zweit aneinander gekuschelt unter einem Regenschirm eingehakt einen Schaufensterbummel gemacht? Heute flaniert man, bei jeder Jahreszeit wohltemperiert und vor allem trocken,

---

43 ... ein Leser wies mich noch auf einen Lotto-Laden im
    Mühlenbergcenter hin, der auch Tickets führte

durch die großen Einkaufszentren. Das größte am Prenzlauer Berg sind die Schönhauser Allee-Arcaden. Mal mehr als doppelt so groß und über die Greifenhagener, fast bis zur Stahlheimer Straße geplant, hat es so wenig Kundschaft, dass das eigentlich obere Parkdeck sehr schnell zu einer Event-Location geworden ist. Das andere Einkaufszentrum ist eher klein und beschaulich und hat nicht mal konstant all seine Geschäftsräume vermietet. Es ist das Mühlenbergcenter an der Greifswalder Straße.

Wem das alles nicht reicht, kann sich in die S-Bahn setzen. Das Gesundbrunnencenter am gleichnamigen U-, S- und Fernbahnhof hat etwa dieselbe Größe, wie das in der Schönhauser Allee.

In der anderen S-Bahn-Richtung ist an der Stelle einer Markthalle, der „Ringbahnhalle" am Bf. Frankfuter Allee, das Ringcenter beidseitig der Namen gebenden Bahn entstanden und so groß wie die anderen beiden zusammen. Das ursprünglich einmal geplante „„...Dingsbums-Tor" am Bf. Landsberger Allee ist nie so gebaut worden, weil die Investoren pleite gingen. Ein Teil davon ist nun Hotel, das damals noch fertig gewordene Gebäude ist ab der oberen Hälfte, oder sogar schon ab der 1. Etage, Büros.

Wem das alles noch nicht reicht, der kann innerhalb von einer knappen Viertelstunde mit den Straßenbahnen M2 oder M4, mit der Buslinie 200 oder mit der U2 zum Alexa am Alexanderplatz oder mit der U2 gar noch weiter bis zum Potsdamer Platz oder bis zum Europacenter, der ersten Shopping Mall Deutschlands überhaupt, am Breitscheidplatz fahren.

Mit der M4 wäre auch das Lindencenter in der Hansastraße in Hohenschöngrünkohl erreichbar. Letztendlich ist das dann aber auch wieder egal, weil eh die großen Ketten diese Shopping Malls dominieren. Kaum ein normaler kleiner Einzelhändler oder Handwerker bekommt in diesen Einrichtungen die horrenden Gewerbemieten wieder herein. Übrigens falls sie mal im Freien flanieren wollen, im

Jahresdurchschnitt gibt in Berlin jeden Monat vierhundert offiziell angemeldete Demonstrationen, dazu noch insgesamt übers Jahr verteilt nochmal rund fünfhundert Demos, die nicht angemeldet sind. Vielleicht ist ja für Sie was dabei?

In einer der nächsten Ausgaben werde ich mich um Pappeln kümmern. Aber dazu wünsche ick ma erstma Blätta an die Bööme.

*

Offensichtlich wenig sichtlich – 31 - am 7.3.2024

Erstet Märzdrittel und noch imma keene Blätta an de Bööme. Also Pappeln neu für Mai jeplant, raus aus de Bude und rin inne Botanik, kieken ob ma da wat einfällt für de Aprilfolje der Serie.

Im Hintakopp, warum ooch imma, wie in einer Feedbackschleife, die regelmäßig bei jedem Besuch meiner Urgroßmutter ab Mitte der 1970er Jahre von ihr getätigte Info über ihre Nachbarin: „Frau Taube hat jetzt einen Farbfernseher!" „Ömchen, det wissen wa schon längst."

Tauben, das ist es. Mir ist aufgefallen, dass es in den Wohngebieten rund um den S-Bf. Greifswalder vor Jahren noch viele verschiedene Taubenarten gab.

Neben einigen wenigen Stadttauben auch Ringel- und Türkentauben, dazu Elstern, Meisen, Spatzen, Rotkehlchen, Amseln. Aber seit etwa anderthalb Jahren fast nur noch Haustauben.

Und dann sah ich sie, die selbsternannten „Tierschützer", die zwischen den Straßenbahngleisen am S-Bf. Greifswalder die Stadttauben füttern. Unter der Ringbahnbrücke sind sie sicher vor sie jagenden Turmfalken und durch ihre schiere Anzahl verdrängen sie alle anderen Vogelarten.

Selbst Elstern trauen sich nicht an sie heran. Wissen diese „Tierschützer" dass sie mit ihrer Fütterung das genaue Gegenteil von dem erreichen, was sie anstreben? Die Biodiversität im Kiez ist so auf lange Zeit gestört!

Gegenüber vom Eingang zum S-Bf Greifswalder klafft eine Lücke in der Bebauung. In der Auffahrt zum Aldi steht seit ein paar Jahren ein Bau aus Holz und Glas. Bis zur Pandemie beherbergte er auf zwei Etagen eine Videothek. Corona, vor allem aber Streamingdienste machten dieses Geschäftsmodell kaputt. Irgendwelche freien Gruppen nutzen das Haus jetzt. Dahinter der Aldi, der in den letzten Jahren auch einmal saniert und umgebaut wurde. Das ganze Areal, bis hin zu den Filzläusen, … ähm ... zum Zoll ... soll ab 2025 bebaut werden.

Der Bf. Weißensee, wie der S-Bf. Greifswalder bis 1946 hieß, war ursprünglich ab 1873 hier als eingleisiger Seitenbahnsteig angelegt und wanderte erst 1899 und dann als Mittelbahnsteig auf die andere Seite der Greifswalder, um den Abstand zum Bf. Prenzlauer Allee etwas zu vergrößern. Hängt mit der Technik beim Dampfbetrieb zusammen. Das was hier nun neu entstehen wird ist, dass dieser neue Gebäudekomplex die Hinterhöfe der Häuser zur Grellstraße abschließt. Es sollen Tiefgaragen entstehen, im Erdgeschoss Gewerbe und Einzelhandel, wobei noch unklar ist, ob es wieder ein Aldi wird, darüber eine Etage Büros und der Rest Wohnungen. Der Link dazu
https://entwicklungsstadt.de/buero-und-gewerbekomplex-entsteht-am-s-bahnhof-greifswalder-strasse/
Pappeln werden auf dem Gelände aber nicht gepflanzt.

Noch ein Satz zu diesen nervigen Stadttauben. Jetzt brüten die Mistviecher sogar schon auf meinem Balkon und dummerweise an einer Stelle, an der ich es nicht bemerkt habe: mitten in meiner Korkenzieherweide.

Und nun, endlich, jeht's im Mai zur „Einsamen Pappel". Ick freu ma!

P.S.: … kurze Infos (Quellen bekannt) … 1. die Bebauung entlang des ehemaligen Güterbahnhofs im Thälmannpark verzögert sich, weil dafür Gelände dort getauscht werden müsste, aber derzeit keine Seite mit dem Angebot der jeweils anderen zufrieden ist. / 2. Momentan werden möblierte Wohnungen am Kollwitzplatz für zweihundertsieben Euro kalt pro Quadratmeter vermietet. / 3. Die Grünen ordneten die Fällung der Eschen an der Werneuchener Wiese an, gleichzeitig baten sie ihre Klientel gegen diese Fällung zu protestieren.

*

Offensichtlich wenig sichtlich – 32 - am 1./6.4.2024

Also jedet mal, wenn ick det Wort „Pappelallee" schreibe, vatipp ick ma mit die janzen „P"'s, „A"'s und „L"'s. Woll'n wa uns nu endlich ma mit de „Einsame Pappel" in dieser Folje der Serie befassen?
Als Einstiech will ick Ihn' aber noch zwee Berliner Wörter um Ihre Omme hauen, die wie det Berlinische so janz langsam vaschwinden. „Nuckelpinne", wat is det? Kommt hier aus de Jejend. So wurde ma 'n „schwach motorisiertes Gefährt" bezeichnet. „Nuckel" steht für Langsamkeit.
Der „Nuckelfritze" war also eener, dem de beim Loofen die Schuhe besohlen konntest.
Die „Pinne" kommt eijentlich aus'm Seemännischen und war Teil des Steuerruders. Und mit „Nuckelpinne" wurden sowohl dreirädrige Kleintransporter, als auch die „Dixie"-PKW's aus Eisenach in Berlin bezeichnet, die noch bis inne frühen 60er uff de Straßen rumjurkten. weil det immer dauerte, bis die beim Anfahren von'ner Kreuzung wegkamen.
„Aus Daffke" is ooch verschwunden. Wer wat „aus Daffke" macht, tut det aus Spaß.

Die „Einsame Pappel" ist ein Gartendenkmal und steht auf einer Grünfläche zwischen der Topsstraße 15 und den Sportstätten im Friedrich-Ludwig-Jahn-Sportpark. 1825 legte das preußische Kaiser-Alexander-Regiment nördlich des Baums einen Exerzierplatz an. Auf dieser großen

Freifläche kam es im Zuge der Märzrevolution 1848 zu einer der ersten Großdemonstrationen in Berlin. Ein Gedenkstein am Fuße der heutigen Pappel erklärt: „Am 26. März 1848 fand hier an der „Einsamen Pappel" die erste große Massendemonstration der Berliner Werktätigen statt. Sie forderten Beseitigung der Willkürherrschaft, Verbesserung der Löhne, Einführung der allgemeinen Schulpflicht."

Am 24. Januar 1968 wurde die mehr als 150 Jahre alte Pappel aus Sicherheitsgründen gefällt. Aus ihren Reisern wurde eine neue kanadische Pappel gezogen und am 10. März 1968 an der alten Stelle gepflanzt. 2011 wurde bei einer genetischischen Untersuchung festgestellt, dass es eine Kanadische Pappel ist. Wahrscheinlich war der Baum um 1800 als damalige Rarität gepflanzt worden. Die Kanadische Pappel ist eine Hybride aus der Kanadischen und der Europäischen Schwarz-Pappel. Aufgrund der einfachen Vermehrbarkeit und der Möglichkeit, Stecklingsmaterial auszutauschen, entstanden die ersten Hybride bereits Ende des 17. Jahrhunderts. Diese haben sich wegen ihres raschen Wachstums und den vorteilhaften Holzeigenschaften rasch ausgebreitet und die in Europa heimische Schwarz-Pappel verdrängt. (Quellen: Wikipedia).

Daraus erklärt sich mir einiges. Wer einmal genau hin schaut kann beobachten, dass die Pappeln in Berlin, zum Beispiel in der Sredzkistraße, aber auch „unsere" Einsame Pappel, im Frühjahr erst zwei bis drei Wochen nach allen anderen Bäumen damit beginnt, ihre Blätter auszutreiben, im Herbst dagegen sind ihre Blätter noch relativ lange Grün und fallen von ihnen etwas verspätet. Das hängt womöglich damit zusammen, dass die Jahreszeiten in Kanada etwa um diese Zeiten gegenüber Europa verschoben sind.

Von der Einsamen Pappel lässt sich für mich zudem der Name der Pappelallee ableiten, in der nie Pappeln standen. Sie war ursprünglich nur ein Feldweg und wurde 1826 von Landbesitzer Wilhelm Griebenow als Straße angelegt. Die

Bebauung der gesamten Gegend begann nicht vor Gründung des Kaiserreichs 1871. Die Schönhauser Allee (bis 1841 „Pankower Landweg") hatte 1826 natürlich keine Hochbahn und kein Pflaster. Alles ringsum war verbuschte Weidelandschaft, so dass eine Einsame Pappel, hoch gewachsen und exotisch, natürlich in der Landschaft auffiel. Vermutlich deshalb gab Griebenow seiner Straße den Namen Pappelallee.

Von Pappeln genug für heute? Papperlapapp!

*

Offensichtlich wenig sichtlich – 33 - Die Einkaufsstraßen – Urfassung - am 8./13./17.5.2024

Schwanengesang? Drehung in die Endrunde? Nach zweiunddreißig Jahren ist mit der Dezemberausgabe schluss? Was wäre noch wichtig? Worüber hab ich hier noch nie geschrieben?

Wo man am besten Rodeln kann! Die Einkaufsstraßen! Mal auf vier Folgen von mir angedacht, jetzt gerafft.[44]

Die Greifswalder Straße zwischen Immanuelkirchstraße und Danziger Straße war mal eine wunderschöne Einkaufsstraße, als sie noch an der Protokollstrecke lag und deshalb gut versorgt und gut gepflegt war. Erinnere mich an einen Laden, wo man Utensilien für den Laienzauberer bekam. Weil die Straße in einer glazialen Rinne liegt, ist der Anstieg aus dem Berliner Urstromtal für Pferdefuhrwerke wie auch für Radler auf die Ausläufer des Barnim relativ geschmeidig. Als Abzweig von der Greifswalder und direkte Verlängerung der Prenzlauer Promenade wurde deshalb 1910 die Naugarder Str. angelegt.

Die Prenzlauer Allee war dagegen immer relativ dreckig, relativ baumlos und durch das ursprüngliche Kopfsteinpflaster auch laut. Eine schöne Einkaufsstraße, die

---

44 .... diese ganze Einleitung und auch die letzten fünf Worte des Artikels wurden durch die Redaktion gestrichen ...

zum Bummeln einlädt, war sie nie. Statt dessen Kneipen an jeder Ecke. Bei unseren jugendlichen Sauftouren starteten wir an der Weißenseer Spitze, tranken in jeder Kneipe nur ein kleines Bier und 'n Korn. Bis zum Alexanderplatz kamen wir nie! Höchstens bis zur Knaackstraße

Danziger Str. und Schönhauser Allee waren immer nur dann Protokollstrecke, wenn Staatsgäste der DDR ins Schloss Niederschönhausen gekarrt wurden.

Aber von den Geschäften sahen diese Gäste wenig, weil Schulklassen und Betriebe zum Spalierstehen entlang der Strecke abkommandiert wurden. Dennoch gab es in der Danziger zwischen Prenzlauer und Schönhauser immer viele kleine Läden.

Die Schönhauser Allee selbst, zwischen Danziger und Bornholmer, galt gemeinsam mit der Warschauer Str. zwischen Revaler Str. und Frankfurter Allee als DIE Einkaufstraße der DDR. Unter dem „Magistratsschirm" (Hochbahnviadukt) konnte man bei jedem Wetter hervorragend schlendern und von fern in die Geschäfte auf beiden Seiten schauen. Mit ihren Leuchtreklamen und Nachtbars hatte die Schönhauser als einzige Straße in der DDR was gehobenes „Westliches" an sich und war sowas wie der Ku'damm des Ostens.

Erinnere mich noch, wie ich während meines Grundwehrdienstes in der NVA bei einer Übung über mehr als achtzig Stunden hinweg nicht zum schlafen kam und schließlich in einen eigenartigen Sekundenschlaf geriet. Immer wenn ich in der letzten Nacht der Übung auf die Koordinatenschreiber in unserem Vermessungsfahrzeug sah oder wenn ich draußen wo Lichter sah, glaubte ich mich in der Schönhauser Allee!

Aber auch in den anderen einstigen kleineren Hauptstraßen lohnte sich ein Bummel. Kastanien- und Pappelallee, Kollwitz-, Wins-, Stargarder, Hufeland- und Bötzowstraße quollen nur so über vor kleinen Geschäften, mit denen jeder Inhaber irgendwie sein Auskommen hatte.

Das alles hielt sich so gut bis über die Jahrtausendwende. Die zweite Modernisierungswelle, die bis heute anhält, vertrieb erst die Ureinwohner, dann das alteingesessene Gewerbe und nun auch die Zeitung.

*

Kurz notiert – 7.6.2024
Zebrastreifen in der Grellstraße
Endlich gibt es einen Zebrastreifen in der Grellstraße Höhe Hosemannstraße. Die Mitglieder der SPD-Prenzlauer Berg Nordost haben in monatelanger, mühevoller, ehrenamtlicher Arbeit sich mit den entsprechenden Ämtern herum geschlagen und blieben beim Thema einfach dran. Und so wurde dieser Zebrastreifen relativ schnell genehmigt und gebaut. Er sorgt vor allem für die Kinder der nahen Ballett-Schule und der Kita in der Preußstraße für sicherere Wege.

*

Offensichtlich wenig sichtlich – 34 - Eis, Hundekot und öffentliche Toiletten - am 28.5. + 7.6. + 28.6.2024

Ich wollte ja schon immer mal mit den Prenzelberger Ansichten Schlitten fahren. In einem heißen Sommer freut man sich auf Eis. Das soll auch mit Thema in dieser Folge der Serie sein. Ich freue mich in allen anderen Jahreszeiten auf Eis, allerdings ausschließlich aus der Tiefkühltruhe in Form von Eiscreme. Aber darum soll es heute nicht gehen. Ich habe noch nie aufgeschrieben, wo man am Prenzlauer Berg rodeln kann! Natürlich bietet sich da der Volkspark an der Hohenschönhauser Straße an mit seiner „Todesbahn", der Friedrichshain an der Werneuchener Wiese und der Thälmannpark hinterm Planetarium. Etwas weiter entfernt natürlich der Humboldthain. Als gebürtiger Hohenschönhauser ging es für mich als Kind zum Obersee. Die „Todesbahn" dort beginnt am Wasserturm, endet aber fataler Weise direkt auf dem Eis des Sees. An der Ecke

Waldowstraße / Lindenweg ist dagegen ein Hügel, der auch von Großeltern noch genommen werden kann. Alles andere ist weiter weg. Teufelsberg, Müggelberge usw. Die nächste Sprungschanze für Tiefflieger auf Brettern ist in Bad Freienwalde oder für PKW und motorisierte Zweiradfahrer die Linkskurve in der Sewanstraße in Friedrichsfelde.

In all den Jahren in denen ich für unser Blatt schreibe, gab es immer wieder leichte Themenverschiebungen. Erinnere mich, dass noch bis vor zehn Jahren der Hundekot sehr präsent war. Ständig bist du „ins Glück" gelatscht, weil irgendwelche Hundehalter die „Schweinebäuche" und anderes Straßenpflaster „gedüngt" haben. Die Benutzung von Kotbeuteln für die festen Hinterlassenschaften ihrer Fellnasen war noch weitgehend unbekannt. Die andauernde Düngung mittels Hundeurin vertragen auch nicht alle Straßenbäume. Gerade in trockenen Zeiten mit sehr wenig Regen verbrennen die Bäume regelrecht unter den ständigen Uringaben. Aber man scheint entweder einsichtiger geworden zu sein und den Kotbeutel mittlerweile dabei zu haben oder es gibt immer weniger Hundehalter. Jedenfalls ist es auffallend weniger geworden.

Und da bin ich bereits beim nächsten kleinen Thema. Wo kann Mensch denn mal müssen, wenn er mal muss? Um 1900 herum gab es, nachzulesen im 2. Band der Zusammenfassung meiner Texte in der Zeitung von 2004 bis heute, die im Sommer beim Verlag Books on Demand Norderstedt erscheint, zwölf Brauereien allein am Prenzlauer Berg. Die Männer gingen nach zwölf Stunden Arbeit oft nicht nach Hause in ihre mit vielen schreienden Kinderlein angefüllte Wohnung, sondern sie versackten in der nächsten Kneipe. Das Bier, das man oben rein schüttete, musste ja nun irgendwo hin. Und da viele den Groschen für das Klo in der Kneipe sparen wollten, ging es halt zum nächsten Straßenbaum. Und um das zu verhindern, wurden

öffentliche Pissoirs aufgestellt. Deren einfachste Form, das „Café Achteck", befindet sich am Senefelder Platz und ist denkmalgeschützt. Öffentliche Toiletten findet man u.a. am Arnswalder Platz, in der Grellstraße, der Wichertstraße, auf dem Gelände der Kulturbrauerei, am Kollwitzplatz und mit Wickelraum sogar im Mühlenbergcenter.
Haben Sie einen schönen Sommer![45]

*

Offensichtlich wenig sichtlich – 34 - Eis, Hundekot und öffentliche Toiletten - am 28.5. + 7.6. + 28.6.2024

Ich wollte ja schon immer mal mit den Prenzlberger Ansichten Schlitten fahren. In einem heißen Sommer freut man sich auf Eis. Das soll auch mit Thema in dieser Folge der Serie sein. Ich freue mich in allen anderen Jahreszeiten auf Eis, allerdings ausschließlich aus der Tiefkühltruhe in Form von Eiscreme. Aber darum soll es heute nicht gehen. Ich habe noch nie aufgeschrieben, wo man am Prenzlauer Berg rodeln kann! Natürlich bietet sich da der Volkspark an der Hohenschönhauser Straße an mit seiner „Todesbahn", der Friedrichshain an der Werneuchener Wiese und der Thälmannpark hinterm Planetarium. Etwas weiter entfernt natürlich der Humboldthain.
Als gebürtiger Hohenschönhauser ging es für mich als Kind zum Obersee. Die „Todesbahn" dort beginnt am Wasserturm, endet aber fataler Weise direkt auf dem Eis des Sees. An der Ecke Waldowstraße / Lindenweg ist dagegen ein Hügel, der auch von Großeltern noch genommen werden kann. Alles andere ist weiter weg. Teufelsberg, Müggelberge usw. Die nächste Sprungschanze für Tiefflieger auf Brettern ist in Bad Freienwalde oder für PKW und motorisierte Zweiradfahrer die Linkskurve in der Sewanstraße in Friedrichsfelde.

---

45 ... die Ausgabe erschien am 5. Juli und war ausnahmsweise für zwei Monate, so dass ein Text für August entfiel

In all den Jahren in denen ich für unser Blatt schreibe, gab es immer wieder leichte Themenverschiebungen. Erinnere mich, dass noch bis vor zehn Jahren der Hundekot sehr präsent war. Ständig bist du „ins Glück" gelatscht, weil irgendwelche Hundehalter die „Schweinebäuche" und anderes Straßenpflaster „gedüngt" haben. Die Benutzung von Kotbeuteln für die festen Hinterlassenschaften ihrer Fellnasen war noch weitgehend unbekannt.

Die andauernde Düngung mittels Hundeurin vertragen auch nicht alle Straßenbäume. Gerade in trockenen Zeiten mit sehr wenig Regen verbrennen die Bäume regelrecht unter den ständigen Uringaben. Aber man scheint entweder einsichtiger geworden zu sein und den Kotbeutel mittlerweile dabei zu haben oder es gibt immer weniger Hundehalter. Jedenfalls ist es auffallend weniger geworden.

Und da bin ich bereits beim nächsten kleinen Thema. Wo kann Mensch denn mal müssen, wenn er mal muss? Um 1900 herum gab es, nachzulesen im 2. Band der Zusammenfassung meiner Texte in der Zeitung von 2004 bis heute, die im Sommer beim Verlag Books on Demand Norderstedt erscheint, zwölf Brauereien allein am Prenzlauer Berg. Die Männer gingen nach zwölf Stunden Arbeit oft nicht nach Hause in ihre mit vielen schreienden Kinderlein angefüllte Wohnung, sondern sie versackten in der nächsten Kneipe. Das Bier, das man oben rein schüttete, musste ja nun irgendwo hin. Und da viele den Groschen für das Klo in der Kneipe sparen wollten, ging es halt zum nächsten Straßenbaum. Und um das zu verhindern, wurden öffentliche Pissoirs aufgestellt. Deren einfachste Form, das „Café Achteck", befindet sich am Senefelder Platz und ist denkmalgeschützt. Öffentliche Toiletten findet man u.a. am Arnswalder Platz, in der Grellstraße, der Wichertstraße, auf dem Gelände der Kulturbrauerei, am Kollwitzplatz und mit Wickelraum sogar im Mühlenbergcenter.

Haben Sie einen schönen Sommer!   *

Straßenbahn in der Weißenburger Straße [46]
am 28.6.2024

Egal welches Datum ich genommen habe, die Linien begannen alle Weißenburger / Danziger Straße und fuhren dann über Senefelder Platz und Schönhauser Allee weiter.
Eine Bahn taucht erstmals 1894 als Linie Rot/Grün (53) von der Großen Berliner Pferdebahngesellschaft auf, als Pferdebahn ... also von Pferden gezogene Passagierwagen auf Schienen. Liniennummern gab es in dieser Zeit noch nicht. Auf einem kreisrunden Schild waren nur diese Farben zu erkennen – Rot/Grün – die Linie fährt nach Rixdorf (Neukölln) Hermannplatz.
1898 ist es noch immer eine Pferdebahn.
Ab 15.3.1900 ist die Strecke elektrifiziert, sie gehört zur Großen-Berliner-Straßenbahngesellschaft (GBS), die Linienkennung bleibt.
Gleichzeitig fährt hier noch eine Linie Grün/Rot/Grün zum Lützowplatz.

Seit 1.2. 1907 fährt die Linie 55 zum Rathaus Britz, ab 21.10. 1907 die Linie 53 zum Hermannplatz, ab 1.9.1905 die 52 nach Wilmersdorf / Wilhelmsaue und seit 14.12.1904 die 56 nach Schöneberg / Hauptstraße alles von Betreiber GBS.
Die Linie 56 wird mit dem Kriegsfahrplan von 1916 eingestellt.
Am 1. 11.1922 gibt es nur noch die Linien 52 und 55 der BSt - Berliner Straßenbahn.
Bedingt durch die hohe Inflation wird 1923 das Netz eingedampft und ab 10.9.1923 fährt hier keine Straßenbahn.

46entstanden auf eine Anfrage von Michael Steinbach und von ihm mit Copyright-Angabe unter dem historischen Bild auf der letzten Seite der Juli-August-2024-Ausgabe veröffentlicht

Ab 1.12.1925 fährt hier nun die Linie 54 nach Spandau-Hakenfelde und die 78 nach Grunewald / Roseneck. Nach der Gründung der BVG 1928 taucht die Linie 54 im Fahrplan vom 1.12. 1932 nicht mehr auf. Ab dem Fahrplan vom 1. November 1934 taucht keine Straßenbahnlinie die über die Weißenburger Straße fährt mehr auf. Es ist anzunehmen, dass da dann der Straßenbahnverkehr in der Weißenburger Straße eingestellt wurde.
Quelle: Berliner Linienchronik

*

Offensichtlich wenig sichtlich – 35
das älteste Gewerbe … von mir um einige Worte gekürzt in die Redaktion gegeben - am 8.6./31.7./12.8.2024

Manchmal kann man ja selbst aus der größtern Absurdität des Lebens was lernen.
„Sie sind Schuld, dass Frauen und junge Mädchen zur Zwangsprostitution getrieben werden!", wurde ich im Wahlkampf von einer Dame angeschrien und sie schob nach: „Sie haben das Gesetz für die Legalisierung von Sex-Arbeit in Deutschland mit unterschrieben!" Ich konnte der Dame in ihrer Argumentation nicht folgen, ließ sie ziehen und erinnerte mich an ein Interview, dass ich vor etwa anderthalb Jahren mit Damen aus dem Netzwerk Hydra führte und die ganz glücklich über die Legalisierung der Prostitution in Deutschland sind, weil die Damen und Herren des Gewerbes sich nun auch krankenversichern können, als Beispiel.
Und ich erinnerte mich an die DDR, in der es Prostitution offiziell gar nicht gab, aber um jeden Armeestandort junge Mädchen zum Beispiel sogenannte „Rammelmonas" herumschlichen, auf der Suche nach einem „schnellen Stich", um sich ihr Taschengeld aufzubessern (erlebt in Klietz, Beelitz, Storkow und Wilhelmshagen) und wo es dementsprechend unhygienisch beim Akt zwischen

Stacheldraht und Sperrzaun im zu bewachenden Postenbereich zuging. Aber ich hatte den Eindruck, die mich Anschreiende hatte eher einen allgemeinen Hass auf Männer und sah Sex generell als Sünde an.

Es gibt ein paar Damen am Prenzlauer Berg, die diesbezüglich ihre Dienste ganz offiziell anbieten. Bordelle sind u.a. drei entlang der Danziger Straße, eines in der Behaimstraße in Weißensee und eines in der Langhansstraße, erzählt einem google.

Prostituierte, Pastor und Propagandist sind die ältesten Gewerbe der Welt.

Die ihren Job ausübenden Damen von Hydra erklärten mir die weiteren positiven Aspekte. Dadurch würden sie viele Männer, aber auch Frauen, von einem gewissen inneren Druck befreien: „Wer fickt tötet nicht oder tickt anderweitig aus." Viele Ehen würden sich wieder einrenken, wenn beide Partner sexuell gut befriedigt seien, wurde mir weiter erklärt. Und dann gäbe es da noch einen besonderen Aspekt, der bei der Legalisierung dieses Gewerbes dem Gesetzgeber vorgeschwebt hatte: Was legalisiert ist, kann man sehen und man kann gegen Gesetzesverstöße vorgehen. So hat sich vor allem die Anzahl der illegal in diesem Gewerbe tätigen verringert. Um es auf den Punkt zu bringen: die Zwangsprostitution ist zurück gegangen. Auch ist der Zugang durch Hydra zu Frauen, die unter Zwängen noch arbeiten müssen, einfacher geworden und somit Hilfe für diese Opfer leichter zu bewerkstelligen.

Dennoch hat das Gewerbe bis heute selbst in der anonymen Großstadt einen schweren Stand. Gewerberäume dafür mag niemand so gern vermieten. Läuft das ganze über private Mietwohnungen, bringt das meist nach kurzer Zeit die anderen Mieter auf. Deshalb sind zum Beispiel auch Verträge mit Kommunikationsunternehmen oder mit Banken und Energieversorgern in dieser Branche nicht einfach zu bekommen.

Ob es im übrigen wo einen Straßenstrich am Prenzlauer Berg gibt, kann ich nicht beurteilen. Kenne da auch nur die einschlägigen, wie Indira-Gandhi-Str. oder Oranienburger Straße und angeblich gibt es wo noch Wohnmobile. Im damaligen Ostberlin saßen und standen die Damen des Gewerbes, das es offiziell nie gab, in der oberen, der offenen, Hauszeile der Rathauspassagen und an dem Brunnen am Alexanderplatz, der deshalb nur „Nuttenbrosche" genannt wurde.

*

Kurzmeldung
Laut Beschluss des Bezirksamts vom 30. Juli wird der bislang namenlose Platz in der Storkower Str., gegenüber vom ehemaligen Waschhaus, in "Emmi und Wilhelm Blank Platz" benannt.

*

Offensichtlich – Folge 36 – Absurditäten
von der Redaktion wurde das Berlinernde aus dem Text entfernt - am 14.7. + 19.8. + 18.9.2024

Wenn man lange jenuch am Prenzlauer Berg is, loofen eenem immer wieder Koppschüttler über'n Wech, die man nich kommentieren sollte.
Im Februar 1987 wurde zum ersten mal in Westberlin Smogalarm mit Fahrverbot ausjelöst. Weil die Berliner Mauer ja anjeblich allet abhalten sollte, was aus'm Westen kam, jab et keenen solchen Alarm in Ostberlin.
In dem Tal der glazialen Rinne der Greifswalder Straße, biss einem die Luft Tränen in die Augen. Erst oben auf dem S-Bahnsteig ließ dit nach.
In den frühen 2000er Jahren wendete sich 'n Leser vom Helmholtzkiez an mich und berichtete, dass er erst seit kurzem dort wohne und ob ick nich wüsste, wat er jejen den andauernden Gestank in seiner Umgebung machen könne.

Im Telefongespräch kam aus, det er sich über den "bestialischen Gestank nach frischem Brot" von'ner Bäckerei aus der Nachbarschaft uffrechte.

Wunderlichet jibs ooch aus den anjrenzenden Stadtteilen zu berichten. So tauchten plötzlich aus dem Nichts jeschützte Kreuzkröten uff dem ehemalijen und erst 2006 jeschlossenen Jüterbahnhof Pankow uff! In Lichtenberg waren 's dajejen die Eier von 'nem jeschützten Falter, bei denen det Naturkundemuseum nachwies, dass die nicht durch die Falter selbst dort abjelecht worden sein können. Wer also den Bau von Wohnungen, Schulen, Freizeit- und Sozialeinrichtungen verhindern will, kommt mit der Naturschutzkeule. Vielleicht tauchen ja plötzlich Mammuts uff dem Jelände zwischen dem Rest St. Marienfriedhof, Leisepark und den Häusern in der Prenzlauer uff, oder an der Elisabethaue.

Sehr schön ist auch die Verhinderung des Wiederaufbaus der Heidekrautbahn uf Berliner Jebiet durchs Pankower Umweltamt. Die Heidekrautbahn würde ja jerne mit 80 Klamotten fahren, zugelassen war die Strecke mal für 60 km/h, anjeblich jefahren wurde aber in den letzten Betriebsjahren nur mit 30 km/h, so die Anwohner ... dit is aber schon fuffzich Jahre her. Eine jeringere Geschwindigkeit lohnt sich aber für die Bahn und für die potenziellen Fahrjäste nich. Und so verhindert man lieber der Umwelt zu Liebe, um Vögel zu schützen, den Umstieg der Leute auf die Bahn und nimmt dafür mehr Autoverkehr in kauf!

Aprospos Bahn. Immer wieder taucht bei Umweltveranstaltungen eine Frau H auf. Die hat sich vor einigen Jahren in 'nem Haus, das einst von der BVG errichtet wurde, um den eijenen Mitarbeitern Betriebswohnungen anbieten zu können, 'ne neu jebaute

Dachgeschosswohnung jekooft. Das Haus steht in Sichtweite des Straßenbahnbetriebshofs Weißensee und Frau H möchte, dass nun der Betriebshof geschlossen wird, weil ihr die Straßenbahnen zu sehr quitschen. Leider kennt Frau H nicht die einst eingesetzten Zweiachser der Bahn. Die haben in den Schienen viel mehr gekreischt.

Weil wir gerade bei der Tram sind. Das Areal der ehemaligen Hauptwerkstatt der Berliner Straßenbahn, an der Panke in der Uferstraße im Brunnenviertel gelegen, wurde 2006 vom Land Berlin mit langen Verträgen an Künstler vermietet, obwohl nur 200 m entfernt die Trasse der Tram in der Seestraße verläuft und man ja die Tram auch mal wieder über Jungfernheide bis Spandau verlängern will.

Im August diesen Jahres war die Pappelallee in Richtung U-Bf Eberswalder Str Sackgasse, weil die Schönhauser Allee zwischen diesem U-Bf und der Gneiststraße für den Autoverkehr gesperrt war.
Das ganze war in der Pappelallee, aber auch in ihrem Umfeld hervorragend ausgeschildert. Trotzdem sah ich jedes mal beim Startort einiger meiner Führungen dort wie alle drei bis vier Minuten Autos da ankamen und sich die Fahrer wunderten, warum sie dort nicht mehr weg kamen. Es reicht halt nicht, Verkehrsschilder nur zu kennen, man sollte sie auch registrieren.

*

aus dem OKbeat Nr. 1150 vom 17.10.2024 [47]

Nun ist es also wirklich soweit. Das letzte Amen wird gesungen. Bis 14. November muss mein letzter Text bei der Zeitung sein.

---

47 ... war nie für die Veröffentlichung in der Zeitung vorgesehen

Ausfahrt der letzten Ausgabe der Prenzlberger Ansichten ist am 28. November,
Letzter Satz, letzte Zeile, letzter Punkt....
Fühlt sich komisch an!
Hab neunundzwanzig Jahre, wortwörtlich wirklich fast mein halbes Leben lang, dafür geschrieben.
Ein paar Typen und wie überall zu wenig Frauen, haben über Jahrzehnte hinweg als reine Laien jeden Monat eine Zeitung heraus gebracht und sie im Stadtteil verteilt.
Kein großer Verlag im Hintergrund, sondern nur der eigene Enthusiasmus als Triebfeder.
Die Einnahmen durch die Werbung in der Zeitung gingen für ihren Druck drauf. Der Lohn für mich als einem der Autoren bestand in den Reaktionen der Leser. „Sie haben da mal wieder einen Bindestrich vergessen!" - ja-ja -

Der Prenzlauer Berg veränderte sich in den letzten Jahren so sehr, dass sich die Zeitung nicht mehr mit verändern konnte.
Der Klassenkampf wird am neureichen Prenzlauer Berg eingestellt.

Der Zauber der ersten Jahre ist dahin. Es war einfach immer wieder zu geil, die eigene Schreibe in einer Zeitung gedruckt zu sehen.
Aber ich muss zugeben, auch ich kann nicht mehr. Ich habe alles über den Kollwitzkiez, die Kastanienallee, das Bruno-Taut-Welterbe-Viertel, die Berliner Mauer, den Nahverkehr am Prenzlauer Berg mehrfach gesagt. Ich bin diesbezüglich ausgebrannt.

Eine einst wunderbare, neue Tür, fällt dieser Tage für mich, mittlerweile arg verzogen und verbeult, knarzend wieder zurück in ihr Schloss.

*

I me mine
am 21. + 22.10.2024 – und bisher unveröffentlicht

„I me mine" hieß der letzte Titel, den die Beatles zu John Lennons Lebzeiten am 3. + 4. Januar 1970 aufnahmen. Das geschah allerdings ohne John Lennon, der die Band am 26. September 1969 verlassen hatte, ohne die Öffentlichkeit zu informieren. Am 10. April 1970 gab es die letzte Pressemitteilung der Beatles, in der sie ihre Auflösung bekannt gaben. Eine Reunion erfolgte 1994 für das Anthology-Projekt mit unter anderem drei Solo-Stücken von John Lennon, die die anderen nur noch „fertig stellten" und bis 2023 veröffentlichten.

Mir kam es heute vor, wie bei „I me mine". Anruf aus der Redaktion, ob ich zwei Stellen in meinem einen Text nochmal nachschärfen kann. Klar, kein Problem!
Ein letztes Zucken.

„I me mine"

Meine beiden Abschlusstexte sind nun in der Redaktion. Ob oder wie sie verändert werden, weiß ich.
Noch ein Treffen vor der Druckerei vor dem Ausfahren der Novemberausgabe. Diese Treffen vor der Druckerei waren seit dem Ende des ersten Lockdowns am 3. Mai 2020 die einzigen Redaktionstreffen. Für mich waren sie wichtig für den Austausch mit den Kollegen, aber auch um mir jedes mal etwa fünfzig Zeitungsexemplare dieser dann aktuellen Ausgabe mitzunehmen. Ein paar Exemplare davon landeten dann immer im Warteraum der Arztpraxis meiner Cousine und bei alex-berlin, die anderen gab ich den Teilnehmern meiner Führungen mit und immer je zwei Exemplare archivierte ich. Ist schon witzig, dass die Zeitung genau zu dem Zeitpunkt aufhört, ab dem ich keinen Platz mehr zu ihrem Archivieren habe.

Vielleicht sollte man beim vorletzten Treffen noch ein Bild vor der Druckerei machen?

Was folgt dann noch? Die Termine für meine Stadtführungen im Dezember und auch noch für Januar, so habe ich gerade beschlossen, gehen am 14. November an die Redaktion.

„I me mine"

Und dann noch ein letztes Treffen für die Dezember-Ausgabe vor der Druckerei. Vielleicht danach noch ein aller-allerletztes Treffen, so frei nach dem Motto: „Wir versaufen unsrer Oma ihr Kleinhäuschen, ihr Kleinhäuschen, ihr Kleinhäuschen und die erste und die zweite Hypthek"?

Meine letzten beiden Texte für die Zeitung kommen jetzt am Ende. Dabei sind es wieder die Urversionen (bis auf den winzigen Nachschliff von heute), wie ich sie an die Redaktion übermittelt hab.

„I me mine, I me mine, I me mine"

Letzter Text ist fertig, denke der Drops ist gelutscht, da ruft der Chef der Zeitung nochmal an. Ihm gefallen die beiden ihm vorliegenden Werke von mir nicht und er wünscht sich als vorletzten einen Text mit mehr Fakten.
Also nochmal den Kopf auf und einen komplett neuen Text fließen lassen. Bin ja schreiberisch eh gerade im Fluss.

Und wohin setze ich nun den letzten für die Zeitung von mir geschriebenen Text ins Buch? Als vorletztes und die beiden anderen bei der Redaktion liegenden als ungedruckte Versionen?

„I me mine"

Und noch eins drauf! Chef findet den neuen Text sau gut, möchte aber noch extra ein paar Zeilen zum U-Bf. Nordring. Ich setze die Texte jetzt in der einst geplanten Reihenfolge hier ein und dann die zeitlich danach entstandnen.

„I me mine"

*

Gestern, heute, morgen [48]
am 6.9.2024 – Mini-Nachschliff am 18.10.2024 + 20.10.2020

Ausjebrannt, fertich, abjerockt, finito, Ende … Naja, dreimal so lange durchjehalten wie die Beatles.
Danke an die Redaktion für konstruktive Kritiken innerhalb unseres "Hauses". Danke an Ulrike, für die Idee, aus meinen Texten Stadtführungen zu machen.
Danke für alle Beteilichten damals, bei der Unterstützung, als Kirch-Media in Kooperation mit Springer den damalijen OKB, heute alex-berlin, im Jahr 2000 zerstören wollte, um dessen Fernsehkabelfrequenz für ihr N24 zu entern. Die Prenzlberger Ansichten waren damals als einzije Zeitung uff der Seite von uns Fernseh- und Radiomachern im OKB.
Danke an die Zeitung für die Möglichkeit des Erhalts meiner Fahrpraxis mit Kraftfahrzeugen durch das Ausfahren der monatlichen Ausgaben unserer Zeitung im Zeitraum von 2001 – Anfang 2020, denn ab 2006 besaß ich kein eigenes Kfz und die ersten vier Wochen auf meinem neuen Kleinkraftrad rettete mir 2015 diese Fahrpraxis. Corona kam aber zum damals für mich richtijen Zeitpunkt, denn das Fahren in der Berliner Innenstadt ist alles andere als entspannend und ich hatte da schon seit Jahren jeden Monat Albträume vor den Ausfahrtouren. Wegen Corona fiel die

---

48 … dieser Text erschien nicht mehr

Ausjabe im April 2020 aus und det nahm ick nun wieder zum Anlass, mit dem ausjurken der Zeitung uffzuhören. Der Chef fährt seitdem selber. Seitedem leb ick entspannta.
Und letztlich danke an Sie als Leser für Ihre Treue zu meinen Artikeln.

Et jeht weiter! Ick schreibe weita! ... Bücher mit Romanen und Kurzjeschichten und für meine Radiosendungen. Ick mache weiterhin meine Touren durch den Prenzlauer Berch und ick mache weita Radio bei alex-berlin, bei Rockradio und wer weiß, was sich in den nächsten Jahren sonst noch erjibt.
"Rolf Gänsrichs Prenzlberger Ansichten – Nachschlag 1 – 4" enthalten in Buchform alle meine Texte seit 2002.
Ein Letztes: "Prenzlberg" sacht keen Einheemischer. Uff Stadtplänen wurde er aber immer so abjedruckt, als "Prenzl. Bg.", een jrosser Name für 'n räumlich kleenen Bezirch.
Komm 'Se jut untan Bus und besuchen 'Se ma mal uff meine Stadtführungen!
Übrijens ist der Name der Abschlussfolje der TV-Serie "Raumschiff Enterprise – die nächste Generation" "Gestern, heute, morgen"

*

Offensichtlich ... die letzte Folge[49]
am 8.7./ 5.9. / 27.9. / 9.10. / 20.11.2024

Jötterdämmerung ... Det jestampfe nackter Beene uf jrobet Hinterhofpflaster und det schrille Zippen von Kronkorken, die als Fußballersatz uf 'n imaginäret Tor an den Kloppstangen jekickt wurden (Jetränkedosen waren am alten Prenzlauer Berg 'ne importierte Westlichkeit), is schon jenau so lange verschwunden, wie die graubraunen, eisernen Mülltonnen, die von den starken Männern der Müllabfuhr mit ihrem Inhalt der überwiegend aus den ausjelauchten

---

49 ... von mir geplante letzte Folge, die ich aber nochmal ändern musste – die Änderung ist am Ende des Buches.

Ascheresten der vielen Kohleöfen bestand, scheppermd über die Hausflure zur Straße und wieder zurück jerollt wurden. Nich imma hatten se Sackkarren. Und so flooch jraubrauner Stoob durch die Schlote der Hinterhöfe und Straßen und vermengte sich mit dem Jestank nach Kohleofen und verbranntem Zweitaktbenzin, mit den Jerüchen nach Pferdeäppeln, anjesetztem Sauerkohl und Latrine zu 'ner schaurig grauen, sehr zähen Luftsuppe, die kaum noch atembar war. "Muttan! Schmeiß ma Stulle runter!". Det moderne, komische Eiweißbrot von heute würde bei so 'nem Flug zerfallen, denke ick.

So aber habe ick den Prenzlauer Berg noch kennen jelernt, mit brückelnden Fassaden, den sichtbaren Kriegsschäden, den noch nach Jahrzehnten brenzlig riechenden Trümmergrundstücken und den Berliner Kneipen an jeder Ecke.

Der Prenzlauer Berg sah noch so aus, als die Zeitung begann und er hat sich so verändert, dass unsere Zeitung nicht mehr mitgehen konnte. Der Klassenkampf is einjestellt worden, im jut bürgerlichen, ... nee ... reichen Kiez.

Wie wird er denn in hundert Jahren aussehen? Noch immer diskutiert man darüber, ob entlang der Greifswalder Straße nun endlich die U-Bahn, eine Magnetbahn oder eine Seilbahn nach Weißensee geplant werden soll. Im Jahr 2124 wird man sich darüber wundern, wie 2033 Nazis den Bundestag auflösen konnten, nachdem sie bis dahin alle Wahlen haushoch gewannen. Das ganze wundert nur nicht mehr die russische Zentralregierung, die Berlin zu einer Provinzhauptstadt ihres Reiches gemacht hat, nachdem Russland erst die Ukraine, dann Polen, Deutschland und Frankreich militärisch überrollt hatte. Die Ökos müssen sich seitdem ihr glyphosatfreies Getreide in Blumenkästen anbauen. An der Michelangelostraße stehen mittlerweile Dreißiggeschosser und sämtliche Grünflächen und Parkplätze im Stadtteil sind mit Lofts bebaut, die russischen Oligarchen gehören. Und im Archiv des Pankower

Heimatmuseums entdeckt man, dass es dereinst mal eine Kiez-Zeitung gab, die vor hundert Jahren eingestellt wurde.

Behalten Sie uns in Erinnerung!

P.S.: Der Zauber, die Magie in der Arbeit an und mit der Zeitung und unter uns Autoren gehobenen Alters ist mittlerweile genau so verflogen, wie das Bedürfnis, mit der Zeitung die Welt retten zu wollen. Aus hoch fliegenden Adlern sind zähe, fette Suppenhühner geworden.

*

Offensichtlich – Zusammenfassung!
Ungekürzte Langversion der tatsächlichen vorletzten Ausgabe - am 22.10.2024

Ich wurde von der Redaktion gebeten mochmal ein paar Fakten aus unseren Texten für diese vorletzte Ausgabe zusammen zu fassen.
Über was haben wir nicht alles geschrieben in all den Jahren. Brauereien, Kinos, Biergärten, große Betriebe, besetzte Häuser, über Piratenradios, Geburtshäuser, die Bauwerke über das Ding, das im allgemeinen Sprachgebrauch „alter Schlachthof" genannt wird.

Bei dem Wort „Schlachthof" kräuseln sich mir regelmäßig die Fußnägel hoch, denn das Ding war der „Zentralviehhof". Auf ihm standen in den besten Zeiten um die 10.000 Milchkühe und wurden Schweine mit den Abfällen der eigenen Schlachterei und aus sogenannten „Specki-Tonnen" der Bewohner Berlins gemästet.
Eine besondere Ehre für mich war, als ich eines Tages feststellte, dass mich wikipedia an einigen Stellen als Quelle nennt und das rbb-Fernsehen mich 2023 bei einer Dokumentation als Spezialisten bezeichnete.
Ganz lieben Dank!

Ich möchte kurz daran erinnern, dass es zum Beginn des 20. Jahrhunderts zwölf Brauereien am Prenzlauer Berg gab. Es waren unter anderem Schultheiß, Groterjan, Bötzow, Königstadt, Pfeffer, Schwyzer, Schneider und weitere, deren Namen mit nicht mehr geläufig sind.

Rund 420.000 Einwohner hatte der 1920 neu gegründete Bezirk Prenzlauer Berg vor einhundert Jahren, nachdem Groß-Berlin entstanden war.

Durch die beiden Flakbunkerberge im Humboldt- und Friedrichshain wurde unser Stadtteil im Krieg von größeren Bombenangriffen verschont, während gleichzeitig die Rote Armee aus genau diesem Grunde ihn bei ihrem Vormarsch zum Teil umging.

Nur etwa 10 % der Häuser wurden zerbombt, etwa 12 % in den letzten Kriegstagen zerschossen, aber mindestens 75 % des Wohnraums waren nach dem Krieg noch erhalten.

Ich habe Sie über mehrere Jahre mitgenommen entlang der Grenzen unseres Stadtteils, war mit Ihnen auf Hinterhöfen und an unbekannten Ecken (alles detailliert nochmals nachzulesen in meinen vier Bänden, die bis Dezember 2024 erscheinen).

Wir haben uns die größte Synagoge Deutschlands, in der Rykestraße, angeschaut. Ich habe Sie über die älteste Berufsfeuerwache Deutschlands, in der Oderberger Straße informiert. Mit der Carl-Legien-Siedlung haben wir gar ein Weltkulturerbe im Stadtteil.

Die Wassertürme am Kollwitzplatz, der „kleine & der große Hermann", von den Anwohnern so genannt nach ihrem Architekten Hermann Blankenstein, waren Teil des ersten Wasserleitungsnetzes Berlins. Blankenstein war obendrein der Architekt des Zentralviehhofs und vieler Schulen. Von Ludwig Hoffmann stammen nicht nur der Märchenbrunnen und weitere Schulen, sondern auch das historische Stadtbad in der Oderberger Straße.

Der Begründer der deutschen Stenographie, Heinrich Roller, liegt auf dem Friedhof in der Pappelalle, der Erfinder der

Berliner Gaslaterne, Julius Pintsch, auf dem Friedhof an der Greifswalder Straße. Die Firma produziert bis heute Leuchtmittel, vor allem für die Bahn. Bacigalupo war eine italienische Familiendynastie, die bis 1975 Drehorgeln, Leierkästen, zwischen S-Bf. Schönhauser und Pappelalle produzierten. Konnopke brachte die Currywurst 1960 von West- nach Ostberlin mit und sorgte damit für die Einführung der Currywurst in der DDR. Entlang der Hänge zwischen Prenzlauer Allee und Choriner Straße standen einst um die zwanzig städtische Bockwindmühlen, während zwischen ihnen Wein angebaut wurde.

Ein Letztes: das Berliner Straßenbahnnetz der BVG listet derzeit 22 Linien, davon fahren 12 durch unseren Stadtteil. Es sind die M1, M2, M4, M5, M6, M8, M 10, M 13, 12, 18, 21, 50 – im Stadtteil Mitte sind es nur acht Linien. Dafür gibt es mit den Linien 156, 158 und 200 nur drei Buslinien, mit der U2 nur eine U-Bahnlinie, dafür aber sind wir mit der S-Bahn an die Ring-, Stettiner- und Nordbahn angeschlossen und es gibt mit dem Betonwerk Greifswalder Straße einen der letzten drei Güterbahnhöfe am Ring. Außerdem haben wir unter der Greifswalder den längsten begehbaren Regenwassertunnel Berlins

Übrigens wohnt niemand von uns „im" Prenzlauer Berg. Wir sind ja keine Höhlenbewohner! Wir leben alle nur „am" Prenzlauer Berg. Wenn man hingegen sagt „im Stadtteil Prenzlauer Berg", dann ist das „im" richtig, weil sich das „im" auf den Stadtteil bezieht.

Darf ich noch die drei von Wolfgang Kohlhaase zum Großteil im Stadtteil gedrehten Filme erwähnen? „Berlin Ecke Schönhauser" 1957, „Solo Sunny" 1980 und „Sommer vorm Balkon" 2006. Filmgeschichte wurde im Oktober 1885 geschrieben, als Max Skladanowsky auf dem Dach des Hauses, an dem die Kastanien- auf die Schönhauser Allee trifft, die ersten Filmaufnahmen in Deutschland von ihm gemacht wurden.

*

U-Bf. Nordring [50]- am 24.10.2024

Der U-Bahn-Abzweig nach Pankow war bereits in den Planungen von Siemens für die Stammstrecke der „Hoch- und Untergrundbahn" 1902 mit dem Abstecher zum Potsdamer Platz vorhanden und wurde am 14. Februar 1902 eröffnet. Ab 1. Oktober 1908 ging es bis zum Spittelmarkt und ab 1. Juli 1913 bis Alexanderplatz. Weil die Unterquerung der Spree sehr teuer wurde, plante man als finanziellen Ausgleich dafür den Abschnitt in der Schönhauser Allee als Hochbahn. Bereits am 27. Juli 1913 ging es bis zum Bf. Nordring. Weil diese „A I" genannte Linie eine sehr, sehr hohe Fahrgastauslastung hatte und im Takt von nur wenigen Minuten fuhr, war ein umkehren der Züge am U-Bf. Nordring zeitlich kaum zu schaffen, mussten doch innerhalb von wenigen Augenblicken der Zugführer und sein Zugbegleiter (der wurde erst 1994 von der BVG abgeschafft) von einem zum anderen Zugende, immerhin bei einem 8-Wagen-Zug etwa 102 m, laufen. Deshalb wurde diese Linie ab 29. Juni 1930 bis Pankow-Vinetastraße verlängert und diesem Bahnhof eine ordentliche (Um-)Kehranlage angefügt.

Architekt des Bf. Nordring war Alfred Grenander, der auch die meisten anderen U-Bahnhöfe in Berlin bis zum Beginn des 2. Weltkriegs plante. Die Vorkriegsbaureihen AI und AII hatten noch keine selbständig schließenden Türen und gingen in engen Kurvenfahrten auch mal von alleine auf. Nach einem Brand in der provisorischen Werkstatt am Rosa-Luxemburg-Platz im Jahr 1972 fragte die BVG-Ost bei der BVG-West an, ob sie die AII-Wagen, die die BVG-West 1971 ausgemustert hatte, übernehmen könne. Diese AII-Wagen waren dann auf der Schönhauser Allee noch bis zum 4. November 1989 im Einsatz.

*

---

50 ... wurde gebeten, noch drei Zeilen zum U-Bf. Nordringzu verfassen, aber nur ein Teil des Textes wurde verwendet

... I me mine ...
Letzter Punkt, letzter Strich, letzte Änderung für die
Zeitung getippt am 20.11.2024. Du weißt dass es vorbei ist.
... I me mine ...

*

Letzte Folge „Offensichtlich"[51] am 8.7./ 5.9. /21.11. 2024
unpolitischer Nachschliff und berlinernd entfernt

Götterdämmerung ... Das Gestampfe nackter Füße auf
grobes Hinterhofpflaster und das schrille Zippen von
Kronkorken, die als Fußballersatz auf ein imaginäres Tor an
die Klopfstangen gekickt wurden, leere Getränkedosen
waren am alten Prenzlauer Berg eine importtierte
Westlichkeit, ist schon genau so lange verschwunden, wie
die graubraunen, eisernen Mülltonnen, die von den starken
Männern der Müllabfuhr mit ihrem Inhalt der überwiegend
aus den ausgelaugten Ascheresten der vielen Kohleöfen
bestand, scheppernd über die Hausflure zur Straße und
wieder zurück gerollt wurden. Nicht immer hatten sie
Sackkarren. Und so flog graubrauner Staub durch die
Schlote der Hinterhöfe und Straßen, vermengte sich mit dem
Gestank nach Kohleöfen und schlecht verbranntem
Zweitaktbenzin, mit den Gerüchen nach Pferdemist,
angesetztem Sauerkraut und Latrine zu einer schaurig
grauen, sehr zähen Luftsuppe, die kaum noch atembar war.
Berlin hatte damals ein anderes Umweltproblem als heute
und das bestand aus Pferdeäpfeln und den Kuhfladen von
Zugochsen auf den Straßen.
So habe ich den Prenzlauer Berg noch kennen gelernt: mit
brückelnden Fassaden, sichtbaren Kriegsschäden, brenzlig
riechenden Trümmer-grundstücken und Berliner Kneipen an
jeder Ecke. Der Prenzlauer Berg sah so aus, als die Zeitung
begann und wir unsere Texte auf Schreibmaschinen und
schwachen Computern mit Floppy-Disk's verfassten. Wie
wird der Kiez 2124 aussehen? Noch immer diskutiert man

---

51 ... gedruckte Version

darüber, ob entlang der Greifswalder Straße endlich die U-Bahn, eine Magnetbahn oder eine Seilbahn nach Weißensee geplant werden soll. An der Michelangelostraße stehen Dreißiggeschosser. Im Ringbahngraben wird von der Bahn Cannabis für den Eigenbedarf angebaut, damit die Zugführer der S-Bahn auf dem Ring nicht durchdrehen. Im Archiv des Pankower Heimatmuseums entdeckt man, dass es dereinst mal eine Kiez-Zeitung gab, die vor hundert Jahren eingestellt wurde. Und die Tauben scheißen auf alles. Behalten Sie uns in Erinnerung!

*

Daten:

Zusammenstellung 9. – 19.5.2024

vorsichtiger Nachschliff mit grober Rechtschreibprüfung und einfügen von Fußnoten: 10.6. - 19.6.2024, außer den Texten nach dem 28.6.2024

tiefe Rechtschreibprüfung: 28.6. - 13.7.2024, außer den Texten nach dem 28.6.2024

optischer Nachschliff, außer den Texten nach dem 28.6.: ab 13.7. – 14..7.2024

Die nach dem 28.6.2024 erstellten Texte wurden laufend zusammengefasst und am 13.11.2024 korrigiert und optisch poliert (ca. die letzten 17 Seiten). Letzter Schliff: 24.11.24

© Titelbild: Rolf Gänsrich

Titelbild der letzten Ausgabe – Auslieferung am 28.11.2024
© Prenzelberger Ansichten
von vorn nach hinten:
Micha = Chef, Dirk = Co-Chef, icke mit Hut

Titelbild einer Osterausgabe © Prenzelberger Ansichten